Bettina Behr, Ilse Wieser (Hg.)

WOMENT!

D1618711

Bettina Behr, Ilse Wieser (Hg.)

WOMENT!

Eine Würdigung der Grazer FrauenStadtGeschichte
Dokumentation und Lesebuch

StudienVerlag

Innsbruck
Wien
Bozen

Gedruckt mit Unterstützung von:

Alfred-Schachner-Gedächtnis Fonds, Frauenbeauftragte der Stadt Graz, Grüne Akademie – Bildungswerkstatt Steiermark, Kammer für Arbeiter und Angestellte für Steiermark, Karl-Franzens-Universität Graz, Landeshauptmann Waltraud Klasnic, Land Steiermark – Abteilung für Wissenschaft und Forschung, Land Steiermark – Kulturabteilung, Land Steiermark – Referat Frau-Familie-Gesellschaft, Projektfonds – SPÖ Steiermark, Stadt Graz – Amt für Schule, Jugend, Familie und Frauenangelegenheiten, SPÖ-Frauen Steiermark, Stadt Graz – Kulturamt, Technische Universität Graz, Bundesministerium für Bildung, Wissenschaft und Kultur in Wien.

© 2004 by Studienverlag Ges.m.b.H., Amraser Straße 118, A-6020 Innsbruck
e-mail: order@studienverlag.at
Internet: www.studienverlag.at

Buchgestaltung nach Entwürfen von Kurt Höretzeder
Satz: Studienverlag/Karin Berner
Umschlag: Kurt Höretzeder
Superfrau: © Veronika Dreier, Eva Ursprung
Lektorat: Helga Klösch-Melliwa, Bettina Behr, Ilse Wieser, Gabriele Habinger

Gedruckt auf umweltfreundlichem, chlor- und säurefrei gebleichtem Papier.

Bibliografische Information Der Deutschen Bibliothek
Die Deutsche Bibliothek verzeichnet diese Publikation in der Deutschen Nationalbibliografie; detaillierte bibliografische Daten sind im Internet über <http://dnb.ddb.de> abrufbar.

ISBN 3-7065-4064-9

Inhaltsverzeichnis

Vorwort

Mit WOMENT! sollte Geschichte von Frauen in Graz sichtbar werden. Vor über drei Jahren entwickelte ich die Idee, Frauen mit Gedenktafeln und anderem mehr zu würdigen und das Wirken von Frauen bleibend ins Stadtbild einzuschreiben.

Wie an anderen Orten auch gab und gibt es in Graz Pionierinnen, Frauen, die ihre Träume und Visionen – auch gegen den Widerstand ihres Umfeldes – verwirklich(t)en. Sie waren bisher aufgrund der patriarchal geprägten Geschichtsschreibung im Gedächtnis der Stadt und der Wahrnehmung der Menschen, die hier leben, so gut wie unsichtbar. Diese „Unsichtbarkeit" ist in der Öffentlichkeit, im öffentlichen Raum unter anderem dadurch abgebildet, dass Straßen oder Plätze überwältigend oft nach männlichen, weißen, reichen Menschen benannt worden sind, jedoch Gedenktafeln und Denkmäler für Frauen selten vorkommen. Dem etwas entgegenzusetzen, war also eines der Ziele.

Ein weiteres Ziel war, das vor Ort bestehende Wissen über Frauengeschichte und deren Vermittlung zu bündeln und den GrazerInnen sowie dem zu erwartenden großen Publikum der Kulturhauptstadt Graz näher zu bringen.

Mein Projekt habe ich WOMENT! genannt, ein Wort, in dem „Frauen", „Bewegung" und „Denk-mal" wesentliche Bestandteile sind. Angezogen von meiner Projektidee schlossen sich Vertreterinnen von Grazer Frauenorganisationen an und baten mich in der Folge, die Koordination der WOMENT!-Produktionen zu übernehmen. Im Jänner 2001 – und endgültig im November 2001 – nahmen die Kulturhauptstadt-Verantwortlichen unsere Produktionen in ihr Programm auf – als erstes feministisches Projekt in der Geschichte der Kulturhauptstädte Europas.

Von Beginn an wollte ich WOMENT! als Buch dokumentiert haben. Ein Buch ist sehr gut dazu geeignet, erfolgreiche Strategien längerfristig für andere Menschen nachvollziehbar zu machen, vorhandenes Wissen zur Verfügung zu stellen und zu teilen. WOMENT! kann zu ähnlichen Projekten anregen und soll ein mögliches Vorbild für andere (Kulturhaupt-)Städte sein. Vor allem aber will es feministisch denkende Menschen dazu ermutigen, Räume in der Öffentlichkeit für ihre Anliegen einzunehmen.

Allen Frauen, die für uns Vorbilder sind, ist dieses Buch gewidmet.

Bettina Behr
Graz, 2004

Einleitung

Wherever you go, take a woman with you.
Gloria Steinem

Ein feministisches Projekt im Rahmen einer Europäischen Kulturhauptstadt zu planen und durchzuführen ist eine Ausnahmeerscheinung. Wie war das in Graz möglich – der zweitgrößten Stadt in Österreich mit 226.000 EinwohnerInnen und einer einigermaßen großen und noch (unter den aktuellen politischen Verhältnissen) stabilen Anzahl von frauenspezifischen kritischen Bildungs- und Beratungsinstitutionen?

Wir dokumentieren den Weg dorthin und zeigen auf, welche Interessen diesem – oftmals verharmlosend als „Frauenprojekt" – bezeichneten Vorhaben zu Grunde lagen. Viele Unterstützerinnen ermöglichten eine Vernetzung, die für die beteiligten Grazer Frauenorganisationen zu einer Premiere wurde. Das umfangreiche Projekt WOMENT! wurde von Bettina Behr konzipiert – wieder eine Ausnahme: eine einzelne Frau konzipiert und koordiniert – und um sich von institutionellen Schranken freizumachen und sich ganz dem Projekt zu widmen, gab sie ihre bisherige Anstellung auf. Potenzielle Netz-Partnerinnen zeigten Interesse und brachten ihre Ideen mit ein. Dadurch entstand ein komplexes Projektgefüge, das durch Verträge zwischen unterschiedlichen PartnerInnen Verbindlichkeit erhielt und in dieser Form ebenfalls einzigartig war – mit der Möglichkeit für interessante Lernerfahrungen.

Zahlreiche Menschen haben WOMENT! getragen. Wir nennen daher in diesem Buch viele Beteiligte, die Namen derer, die Anteil genommen haben, Unterstützung in verschiedenen Formen leisteten, die motivierten und die Lust am Weitermachen förderten. 36 AutorInnen haben unsere Einladungen, Beiträge zu schreiben, angenommen, diese Anzahl spiegelt auch die Offenheit des Projektes wider und den Willen, möglichst viele Menschen zu erreichen. Die Beiträge stammen überwiegend von direkt oder indirekt Beteiligten: In den Teilen „Intro" bis zu den „Produktionen" sind es Ideenspenderinnen, (Mit-)Organisatorinnen, Netz-Partnerinnen sowie JournalistInnen, die das Projekt im Laufe der Vorbereitung und Umsetzung kennen gelernt haben. Ihre Sichtweisen, Eindrücke und Gedanken waren und sind uns wichtig. WOMENT![1] – *Eine Würdigung der Grazer FrauenStadtGeschichte* dokumentiert also das gleichnamige Projekt, das von September/Oktober 2000 bis Feber 2003 vorbereitet und am 8. März 2003 im Programm von Graz 2003 – Kulturhauptstadt Europas[2] eröffnet wurde.

Im *Intro*, das die Entstehung und Anfänge von WOMENT! vor Augen führt, deklariert zunächst Bettina Behr unter dem Titel „Als Feministin leben" ihre Haltung, die die Entstehung des Projektes gemäß dem Leitgedanken, „aus der Position der Stärke in die Öffentlichkeit zu gehen", ermöglichte. Hier sind die theoretischen Ansätze zu lesen, die dem Projekt die Grundlage gaben und die notwendig sind, um ein feministisches Projekt in der Öffentlichkeit – die auch eine Öffentlichkeit der

Frauen ist – würdigend zu platzieren. Dieser erste Text markiert die Wurzeln des Projektes.

Näheres zur weiteren Entstehung und Umsetzung der Projektidee ist im Interview von Brigitte Dorfer mit Bettina Behr nachzulesen. Hier werden Strategien sichtbar gemacht – das „Wie". Das komplexe Geflecht von Netz-Partnerinnen, der Organisation von Graz 2003 und des weiteren Umfeldes wird in seinem strukturellen Werden gezeigt, mit seinen Schwierigkeiten und Änderungen. Ilse Amenitsch beschreibt anschließend einige der Projekt-Produkte. Sie sind zahlreich, fantasievoll, schön und trugen zum Bekanntwerden des Projektes wesentlich bei. Michaela Reichart betrachtet die außerordentliche Medienkooperation von WOMENT! mit der steirischen *Kronenzeitung*. Damit ist ein Teil der Medienresonanz des Projektes dargestellt, die zwar intendiert, aber dann insgesamt doch – auch für Graz 2003 – überraschend groß war.

WOMENT! wurde am Internationalen Frauentag 2003 eröffnet. Dieser Tag, der traditionelle kämpferische Protesttag der Neuen Frauenbewegung, wurde bewusst gewählt, um wiederum ein feministisches Zeichen zu setzen. Nach wie vor gilt der Begriff „feministisch" richtigerweise als Synonym für die Bedrohung von Männerbastionen und beunruhigt damit nicht nur konservative Gemüter. Ein einleitender Text von Bettina Behr, Impressionen von Colette M. Schmidt und Martin Behr sowie ein Rap-Text von Eva Kuntschner illustrieren diesen fulminanten Eröffnungsabend, der auch Auftakt zu einem intensiven WOMENT!-Jahr wurde.

Die *WOMENT!-Produktionen* werden ausführlich vorgestellt: Elke Murlasits schafft dazu den Überblick. Die umfangreichste und nachhaltigste Produktion 20+03 WOMENT!-ORTE steht im Zentrum: Zunächst mit einem Text von Bettina Behr, die das Leitthema „Würdigung" nicht nur im Projektrahmen, sondern auch im Gesellschaftsbezug darstellt. Mit dieser Produktion wurde ihre Idee, Würdigungstafeln im öffentlichen Raum der Stadt anzubringen, umgesetzt. Uma Höbel umschreibt Aneignungen von Geschichte und Raum von Frauen vor dem Hintergrund patriarchaler Verhältnisse und bezieht das nunmehr vierzehnjährige Bestehen der Grazer FrauenStadtSpaziergänge als eine der Vorbedingungen dieser Idee ein. Bettina Behr, Brigitte Dorfer und Ilse Wieser wählten die Orte für die Würdigungstafeln aus einer Fülle von Material aus und beschreiben diesen Prozess des Sammelns, Ordnens und Entscheidens. Annemarie Happe schildert die bürokratischen Reisen, die notwendig waren, um die Genehmigungen zur Anbringung der 23 Würdigungstafeln für Frauen zu erlangen, und Judith Schwentner befasst sich mit der Gestaltung der WOMENT!-Tafeln. Hier werden Strategien vor dem Hintergrund der vielen Beteiligten sichtbar.

Dieses Buch hat aber auch die Funktion eines Lesebuchs für alle, die Wissenswertes zur vergangenen und aktuellen Stadtgeschichte von Frauen in, aus und um Graz[3] erfahren wollen. Unser EXTRA ist daher das *Lesebuch*:

Die Geschichten zu den 23 WOMENT!-ORTEN wurden von Brigitte Dorfer und Ilse Wieser recherchiert und aufgezeichnet und werden hier präsentiert. Zwei weitere Autorinnen, Elisabeth Gierlinger-Czerny und Olivia M. Lechner beteiligten sich. Die WOMENT!-Gewürdigten Maria Cäsar und Grete Schurz kommentieren das Thema Würdigung aus ihrer Sicht und tragen damit zu einem Panorama der Blickwinkel bei, das uns für dieses Thema und diese Publikation ebenfalls ein Anliegen war.

In den *Reflexionen* widmet sich Erika Thümmel der Vergänglichkeit von Denkmälern. Als Künstlerin und Restauratorin ist sie mit diesem Thema immer wieder konfrontiert und diskutiert es hier kontroversiell. Eva Rossmann – auch Autorin der Tafel-Inschriften – antwortet in einer originellen Weise auf die Frage, ob sie eine Würdigungstafel für sich selbst wollen würde. Diesen Abschnitt schließen Brigitte Dorfer und Ilse Wieser, die auch die FrauenStadtSpaziergänge als Teil der Produktion 23 WOMENT!-ORTE durchführten, mit ihren Resümees nach dem Jahr 2003 ab.

Danach werden die weiteren *neun WOMENT!-Produktionen* vorgestellt: teilweise sind es Produktionsbeteiligte selbst, die hier schreiben. Diese Projekte sind so vielfältig und bunt, wie die Grazer Institutionen und Vereine selbst, die sie hervorbrachten – ihnen ist dieser Teil des Buches gewidmet.

Sabine Fauland schildert die Geschichte des WOMENT!-INFOPOINT im Stadtteilcafé Palaver sowie Gedanken aus der Theoriewerkstatt „Movements-Monuments". Magdalena Felice schwebt mit der SUPERFRAU durch Graz, Doris Jauk-Hinz erobert mit der WOMENT!-Website virtuelle Welten und Michaela Kronthaler „erdet" ausführlich die spirituellen FrauenWEGE. Die WOMENT!-Produktion „KörperKult(ur)", die mehrfach auf dem Grazer Tummelplatz erfolgreich aufgeführt wurde, präsentieren und illustrieren gleich fünf Autorinnen. Elke Murlasits beschreibt das Mädchenprojekt MAKE *ä* SIGN und Manuela Brodtrager fasst die WOMENT!-Produktion plakativ! zusammen. Der kollektive Beitrag des Kunstvereins W.A.S. (Womyn's Art Support) bringt uns Katharina Prato und das ihr gewidmete Restaurant näher, vor allem seine exotischen und schmackhaften Kulinarien. Itta Olajs Beitrag „Entenkot zum Abendbrot" ist die pikante Überleitung zum nächsten Teil.

Das *Outro* ist eine Erweiterung aus der Sicht des Projektumfeldes. Graz 2003 erregte landesweit Aufsehen. Wir fragten, wie in diesem Rahmen das feministische Projekt wahrgenommen wurde und welche Assoziationen dabei entstanden. Für die Innensichten und Außensichten des *Outro* führte Daniela Jauk Interviews mit Ligia Pfusterer, Maria Slovakova und Pauline Riesel-Soumaré. Sie schildern die Pfade der ersten Information, die sie zu WOMENT! bekamen, und wie sie darauf reagierten. Katharina Hofmann-Sewera, eine Begleiterin und Förderin von Anfang an, bringt ihre Gedanken zu WOMENT! und Graz 2003 zu Papier. Tatjana Kaltenbeck-Michl, die den Wettbewerb der Künstlerinnen für die Würdigungstafeln unterstützte und an der Jury teilnahm, schreibt über die „verlorene Geschichte der Frauen". Wolfgang Lorenz schildert seinen Umgang mit der „Eva-luierung von Graz", und Petra Prascsaics interviewte Waltraud Klasnic zum Thema. Eine umfassende Analyse zu feministischen MOVEments, besonders in Graz, bietet Ursula Kubes-Hofmann unter dem Titel „Ehret die Frauen, die nicht weben und flechten".

Zum Abschluss reflektiert Bettina Behr drei Jahre Arbeit und Engagement für WOMENT! – ein politisches Statement, in dem sie ihre Erfahrungen mit feministischen Sichtweisen konfrontiert. Auch die erreichten Ziele von WOMENT! werden hier dokumentiert – doch es bleibt genug zu tun. Wie Margaret Atwood feststellt: „Die Ziele der feministischen Bewegung sind nicht erreicht, und diejenigen, die behaupten, wir lebten in einer post-feministischen Ära, sind entweder in einem traurigen Irrtum befangen oder zu müde geworden, um über die ganze Sache noch nachzudenken."[4]

Für die Realisierung des WOMENT!-Buches danken wir dem StudienVerlag. Unser Dank gilt unseren PartnerInnen, unseren UnterstützerInnen, BeraterInnen, FreundInnen und FörderInnen und allen Institutionen, welche die Veröffentlichung des Buches ermöglichten.

Ganz besonders danken wir allen AutorInnen für ihre Beiträge!

Als Herausgeberinnen freuen wir uns über unsere gute Zusammenarbeit an diesem Buch, die im August 2002 begonnen hat und noch immer fortdauert.

Bettina Behr, Ilse Wieser
Graz, August 2004

Anmerkungen

1   Zur Begriffserklärung siehe den Beitrag von Ilse Amenitsch, „Achtung, fertig, WOMENT!", in diesem Band.
2   Im Folgenden abgekürzt: Graz 2003. Im Jahr 2003 war Graz einzige Kulturhauptstadt Europas. Zur Entstehung der Kulturhauptstadtidee, zum Programm von Graz 2003 sowie zu WOMENT! siehe Ziegerhofer-Prettenthaler 2003.
3   Vgl. Dorfer, Wieser 2000.
4   Atwood 2000, S. 11.

Literatur

Atwood Margaret, *Die essbare Frau*, Düsseldorf 2000.
Dorfer Brigitte, Wieser Ilse (Hg.), *Frauen zu Graz. Acht berühmte Frauen in, aus und um Graz*, Graz 2000.
Ziegerhofer-Prettenthaler Anita, „Kulturhauptstadt Graz 2003. Die dauerhafte Sichtbarmachung von Frauen in Europa am Beispiel von WOMENT!", in: *Historisches Jahrbuch der Stadt Graz* (2003) 33, S. 209–227.

Intro: << Entstehung >> Anfänge

Bettina Behr

Als Feministin leben –
Aus der Position der Stärke
in die Öffentlichkeit

*Nothing happens in the „real" world
unless it first happens in the images in our heads.*
Gloria Anzaldúa

Der Zugang zu feministischem Wissen hat sich mir relativ spät eröffnet: Ich war Ende zwanzig, als ich erstmals brauchbare Strategien gegen mein Unbehagen an dieser Welt, das mich seit meiner Jugend begleitet hatte, kennen lernte. Damals wie heute ist mir nicht einsichtig, warum Mädchen und Frauen nur ein kleiner Teil dieser Welt zur Verfügung stehen sollte. Um das zu verändern, entschied ich mich dafür, als Feministin zu leben.

In verschiedenen Zusammenhängen widme ich mich seit über zehn Jahren zwei Themen: das Wirken von Frauen zu dokumentieren und Frauengeschichte sowie feministisches Wissen einer breiten Öffentlichkeit zur Verfügung zu stellen und näher zu bringen[1]. Bei meiner Arbeit in feministischen Projekten und Organisationen bin ich immer wieder über die Inhalte begeistert; vermutlich genauso oft habe ich allerdings darunter gelitten, dass dieses Wissen bisher nur wenig wahrgenommen wurde.

Öffentlichkeitsarbeit für feministisches Wissen ist für mich immer auch politische Arbeit. Nach Hannah Arendt ist der politische Erscheinungsraum dadurch gekenn-

Hannah Arendt, 1933

zeichnet, dass „Menschen voreinander erscheinen, […], in dem sie nicht nur vorhanden sind wie andere belebte oder leblose Dinge, sondern ausdrücklich in Erscheinung treten"[2]. Die Präsenz in der Öffentlichkeit, also öffentlichen Raum zu beanspruchen und damit Macht zu ergreifen, ist aus meiner Sicht in feministischen Kontexten bisher unterschätzt und vernachlässigt worden.

Mit diesen Grundlagen formulierte ich zwei Ziele des Projektes WOMENT!: Das Wirken von Frauen, insbesondere widerständiger Frauen, unserer Vorgängerinnen und auch gegenwärtiger Aktivistinnen – also vergangene *und* aktuelle Frauengeschichte – sichtbar zu machen. Das halte ich wie viele andere für sehr geeignet, um uns gegenseitig zu stärken, zu unterstützen und zu ermutigen, eigene Träume zu realisieren. Dabei ist mir wichtig, „heute zu einer anderen Begrifflichkeit von Solidarität unter Frauen zu gelangen: nämlich die Unterschiede von Frauen untereinander auch wahrzunehmen und erst vor diesem Hintergrund die gemeinsamen Interessen zu artikulieren."[3]

Eine auf diese Weise gefundene Solidarität und Anerkennung von Frauen ist nach meiner Erfahrung die beste Ermutigung, um als Feministin in die Öffentlichkeit gehen zu können, und die aus meiner Sicht in verschiedenen Formen noch immer gültige Überzeugung, dass „Publizität bei Frauen abscheulich ist"[4], wie schon Virginia Woolf kritisch bemerkte, zu überwinden. Denn eine wichtige Eigenschaft, um feministisches Wissen in die Öffentlichkeit bringen zu wollen, ist Mut. Der auch verbunden ist mit dem „Wagnis der Lächerlichkeit", das „zum Ausweis der radikalen Feministin gehört, die angesichts der zur Natur erklärten patriarchalen Herrschaft stets damit rechnen muss, dass ihren rechtmäßigen Forderungen mit Zynismus, satirischer Verzerrung oder dem Vorwurf der Hysterie begegnet wird"[5].

Trotz allem: Feministisches Wissen ist meiner Ansicht nach die geeignetste Möglichkeit, um Lösungen für die Probleme menschlichen Zusammenlebens zu finden – daher will ich an diesem Wissen arbeiten, dieses Wissen verbreiten und ich will es mit anderen teilen. Eine weitere Grundlage meiner Arbeit ist jener Feminismusbegriff, den ich für mich im Laufe der letzten Jahre entwickelt habe: als pragmatische und liebevolle Feministin zu leben und zu handeln.[6]

Virginia Woolf, um 1903

Feministin zu sein heißt: Macht- und Herrschaftsverhältnisse zugunsten von Frauen zu verändern. *Pragmatisch* heißt: Ein Kriterium meiner Arbeit ist die Umsetzbarkeit von Ideen und Forderungen. *Liebevoll* bedeutet: Ich versuche, mit Liebe zu jeder Form von Leben und Lebendigkeit zu handeln. Feministische Arbeit ist für mich ambivalent, da es zum einen oft notwendig ist, „Frau-Sein", „weiblich sein" zu betonen und hervorzuheben, zum anderen ist ein ebenfalls wichtiges Ziel, bisherige Geschlechterdefinitionen/-grenzen aufzulösen.

In den letzten Jahren der Projektvorbereitung und später -umsetzung ist mir bewusst geworden, dass meine Grundhaltungen wichtige Voraussetzungen für WOMENT! waren.

Einerseits ermöglichten sie die Innovation, mit einem feministischen Projekt aus der Position der Stärke heraus den deklarierten Schritt in eine breite Öffentlichkeit zu gehen[7]. Andererseits verband meine Idee bisher Bestehendes und unterschiedliche Partnerinnen und Partner.

Und auch daraus entstand Neues, das die Herausforderung birgt, Würdigung und Anerkennung, Geschichte und Geschichtswürdigkeit anders als bisher zu denken – und danach zu handeln.

Anmerkungen

1 Behr 2001, S. 24.
2 Arendt 1999, S. 250.
3 Behr 1999, S. 23.
4 Woolf 2002, S. 51.
5 Holland-Cunz 2003, S. 34.
6 Behr 2002, S. 22 f.
7 Vgl. Günter 2003.

Literatur

Arendt Hannah, *Vita Activa oder Vom tätigen Leben*, München et al. 1999 [Erstpublikation 1958].

Behr Bettina – Gespräch mit Ursula Kubes-Hofmann, „‚Wie wird ausgegrenzt?' Sichtbarmachen von Abhängigkeiten", in: *Laufschritte* (1999) 3, S. 23–26.

Behr Bettina, *Die Krebsinnen. Feministische Öffentlichkeitsarbeit am Beispiel der Zeitschrift Laufschritte des Vereines Frauenservice Graz 1985 – 1999*. Dipl.-Arb., Graz 2001 (http://www.frauenservice.at/diekrebsinnen).

Dies., „Geschichte von Frauen sichtbar machen", in: *Laufschritte* (2002) 3, S. 22 f.

Günter Andrea, „Die Liebe zur Welt und der politische Sinn positiver Aussagen", in: Moser Michaela, Praetorius Ina (Hg.), *Welt gestalten im ausgehenden Patriarchat*, Königstein/Taunus 2003, S. 258–265.

Holland-Cunz Barbara, *Die alte neue Frauenfrage*, Frankfurt/Main 2003.

Woolf Virginia, *Ein eigenes Zimmer*, Frankfurt/Main 2002 [Erstpublikation 1929].

Brigitte Dorfer

Die „Entängstigung"
Ein feministisches Projekt und Graz 2003
– Interview mit Bettina Behr[1]

Wie ist der Gedanke entstanden, ein Projekt dieser Art, ein vernetztes Projekt durch-zuführen?

Der Gedanke der Vernetzung war zuerst nicht da. Meine erste Idee war 23 „Gedenk-tafeln" zur Grazer Frauengeschichte – in Kombination mit FrauenStadtSpaziergän-gen und Publikationen – anbringen zu lassen. Mit dieser Idee bin ich in die Arbeits-gruppe „Frauen bei Graz 2003". Diese Gruppe war schon seit Monaten auf der Suche nach einem gemeinsamen Frauenprojekt für die Kulturhauptstadt. Sie wurde von Ka-rin Engele, einer evangelischen Pfarrerin, ins Leben gerufen und von Kathi Hof-mann-Sewera sehr unterstützt. Getroffen hat sich die Gruppe im damaligen Graz 2003-Haus in der Herrengasse.

Als ich WOMENT! dort vorgestellt habe, waren viele der heutigen Partnerinnen dabei: Eva Ursprung, Veronika Dreier, Doris Jauk-Hinz, Barbara Hey, Maria Irnber-ger, Vertreterinnen vom DOKU … Die Frauen haben zum Teil schon länger in der Arbeitsgruppe mitgearbeitet, aber einige sind extra wegen mir und meiner Projekt-idee gekommen. Ich habe damals meine Idee unter dem Label WOMENT! vorgestellt. Erst später habe ich die Grundidee als Teilprojekt 20+03 ORTE bezeichnet; WO-MENT! blieb aber als Name für das Gesamtprojekt. Am Ende dieses Termins war es so, dass sich die Partnerinnen mit ihren Vorstellungen an meine Idee für Graz 2003 anschließen wollten. Das gemeinsame Ziel war: „Geschichte von Frauen in Graz wird sichtbar". Damit war das Motto schon in der ersten Sitzung klar.

Dann ging es vor allem um Organisatorisches, wer soll einreichen, wer soll den Kontakt zu Graz 2003 herstellen und halten. Die Partnerinnen haben mich gebeten, das zu übernehmen. Sie haben ihre Projektideen für das Gesamtprojekt WOMENT! zur Verfügung gestellt und ich habe Anfang Jänner 2001 unser Gesamtkonzept ab-gegeben. Das war eine große Motivation: Einerseits, dass die Partnerinnen ihre Pro-jekte einreichen konnten, ohne dass sie ihre Ideen verbiegen müssen, andererseits war es motivierend, dass es sich um eine gemeinsame Einreichung mehrerer Frauen-projekte gehandelt hat, koordiniert von mir.

Kannst du kurz etwas sagen zu der Genese Gedenktafel, Würdigungstafel, wie sie ja heute heißen?

Bei der Ideenentwicklung war wichtig, dass Geschichte von Frauen sichtbar wird und bleibt. Es sollte also etwas davon über 2003 hinaus bleiben. „Gedenktafel" war in meiner Vorstellung leicht handhabbar und nicht aufwändig in der Wartung. Darum war vorerst mal die „Gedenktafel" im Gespräch. Beim Wettbewerb haben wir es offen gelassen, ob es Gedenktafeln oder Installationen werden. Es sind dann Gedenktafeln geworden. Der Begriff „Würdigungstafeln" kam eigentlich aus dem Untertitel „Würdigung von Frauen in, aus und um Graz". Mich hat Grete Schurz darauf hingewiesen, dass „Gedenktafel" für sie ein schwieriger Begriff ist, denn sie, Maria Cäsar und Olga Neuwirth leben ja glücklicherweise noch, und Gedenken klingt aus ihrer Sicht nach „schon verstorben". Die Frage war, ob es nicht einen anderen Begriff gäbe, der besser ausdrückt, was gemeint ist. Ich hab ihr dann „Würdigungstafel" vorgeschlagen.

Hat es in der Vorphase Auswahlkriterien für die Partnerinnen gegeben?

Ja, die hat es gegeben. Bei der ersten Einreichung war es so, dass die, die mitmachen wollten, mitgemacht haben. Es war noch das Projekt von Elisabeth Gierlinger-Czerny dabei, sie wollte ein Symposion zur Kapelle Maria von Magdala machen. Das wurde dann von Graz 2003 mit der Begründung abgelehnt, dass es schon genug interreligiöse Veranstaltungen gäbe. Von Margarethe Makovec kam der Vorschlag zum INFO-POINT, dazu habe ich das Stadtteilcafé Palaver eingeladen. Es gab noch eine Projektidee vom Verein Peripherie, die nicht genommen wurde. Die Superfrau[2] wollte ich gerne als Projekt-Symbol haben und ich habe Eva Ursprung und Veronika Dreier dazu eingeladen. Ich wollte auch unbedingt ein Projekt von Mafalda dabeihaben. Das hat dann bis in den August 2001 hinein gedauert, bis Ingrid Erlacher von Mafalda zugesagt hat, dass sie doch mitmachen würden. Die meisten anderen Projekte waren ja schon von Anfang an dabei. Nach den ersten Zusagen haben wir die Arbeitssitzungen begonnen und ich habe dann Kriterien für die Projekte entwickelt, die dabei sein sollten oder eben nicht. Der erste Projektvorschlag von Mafalda war unter anderem sehr teuer und konnte so nicht realisiert werden. Mir war aber klar, von Mafalda hätte ich gern trotzdem was dabei, denn auch Mädchen sollten bei WOMENT! sichtbar sein und so ist das dann entstanden. Später sind immer wieder Projektanfragen gekommen, aber ich musste aufgrund der knappen Finanzen alle ablehnen.

Es sind ja sehr unterschiedliche Frauen und Gruppen dabei und da ist es wohl nicht einfach, die verschiedenen Bedürfnisse zu vereinen. Was war deine Hauptvision, die dich denken ließ, dass das Ziel erreichbar sei?

Zum einen war ich höchst motiviert über das Vertrauen, das mir entgegengebracht wurde, und auch das hat mir genug Selbstvertrauen gegeben, um mich als Verhandlerin gegenüber 2003 zu positionieren. Das hat mich sehr zuversichtlich gemacht, dass es gut laufen wird. Meine Visionen waren sehr positiv besetzt. Die Unterschiede waren meiner Meinung nach durch das Thema „Frauen in Graz sichtbar machen" nicht so im Vordergrund. Zu diesem Thema konnte die Künstlerinnengruppe W.A.S. einen Beitrag leisten bis hin zur Katholischen Frauenbewegung. Ich habe eben ko-

Arbeitsgruppe WOMENT!, im Bild v. l. n. r.: 1. Reihe: Conny Wallner, Beatrix Grazer, Lisa Rücker, Doris Jauk-Hinz; 2. Reihe: Manuela Brodtrager, Ilse Wieser, Bettina Behr, Uma Höbel; Dezember 2002

ordiniert, habe Kriterien vorgegeben, aber jedes Projekt war selbst verantwortlich und das war, so glaube ich heute, ganz wichtig. Sonst hätten wir ja hierarchische Strukturen haben können, wo ich zwar das Sagen gehabt hätte, aber eben auch die ganze Verantwortung, und das wäre zu viel und nicht konstruktiv gewesen. Die Struktur war also autonom und auf hoher Vertrauensbasis. Es gibt zum Beispiel keine schriftlichen Verträge zwischen mir und den Partnerinnen. Die Verträge laufen ausschließlich zwischen den Partnerinnen und Graz 2003. Das hat viele Vorteile gehabt, aber manchmal auch zu Missverständnissen geführt.

Aber heute würdest du sagen, dass das Positive überwiegt und das Vertrauen viel wichtiger war als alles andere?

Ja, das sehe ich schon so.

Ich habe auch empfunden, dass die Koordination sehr professionell war, aber eben durch dein Begleiten und Mitdenken und das gegenseitige Vertrauen war da schon noch mehr an Qualität in diesem Projekt. Es war auch für mich als Partnerin schön zu sehen, dass jede an dem Projekt Beteiligte ihren Platz hatte und auch in ihrer Arbeit gewürdigt wurde – ich habe das so empfunden. Was war dennoch problematisch an der Koordination?

Die Vertragsverhandlungen mit Graz 2003 haben sehr lange gedauert, sodass das Interesse an den Arbeitsgruppen immer weniger wurde. Bedauerlich war für mich auch, dass gerade zu den Arbeitsgruppentreffen, bei denen es auch ums Feiern des Erreichten ging, nur wenige Partnerinnen gekommen sind. Mit der Zeit hat sich aber der Zweck der Arbeitsgruppen aufgelöst, dadurch dass die Umsetzungsphase begonnen hatte. Nach der Eröffnung habe ich mit jeder Partnerin einzeln Reflexions- und Vorschaugespräche geführt, da konnten wir dann auch noch einiges klären.

Deine Aufgabe als Koordinatorin war ja auch, den Kontakt zu 2003 zu halten, das war ja nicht immer einfach.

Das Projekt habe ich ja von Anfang an als feministisches Projekt deklariert, das war für mich wichtig. Ein Frauenprojekt ist – nach meiner Definition – ein Projekt von Frauen für Frauen, ein feministisches Projekt geht weiter und beinhaltet immer auch Kritik an Herrschaftsverhältnissen und hier auch an dem Bild von Geschichte, wie wir es eben immer noch haben. Damit habe ich auch nicht hinterm Berg gehalten. Im Vorfeld hat das durchaus irritiert, wenn ich an unsere Präsentation im Graz 2003-Programmarbeitskreis denke – zum Beispiel. Aber ein behutsamer Umgang damit führte schließlich zum so genannten *Entängstigungseffekt*, Menschen verlieren die Angst und Klischees werden aufgeweicht. Feministisches Wissen soll doch geteilt werden und wenn ich das freundlich und bestimmt und vor allem mit Wertschätzung den Menschen gegenüber, denen ich das vermitteln möchte, tue, dann führt das nach meiner Erfahrung zumindest zur *Entängstigung*, manchmal sogar zu Anerkennung. Trotzdem waren die Verhandlungen und die Zusammenarbeit mit Graz 2003 nicht einfach. Die ersten Vertragsentwürfe waren fünfundzwanzig Seiten lang: die Rechte bei Graz 2003 und die Pflichten bei uns. Das war dann ein langer Prozess, bis ich diese Verträge ausgewogen verhandelt hatte. Wir haben die ersten Schritte noch ohne schriftliche Verträge begonnen, aber mit November 2001 war klar, dass WOMENT! im Programm der Kulturhauptstadt sein wird.

Die Zusammenarbeit mit Graz 2003 war unterschiedlich, je nach Mensch und Interesse am Projekt. Viel Unterstützung hat es bei Graz 2003 von Kathi Hofmann-Sewera als zuständiger Projektbetreuerin und der Projektmanagerin Lisi Grand gegeben. Für die Eröffnung gab es auch viel Unterstützung von der Presseabteilung und zum Teil auch von der Marketingabteilung, die Geschäftsführung hat sich auch rund um die Eröffnung unterstützend gezeigt; aber das war übers Jahr verteilt auch stark schwankend. Das Projekt ist so klein budgetiert – 0,5 % vom Gesamtbudget der Kulturhauptstadt[3] –, das ist bedauerlich. Aber wir konnten doch einiges umsetzen.

Woher hast du diese Kraft bezogen, dich auf dieses Projekt einzulassen?

Es war nicht immer einfach für mich meine zwei verschiedenen Funktionen – Koordination des Gesamtprojektes *und* Projektleitung von 20+03 ORTE – auseinander zu halten. Das war schwierig, weil ich ja auch mein eigenes Projekt koordiniert habe. Schwierig war es vor allem bei der Eröffnung. Das würde ich so nicht mehr tun – ich hätte mir früher Unterstützung holen müssen. Ich hatte ja erst seit Feber 2003 Aushilfen, die mich in bestimmten Bereichen unterstützten, wie Sabine Fauland. Aber mein Wunsch, meine Ideen umzusetzen, hat mir sehr viel an Kraft gegeben. Auch zu sehen, dass diese Idee angenommen wird, dass sich Partnerinnen finden, dass das Projekt gut eingebunden ist, dass schon viel Vorarbeit da war, das alles waren unglaubliche Motivationen. Die Kraft an sich, dass ich mir so was zutraue, ist sicher durch meine Berufserfahrungen entstanden. Ich wollte schon immer sichtbare Zeichen setzen. Im Verein Frauenservice – meiner früheren Arbeitgeberin – habe ich schon darunter gelitten, dass die tolle Arbeit, die Frauen dort leisten, nicht besser

Bettina Behr und Maria Cäsar mit ihrer Würdigungstafel vor der Anbringung am 6. Feber 2003

sichtbar ist. Und natürlich auch das „Feministische Grundstudium"[4], bei dem ich die Bedeutung der Dokumentation und Vermittlung der Geschichte von Frauen erfahren habe – und natürlich auch das Sichtbarmachen, damit beschäftige ich mich ja schon seit über zehn Jahren. Und die Möglichkeit, das in diesem Jahr umzusetzen, hat mir schon viel Stärke gegeben.

Was waren die schönsten Erlebnisse in diesem Projekt?

Ein sehr schönes Erlebnis war die Präsentation der Website. Die war im 2003-Haus mit den Partnerinnen und VertreterInnen von 2003. Da zu sitzen und zu sehen, es funktioniert, da wird was sichtbar, das war schon sehr bewegend. Sehr schön habe ich auch die Anbringung der ersten Tafel mit Maria Cäsar in Erinnerung, das war unglaublich berührend. Und sehr schön habe ich auch die Eröffnung in Erinnerung. Ich war ja doch schon einigermaßen erschöpft, aber der Abend war sowohl für mich als auch für viele andere – es sind ja über achthundert Menschen gekommen – wirklich sehr eindrucksvoll. Auch der FrauenStadtSpaziergang am 8. März fällt mir ein, wo ich nicht reden musste, einfach zuhören konnte und gewürdigt wurde.

Das konzentriert sich ja alles an den Beginn des Projektes.

Jetzt ist so eine Phase der Erleichterung, dass die Choreographie des Projektes aufgegangen ist, dass wir noch den WOMENT!-Fächer[5] produzieren können, dass die SUPERFRAU angebracht werden konnte[6], und vor allem, dass WOMENT! nicht nur im März 2003 zur Eröffnung präsent, sondern das ganze Jahr über im Gespräch war und Interesse fand.

Wie sehen die Zukunftsvisionen von WOMENT! aus?

Zuerst steht der Abschluss des Projektes an. Ich bin sicher nicht diejenige, die sich in den nächsten Jahren um weitere Tafeln kümmern wird. Die Idee des Projektes soll ja politisch Verantwortliche dieser Stadt anregen[7], diesen Auftrag, der, wie wir in diesem Jahr gesehen haben, auf großes Interesse stößt, zu übernehmen. Wir werden sehen, ob das realisierbar ist.

Danke für das Gespräch.

Danke für deine Unterstützung und Mitarbeit im Projekt.

Anmerkungen

1   Interview vom 16. September 2003 zum Thema Vernetzung, Koordination, Projektleitung.
2   Der Begriff *Superfrau* wurde von Dreier/Ursprung für die Zusammenarbeit mit WOMENT! festgelegt. Weitere Bezeichnungen waren: *Supergirl* und *Superwoman* (vgl. den Beitrag von Magdalena Felice, „SUPERFRAU und ihre ersten 15 Jahre", in diesem Band). Um zwischen der historischen und der aktuellen SUPERFRAU zu unterscheiden, haben wir für dieses Buch die Schreibweise SUPERFRAU gewählt. (Anm. d. Hg.)
3   Gesamtbudget von Graz 2003 (in Euro): 58,6 Mio; davon für ProjektpartnerInnen: 24,6 Mio; Marketing, Presse, Kommunikation: 18,8 Mio; Personal: 7,8 Mio; Laufender Betrieb: 7,5 Mio. Quelle: Graz 2003 – Zwischenbericht, 2003.
4   Das Feministische Grundstudium ist eine interdisziplinäre wissenschaftliche und politische Weiterbildung für Frauen, die seit 1998 besteht. Sie wird als viersemestriger Diplomlehrgang, seit 2000 auch als viersemestriger Lehrgang universitären Charakters mit dem Abschluss „Akademische Referentin für feministische Bildung und Politik" angeboten. Initiatorin, wissenschaftliche Leitung und Koordination: Ursula Kubes-Hofmann; TrägerInnen: Volkshochschule Ottakring, Rosa-Mayreder-College, Wien, Verband Wiener Volksbildung und Bundesinstitut für Erwachsenenbildung, St. Wolfgang/Strobl; siehe die Website http://www.rmc.ac.at/. Bettina Behr war die Erste aus Kärnten bzw. der Steiermark, die das Feministische Grundstudium absolvierte.
5   Behr 2003.
6   Am 28. August 2003 wurde – nach langen Bemühungen – eine vier Meter große SUPERFRAU-Figur am Haus Sackstraße 29/Kaiser-Franz-Josef-Kai 18, dem Standort des „Restaurants à la Prato" (restaurant.mayers), angebracht.
7   Vgl. den Beitrag von Brigitte Dorfer, „Vom Hören und Sehen: das Sichtbarmachen der Grazer Frauen", sowie „Stolz auf Frauen – Ein Resümee" von Bettina Behr in diesem Band.

Literatur

Behr Bettina (Hg.), 20+03 WOMENT!-ORTE. *Zur Würdigung von Frauen in, aus und um Graz.* [Fächer mit Kurzbeschreibungen zu den 23 Orten, einem WOMENT!-Kalendarium und dem WOMENT!-Ausflug: Alle 23 ORTE an einem Tag], Graz 2003.
Graz 2003 – Zwischenbericht, Graz, Juni 2003.

Ilse Amenitsch

Achtung, fertig, WOMENT!

Im September 2002 landete die erste Publikation des 2003-Projektes „WOMENT! – Geschichte von Frauen in Graz wird sichtbar" auf meinem Schreibtisch: eine orange-rot-violette Postkarte mit dem Schriftzug WOMENT!. Klar, nüchtern, aber farbenfrohe Energie signalisierend, machte diese erste bildliche Manifestation neugierig auf bereits Avisiertes, ließ aufmerksam fragend werden.

„WOMENT!"? Entstanden ist der Name in einem zehnminütigen Auto-Brainstorming, so Projektinitiatorin und -koordinatorin Bettina Behr[1]. „Ich war auf der Suche nach einem Wort, in dem Frauen, Bewegung und Denkmäler vorkommen, und bin im Deutschen nicht weit gekommen. WOMENT! beinhaltet womyn[2], men, monument, movement, aber auch memory, also alle Schwerpunkte des Projektes. Erst später hat sich herausgestellt, dass manche ‚Moment' sagen, im Sinne von Halt, Achtung! Das Rufzeichen signalisiert einerseits Aufforderung, andererseits ist es als Schlusszeichen zu sehen, für die zeitliche Begrenzung des Projektes auf das Kulturhauptstadtjahr." Dass mit WOMENT! eine Begriffskombination aus dem anglo-amerikanischen Raum gewählt wurde, hatte zu einigen Protesten ob der zunehmenden Anglizismen geführt, doch das Gros der Reaktionen fiel sehr positiv aus.

Mit der Gestaltung des Schriftzuges beauftragte Behr die Grazer Künstlerin Edda Strobl; einzige Vorgabe: das Lila der Frauenbewegung, das Rot der Superfrau als Projekterkennungszeichen und die Farbe Orange zu verwenden. Orange bezeichnet Behr als die eigentliche Projektfarbe, „es hat etwas von einer lebensbejahenden, sonnigen Wärme, die mir immer wieder fehlt und vielleicht auch in der feministischen Arbeit gefehlt hat. Gerade in diesem Projekt geht es ja darum, die Geschichte unserer Vorgängerinnen zu bejahen, zu erhellen." Für den Schriftzug wählte Edda Strobl den Schrifttyp „Eurostyle", passend zur Kulturhauptstadt Europas, ein Schrifttyp, der Ende der 1980er Jahre für Einladungen zu Clubbings vorzugsweise verwendet wurde und gerade „out to date" geworden war. Im Rückblick sei es signifikant, beurteilt Behr augenzwinkernd, dass die Schrift leicht gestaucht ist: „Es könnte die Kürzung unseres ersten Budgets um zwei Drittel widerspiegeln." Wahlweise wurde den Publikationen das Projektsymbol, das „Projektblümchen", beigefügt, um auch die spielerischen Aspekte in den Produktionen aufzuzeigen.

WOMENT!-Schriftzug mit
dem Projektsymbol,
der „Projektblume".
Entwurf: Edda Strobl

WOMENT!-Postkarten

Die eigene Farbgestaltung, abgehoben von den Farben der Kulturhauptstadt Europas Graz 2003, sorgte anfänglich für Differenzen mit den Verantwortlichen von Graz 2003. „Ich wollte etwas Eigenständiges, das hat sich in der Folge auch als Vorteil herausgestellt. Durch das Abheben von den blau-grünen 2003-Drucksorten haben die Menschen, glaube ich, auch gerne zu unseren Publikationen gegriffen", sieht Behr die selbst gewählte Corporate Identity bestätigt. Binnen kurzer Zeit waren die ersten Postkarten mit dem Basis-Sujet vergriffen, es folgten zwei weitere: die SUPERFRAU, mit und ohne WOMENT!-Schriftzug. Neben den Postkarten erschienen ein Gesamtfalter mit den zehn WOMENT!-Projekten, ein Aufkleber mit dem Hinweis auf den WOMENT!-INFOPOINT und ein SUPERFRAU-Lesezeichen.

Die einzelnen Publikationen, chronologisch auf einem Tisch aufgebreitet, lassen nicht zuletzt deren Erfinderin strahlen: „Es ist spannend, den Überblick zu sehen, wie sich das Projekt entwickelt hat, was mein Anteil dabei ist und wie schön das eigentlich aussieht. Ich bin selbst beeindruckt." Ohne Graz 2003 wäre das Projekt WOMENT! nicht realisierbar gewesen, ist sich Bettina Behr aber klar: „Wenn ich versucht hätte, bei Stadt, Land, Bund auf übliche Weise Subventionen aufzustellen, hätten wir heute vermutlich fünf Würdigungstafeln, drei FrauenStadtSpaziergänge und zwei Partnerinnen-Produktionen und keine Publikationen im Vier-Farben-Druck."

Anmerkungen

1 Interview mit Bettina Behr am 21. September 2003.
2 Schreibweise amerikanischer feministischer Linguistinnen für „women".
3 Grafik und Layout fast aller WOMENT!-Publikationen: Ko&Co Ursula Kothgasser.

Michaela Reichart

Wir haben WOMENT! die „Krone" aufgesetzt – Betrachtungen über eine MedienpartnerInnenschaft

Ein feministisches Projekt und die *Kronenzeitung*: Auf den ersten Blick ist das eine Kombination, die überrascht, ein wenig befremdet, sogar unmöglich scheint. Aber eben wirklich nur auf den ersten Blick. Den überzeugenden Gegenbeweis hat die gut funktionierende *MedienpartnerInnenschaft* zwischen dem feministischen Kulturhauptstadtprojekt WOMENT! und der steirischen Ausgabe der *Kronenzeitung*, der *Steirerkrone*, erbracht. Zahlreiche positive Reaktionen unserer Leserinnen, aber auch unserer Leser, die nicht nur ihr Interesse an der Geschichte der Frauen, sondern vor allem ihre Genugtuung darüber, dass weibliche Leistungen endlich gewürdigt werden, bekundet haben, sind für mich ein deutliches Zeichen dafür, dass wir unser Publikum erreicht haben. Zudem haben wir zahlreiche Anregungen erhalten, wer noch in die Liste der zu Ehrenden aufzunehmen sei, wo noch genauer nachgeforscht werden könnte. Kurz und gut, die Zusammenarbeit war für uns ein medialer Erfolg!

Doch zurück zum Anfang: Als sich WOMENT!-Initiatorin Bettina Behr mit dem Wunsch nach einer MedienpartnerInnenschaft an mich wandte, war ich überrascht, geschmeichelt und hocherfreut. Wir haben lange darüber diskutiert, was die *Krone* als Partnerin für WOMENT! attraktiv macht – und umgekehrt. Breitenwirkung bei einem höchst unterschiedlichen Publikum sowie eine möglichst große Objektivität in der Berichterstattung – ohne einer so genannten Blattlinie folgen zu müssen – standen auf der einen Seite, die Möglichkeit, etwas zu tun, um die Ungerechtigkeit gegenüber Frauen, die Benachteiligung in der Beurteilung von Leistungen aufzuzeigen und vielleicht auch ein wenig zu mindern, auf der anderen. Vorerst zumindest auf meiner ganz persönlichen! Umso überraschter war ich, als ich das Ansinnen mit meinem Chefredakteur Markus Ruthardt besprach und auf keine wie immer gearteten Schwierigkeiten stieß. Auch er zeigte sich von Anfang an begeistert von der Idee, WOMENT! zu unterstützen. Die sonst üblichen Fragen, die bei möglichen PartnerInnenschaften gestellt werden – was bringt uns das, was bringt es unseren LeserInnen – traten in den Hintergrund. Was zählte, war: „Das ist ein gutes und wichtiges Projekt, das wollen wir fördern!"

Hinzu kam natürlich der Reiz, beim allerersten feministischen Projekt im Rahmen einer Kulturhauptstadt mitzumachen. Wir waren überzeugt, dass WOMENT! über die Grenzen von Graz hinaus Aufsehen verursachen würde, was uns im Lauf des Jahres 2003 eindrucksvoll bewiesen wurde. Und so bestand eigentlich schon lange, bevor das Projekt offiziell von der Graz 2003-Gesellschaft als Teil des Medienpakets

„Steirerkrone"-Serie über Grazer Frauen

Feminismus im Kulturjahr

Frauen haben im Kulturjahr 2003 eine Menge mitzureden. Graz hat nämlich als erste Kulturhauptstadt Europas ein feministisches Projekt ins Programm aufgenommen. Die „Steirerkrone" stellt in den nächsten Wochen die einzelnen Teile von „WOMENT!" vor, die Lust auf eine Auseinandersetzung machen sollen.

„WOMENT!" setzt sich aus zehn Projekt-Teilen zusammen. Eine Web-Seite, ein Info-Point, die schwebende Superfrau und der Körperkult finden darin Platz. Ein Schwerpunkt wird auf der Frauengeschichte liegen. In diesen Bereich fällt das Projekt „20+03 Woment!-Orte", in

VON MICHAELA REICHART

dem Gedenktafeln an berühmte Grazer Frauen und Institutionen, die sich für den Feminismus eingesetzt haben, erinnern sollen.

„Gedenkstätten sind bislang ausschließlich Männern vorbehalten", begründet Projektleiterin Bettina Behr diese Initiative. Dass aber auch die Grazer Frauen in vielen Bereichen Erstaunliches geleistet haben, fällt meistens unter den Tisch. Schauspielerin Marisa Mell steht ebenso auf der illustren Liste wie die Fotografin Inge Morath, die Architektin Herta Frauneder-Rottleuthner oder die Feministin Grete Schurz. Geehrt wird zudem die Kulturzeitschrift „Eva & Co" oder der Damen Bicycle Club, der von 1893 bis 1898 für die Befreiung von Konventionen kämpfte. Gedenktafeln verdienen sich im Rahmen des Projekts aber auch die Opfer sexueller Gewalt oder die unzähligen schlecht bezahlten Dienstmädchen. 23 Personen und Institutionen haben Bettina Behr und die Historikerinnen Ilse Wieser sowie Brigitte Dorfer für das Projekt ausgewählt. Die „Steirerkrone" wird sie in den nächsten Wochen detailliert vorstellen.

Steirerkrone,
22. August 2002

an die *Krone* ging, eine gut funktionierende Partnerinnenschaft mit dem WOMENT!-Team. Die für mich ganz schnell zu einer Herzensangelegenheit wurde.

Besonders angetan hatte es mir die 23-teilige, wöchentlich erscheinende Mini-Serie über das größte Teilprojekt 20+03 ORTE[1]. Jeder Dienstag wurde redaktionsintern zum WOMENT!-Tag, an dem die KollegInnen die Inhalte der kurzen Geschichten über verdienstvolle Frauen oder Institutionen zu diskutieren begannen. Und die vermeintlichen Machos in der Redaktion begannen mich schon bald nach der ersten Episode, die dem aus heutiger Sicht liebenswert-skurrilen Grazer Damen-Bicycle-Club gewidmet war, auf das Thema anzusprechen. Wir alle haben dabei einiges gelernt. Auch die groß angelegten Beiträge machten sich gut. Kein Wunder, inhaltlich hatte dieses Projekt wirklich viel zu bieten. Und die gelungene optische Umsetzung wie der markante Schriftzug von Edda Strobl kamen in der *Krone*, die nun einmal stark das Optische bedient, sehr gut an. Ein richtiger Renner war natürlich die von Eva Ursprung und Veronika Dreier kreierte Superfrau, die sich als Hingucker bei der Seitengestaltung auszeichnete. Dass mittlerweile die 23 farbenfrohen Denk-Mal-Tafeln von Sabina Hörtner als fixer Bestandteil das Graz-Bild prägen, ist nur der sichtbare Beweis für den Erfolg dieses Projekts.

Überrascht war ich auch über die vielen positiven Reaktionen von unseren LeserInnen. Für gewöhnlich gibt es kaum „Rückmeldungen", wenn eine Geschichte oder eine Serie positiv ankommen. In diesem Fall liefen aber bereits nach der ersten Veröffentlichung, in der wir die Serie und ihre Hintergründe vorstellten, zahlreiche Telefonanrufe und E-Mails in der Redaktion ein. Und: Was für die *Krone* wohl auch ungewöhnlich ist, nicht ein einziger abwertender LeserInbrief fand den Weg zu uns.

Mittlerweile bekommen wir in der Redaktion viele Anfragen, wenn es um Frauenthemen geht. Bei einzelnen Projekten, Buchveröffentlichungen oder Ausstellungen werden wir immer öfter als kompetente PartnerInnen kontaktiert. Und das haben wir unserem Einsatz für WOMENT! zu verdanken. Ein „Ruf", auf den wir übrigens sehr stolz sind.

Freilich waren wir nicht die Einzigen, die sich des WOMENT!-Projektes angenommen haben.[2] Wohl kaum ein Beitrag im Rahmen von Graz 2003 stieß auf so viel Gegenliebe bei den Medien – national wie international. Das schlägt sich nicht nur

Zeitschrift Brigitte,
März 2003

Berühmte Grazerin: Marisa Mell

Berühmte **Grazerinnen**

Als „Kulturhauptstadt Europas" zeigt sich Graz auch von seiner weiblichen Seite. Das engagierte Projekt „Woment!" hat dafür zehn Produktionen realisiert, die die Geschichte von Frauen in der steirischen Metropole sichtbar machen sollen. Weil diese zwar wichtige Beiträge zur Historie liefern, dafür aber selten Denkmäler erhalten, setzt man ein deutliches Zeichen: Unter dem Namen „20+03 Orte" werden in der gesamten Stadt 23 Gedenktafeln – gestaltet von Sabina Hörtner und Eva Rossmann – an große Grazer Künstler- und Politikerinnen und Frauengruppen installiert: weniger bekannte und weithin berühmte wie etwa die Fotografin Inge Morath, die Schauspielerin Marisa Mell oder Kochbuchautorin Katharina Prato. Spannendes Hintergrundwissen zu Leben und Werk der Geehrten kann man bis Jahresende bei zehn speziellen „Frauenstadtspaziergängen" erwandern. Infos zum vielfältigen Programm der „Woment!"-Reihe gibt's vor Ort im Stadtteilcafé Palaver oder unter www.woment.mur.at. Die Eröffnung findet am 8. März statt. Elisabeth Habitzl

■ **INFOS:** Woment!, Tel. 0316/20 03-0, E-Mail: woment@graz03.at, www.woment.mur.at; Stadtteilcafé Palaver, 8020 Graz, Griesgasse 8

in der beachtlichen Zahl von mehr als 300 erschienenen Artikeln nieder, sondern auch im positiven Grundtenor der Inhalte. WOMENT! kann also getrost als ein echter „Knüller" bezeichnet werden.

Ziel des ersten feministischen Projektes einer Kulturhauptstadt war es, die Leistungen von Frauen zu würdigen – in aller Öffentlichkeit! Aus meiner Sicht ist das voll und ganz gelungen. Für mich war WOMENT! allerdings nur ein Anfang: der Anfang einer sensibleren Auseinandersetzung mit den Leistungen von Frauen, die wir in Zukunft gerade auch in unserer Zeitung fest im Auge behalten werden.

Anmerkungen

1 Auftakt der Serie: 22. August 2002; Abschluss: 11. März 2003.
2 Anm. d. Hg.: Weitere MedienpartnerInnen waren *dieStandard.at* (kontinuierliche Berichterstattung über WOMENT! ab März 2003) und der Verein mur.at (kostenlose Zurverfügungstellung von Webspace – auch über 2003 hinaus).

Die WOMENT!-Eröffnung

WOMENT!
Geschichte von Frauen in Graz wird sichtbar

ERÖFFNET:

SAMSTAG, 08. März 2003, ab 19.00 Uhr

Ort: FORUM STADTPARK – Hauptraum

Mit: Manfred Gaulhofer (Graz 2003-Geschäftsführer)
Katharina Hofmann-Sewera (Graz 2003-Intendanz)
Bettina Behr (WOMENT! Initiatorin und –Koordinatorin, Projektleiterin 20+03 ORTE)
Eva Rossmann (Autorin, Autorin der Inschriftstexte der Würdigungstafeln)

Moderation: Colette M. Schmidt (Autorin und Journalistin/Der Standard)

Musik: Sosamma – Multikultureller Frauenchor der Vereine Danaida und Omega (initiiert von Maggie Jansenberger); Leitung: Anna Steger

Mixed Music Extra: Barbara Osei-Weiss (ISOP)
Eva Tutsch
Text: Eva Kuntschner

DJane Luz (Happy Party Music)
DJs G.R.A.M. (GRRL'S POP)
Gebärdensprachenübersetzerin: Ilona Seidel
Visuals: Sabine Fauland

Danke an alle UnterstützerInnen!

Buffet a lá Katharina Prato: restaurant.mayers
Sweets a lá Katharina Prato: Lilly Philipp

Bettina Behr

Die WOMENT!-Eröffnung am 8. März 2003

WOMENT! startete in Etappen: Am 30. September 2002 wurde die Website http://woment.mur.at/ präsentiert; am 9. Jänner 2003 eröffnete der WOMENT!-INFO-POINT im Stadtteilcafé Palaver.

Der Projektstart wurde rund um den 8. März 2003, dem Internationalen Frauentag, choreographiert: Den Auftakt machte die feurige Eröffnung des „Restaurants à la Prato" am Freitag, 7. März. Am darauf folgenden Samstagvormittag wurde der erste FrauenWEG unter großem Andrang begonnen. Um 14 Uhr wurden MAKE *à* SIGN und plakativ! im Palaver eröffnet. Und um 15 Uhr wurde – mit fast 200 Teilnehmer-Innen – der erste FrauenStadtSpaziergang 2003 beschritten. Interessierte Frauen und Männer hatten viel zu tun, denn außerdem fanden noch die jährlichen Aktionen zum Internationalen Frauentag statt.

Die große WOMENT!-Projekteröffnung war für 19 Uhr im Forum Stadtpark angesetzt. Über 800 Menschen aus Graz, Wien und anderen Bundesländern, aus verschiedenen politischen Bereichen, mit verschiedener Herkunft und Geschichte, feierten erstmals die Eröffnung eines feministischen Projektes *und* den Internationalen Frauentag in einer fulminanten Veranstaltung gemeinsam. Bis auf eine Ausnahme: der erste Stock im Forum Stadtpark blieb dem vom Grazer 8. März-Komitee[1] organisierten traditionellen Frauenfest vorbehalten. „So manche Männlichkeit fühlte sich durch den Ausschluss gekränkt und durfte am eigenen Leib spüren, wie es ist, nicht an allem Anteil haben zu können. Ein Zustand, den ‚frau' schon seit Jahrhunderten kennt."[2]

Erinnerungsblitzlichter

Im überfüllten Forum Stadtpark waren die Eröffnungsreden von der Besonderheit des feministischen Kontextes und der Annäherung an „Fremdes" geprägt. Manfred Gaulhofer, Graz 2003-Geschäftsführer, gestaltete den Beginn. Er hatte schon bei der WOMENT!-Pressekonferenz die Gelegenheit ergriffen, seine Unterstützung zu zeigen, und setzte das – auch stellvertretend für die mittlerweile vielen unterstützenden männlichen Menschen – an diesem Abend fort.

Kathi Hofmann-Sewera beschrieb Graz 2003 und WOMENT! erstmals als Liebesgeschichte – ein interessanter Aspekt. Auch der Intendant, die feministische Basis des Projektes und der 03-Slogan „Graz darf alles" kamen zu Ehren.

Nach vielem Dank und allgemeiner Freude bin ich an der Reihe. Ich erzähle von der Projektentwicklung, danke den vielen Beteiligten und UnterstützerInnen. Nach meinen Worten zur aktuellen politischen Situation

„Wir stehen knapp vor dem Krieg der USA gegen den Irak, angezettelt von einem weißen männlichen Präsidenten, der zur Durchsetzung seines Machtstrebens, zur Durchsetzung wirtschaftlicher Interessen die Ermordung tausender Menschen einkalkuliert und auch hier erkennen wir die Entwürdigung menschlichen Lebens, der es mit allen Kräften entgegenzusteuern gilt."[3]

kommt es kurz zu einer hörbaren Stille. Intensiver Beifall folgt und erleichtert verlasse ich die Bühne und freue mich aufs Feiern.

Dann spricht Eva Rossmann, seit Frühsommer 2002 konspirative und konstruktive Autorin der Inschriftentexte der Würdigungstafeln, ihr Statement. Ihr Besuch war leider nur kurz, doch ihre Texte sind in dieser Stadt verewigt. Dazwischen Musik: Immer wieder beeindruckend der multikulturelle Frauenchor *Sosamma* und die Rapperinnen Eva und Barbara von *Mixed Music Extra*. Sie habe ich zu meiner Freude erstmals live gesehen und gehört. Luzi, unsere DJane, hat auch gefilmt, im Erdgeschoss Platten gedreht und in der Keller-Bar mit der dort stationierten Männerband gesungen. Und G.R.A.M., unsere DJs, hielten den Main Floor für Frauen und Männer bis nach zwei Uhr früh mit Songs ausschließlich von Musikerinnen auf Trab.

Die Organisation der WOMENT!-Eröffnung hatte besonders Lisi Grand von Graz 2003 übernommen: eine vier Meter große Superfrau als Bühnenhintergrund, den Aufbau und die Gestaltung vor Ort. Vor dem Forum Stadtpark gab es dank ihr zudem noch eine Bar für alle, die vorerst aufgrund des Gedränges keinen Platz im Innenraum fanden.

Seit Dienstag derselben Woche hatte ich endlich auch eine Projektassistentin: Sabine Fauland, die zum Beispiel den Abendprogramm-Flyer, die Speisekarte für das wunderbare Buffet à la Katharina Prato und die Visuals im Hintergrund gestaltete.

Ein großer Erfolg wurde auch der *Weiberaufstand* – das traditionelle Fest für Frauen zum Internationalen Frauentag – im ersten Stock, der vor allem von Kerstin Grabner und Andrea Plank vom Grazer 8. März-Komitee organisiert worden war. Tanzen, Wiedersehen und Kennenlernen, Vergnügen. Hunderte Frauen feierten miteinander – das sollte zukünftig mehrmals im Jahr möglich sein, dachte ich mir. Und auch die Bar im Forum-Keller schloss erst nach fünf Uhr in der Früh.

Anmerkungen

1 Das Grazer 8. März-Komitee besteht seit 1978 und veranstaltet seither jedes Jahr Aktionen und ein Frauenfest zum Internationalen Frauentag.
2 Fauland 2003, S. 18.
3 Bettina Behr, Eröffnungsrede WOMENT!, http://woment.mur.at/, Verweis „Nachlese".

Literatur

Fauland Sabine, „Sichtbarkeit und Nachhaltigkeit", in: *Laufschritte* (2003) 4, S. 18.

Colette M. Schmidt

Zu ebener Erd' und im ersten Stock

Schon von weitem leuchtet es lila und rot aus den Fenstern des kühlen weißen Hauses. Ich lasse mich von einem Taxi zum Forum Stadtpark fahren, wo ich am Abend des 8. März 2003 helfen soll, das erste feministische Großprojekt einer europäischen Kulturhauptstadt zu eröffnen. Noch am Vortag wackelte meine Moderation – wie ich selbst. Hatte ich im Sommer noch relative Standfestigkeit im Tor des FC WOMENT![1] bewiesen, verbrachte ich die letzten drei Wochen mit einer „echten" Grippe im Bett. Drei ausgewachsene Männer waren dazu nötig, meinen Haushalt samt mir und meinen beiden Töchtern notdürftig zu versorgen. Letzten Endes stellte ich mich als Moderatorin mit wackligen Knien, aber mit einer überdimensionalen Schutzpatronin – der SUPERFRAU – hinter mir, auf die Bühne. Ich bin nervös. Die Tatsache, dass ich eine frisch gebackene Nichtraucherin bin, hilft jetzt gar nicht. Das Forum Stadtpark ist voll. Voll mit freundlich auf die Bühne blickenden Frauen, meine Nervosität sinkt. Ein paar Männer sind auch da. Es dürfte sich um „die Guten" handeln, überlege ich. Oder um solche, die so tun, als ob sie es eh super fänden, dass es Frauen gibt, die sich ein Stück vom Kuchen gerade von ihnen zurückholen wollen. Oder um Politiker, die so sehr vom persönlichen Interesse aufrechter Feministen hingetrieben wurden, dass sie sich nachher beschweren werden, nicht von der Moderatorin begrüßt worden zu sein. Oder die Sorte: „Ich hab wirklich nichts gegen Frauen, meine eigene Mutter ist auch eine." Oder auch andere …

Der FC WOMENT!
am 23. Juni 2002

Ein hinreißender internationaler Frauenchor singt. Zwei der Frauen fehlen. Sie sind hochschwanger und wollen ihre Bäuche nicht mehr den Anstrengungen eines Auftritts aussetzen. Es lebe der große Unterschied! Einige Frauen sprechen zur Eröffnung. Ein Mann auch. Er spricht „wohlwollend", bedauert aber, dass er nur im Parterre und nicht im ersten Stock mitfeiern dürfe. Auch ich kann mich zu Beginn des Abends nicht entscheiden, ob der Wunsch einiger Frauen, unter sich zu bleiben, dieses Ausschließen rechtfertigt. Ist das besser als Herrenabende in diversen Clubs, wo *mann* wohl auch unter sich sein will? Ja. Denn: Männer, die es vorziehen, unter sich ihre Zigarren zu rauchen, tun das größtenteils ohne die Erfahrung, dass viele der Ausgesperrten gewalttätig sind. Sie trinken ihren Scotch ohne die Wut darüber, für viel weniger Geld gleich viel und mehr zu arbeiten als die ausgeschlossenen Frauen. Und in der Mehrheit der Fälle müssen sie, so sie Kinder haben, beim gemütlichen Plausch nicht auf die Uhr schauen, weil der Babysitter wartet. Und wenn sie politisieren, wissen sie, dass ihre Geschlechtsgenossen im Parlament auch die Oberhand haben, um ihre Interessen gut durchzusetzen.

Ich beschließe, dass es vorerst gut sei, den ersten Stock männerfrei zu halten, zumindest so lange, bis uns diese Unterschiede nicht mehr täglich ins Gesicht schlagen.

Einige der „Guten", die im Parterre bleiben müssen, versorge ich – mit Schokoladedesserts im „Superwoment-Design" – wie Buben, die sich wohl noch etwas gedulden müssen, bis ihre Brüder auch so weit sind.

Anmerkung

1   Der FC WOMENT! bestand aus: Bettina Behr (Präsidentin), Pia Hierzegger (defensives Mittelfeld), Sabina Hörtner (Coaching), Dani Jauk (Mittelstürmerin), Doris Jauk-Hinz (offensive Mittelstürmerin, erkrankt), Margarethe Makovec (Stürmerin), Katharina Possert (Stürmerin, Legionärin, nicht im Einsatz), Clara Prettenhofer (Libera), Katarina Sadovnik (Verteidigerin, schoss das einzige Tor), Maruša Sagadin (Stürmerin), Colette M. Schmidt (Kapitänin, Libera), Christine Wassermann (Co-Coaching). Der FC WOMENT! spielte am 23. Juni 2002 im Rahmen von „DJ-Kicks" in Graz, hatte leider mehrere Verletzte zu beklagen und belegte schließlich von zwanzig Teams als einziges Frauenteam Platz 19 (Tordifferenz 1 : 9).

Martin Behr

Lichtspalt

„Guten Tag ich gebe zu ich war am Anfang entzückt/ Doch euer Leben zwickt und drückt/ Nur dann nicht wenn man sich bückt." Einige bücken sich leicht, gehen in die Knie, vollführen Drehungen, rudern mit den Armen, bewegen ihre Hüften. Kreieren zu den Beats des „Wir sind Helden"-Songs entsprechende Windungen des Körpers. Tanzen. Loslassen nach den Eröffnungsreden, sich der Musik hingeben. Sich einfühlen. Das Hier und Jetzt genießen. Abgrenzen, näher kommen. Am Internationalen Frauentag, zum WOMENT!-Auftakt im Forum Stadtpark, wo der erste Stock für Männer Tabuzone ist. Kein Zutritt, eine Barriere, ein Symbol für Ausgrenzung. Das zu akzeptieren einigen nicht leicht fällt.

Mehr als vier Stunden Frauenstimmen, aufgelegt von (zwei) Männern. „The Supremes", Madonna, „Bärchen und die Milchbubis", „La Belle" und anderes. DJ G.R.A.M.[1] Zu Diensten sein, aufwühlen, besänftigen, das Ausklingen umrahmen. Akustischer Partydekor beim Frauenfest, das erstmals seine Tore auch jenen vom anderen Geschlecht öffnet. Teilweise zumindest. Akzeptiert werden und doch Sonderlinge sein. Ahnbar, spürbar in den Blicken und Gesten, hörbar in Gesprächsfetzen, die zu den Ohren vordringen. Auch Vorurteile. Ungewohnte Situation für Mann: zugleich Gast und Geduldeter, Zustimmung und Reserviertheit, offene Arme und Mauern. Alkohol und Rhythmus in der Vermittlerrolle.

Frauenräume, Gemeinschaftsräume auf drei Ebenen. Unüblich. Dem Alltag entgegengesetzt. Verdrehte Welt in Festtags-Stimmung, Kompromisse, die beide Geschlechter eingegangen sind, bei Frauen wie Männern nicht unumstritten. Lounge-Musik aus dem Kellergewölbe, die SUPERFRAU posiert im Parterre, im ersten Stock lauert das Unbekannte. Jenseits der beaufsichtigten Treppe. Verbotene Stadt. Aus der Worte und Klänge dringen. Erinnerungen an das nächtens verdunkelte Kinderzimmer: jenseits der Türe Gemurmel der Gäste, Geklirr und ein vom TV-Apparat verursachtes Hell-Dunkel-Geklimper, welches sich über den schmalen Spalt zwischen Türe und Boden fortpflanzte. Ausgeschlossen von der Welt der anderen. Und doch ein Gefühl der Geborgenheit.

„Ich tausch' nicht mehr/ Ich will mein Leben zurück." Meint Judith Holofernes, die „Wir sind Helden"-Leadsängerin. Entschlossenheit. Selbstvertrauen. Ein Wille zum Neubeginn, Hoffnung auf Verbesserung des Ist-Zustandes. Erinnert an „WOMENT! – Geschichte von Frauen wird sichtbar". Apropos Judith Holofernes. Die Heldin und der Feldherr. Zwei Unterschiedliche, vereint in einem Namen. Wie wahr: Ich bin ein anderer. Dialog der Charaktere und der Geschlechter. Ohne Köpferollen?

Anmerkung

1   G.R.A.M. – Künstlergruppe, gegründet 1987 in Graz. DJs an diesem Abend: Martin Behr, Günther Holler-Schuster.

Eva Kuntschner

Was ich schon immer sagen wollte[1]

Gestern fuhr ich mit der Straßenbahn,
da sah ein Mann mich an,
und dieser Blick gefiel mir überhaupt nicht.
Er schaute mir nämlich nicht gleich in die Augen,
sondern gaffte ganz dämlich zuerst mal auf meinen Busen,
auf alles unter den Blusen und Pullis und Hosen
mit einem ganz großen
und ungenierten Blick.

Das fand ich überhaupt nicht schick und starrte zurück,
und da denkt der Typ, er hätte Glück – und grinst zurück.
Und ich denk mir: In was für einer Welt leben wir denn, wo die Typen denken,
sie könnten sich die Hälse verrenken und mit den Blicken an dir kleben
als wärst du ein Auto oder sonst irgendein Ding, das man kaufen kann,
das nicht laufen kann und denken und fühlen und so?
Dann stieg ich aus und dachte mir: Was für ein armer Tropf,
hat der denn gar nichts im Kopf
oder im Herz?

Es bereitet mir Schmerz, so behandelt zu werden,
und mehr noch, wenn meine Beschwerden
ob dieses Zustands mit einem Lächeln abgetan werden,
so à la: Kind, das ist doch nur ein Rind,
mach dir doch keine Sorgen, es gibt ja noch andere Männer,
sie sind nicht alle wie Penner,
sondern diese sind Kenner deiner Bedürfnisse,
mit denen gibt's keine Zerwürfnisse, die wissen, was sich gehört.

Doch wissen die auch, *was* mich so stört an diesem Verhalten,
an all dem geballten Schwachsinn, den ich mir immer noch anhören muss,
all diesen Stuss von wegen „Frauenrollen" und anderen tollen
Dingen wie Mars und Venus, was für mich so viel heißt,
dass man ja eh nichts tun muss oder kann
gegen die Unterschiede von Frau und Mann,
weil das eben so sein muss.
Also, für mich ist das Stuss, und ich sage es laut,
weil mich ja eh niemand haut –
denn ich bin eine Frau. Ja, genau!

Oder all die Leute, die mir auch heute,
in unserer ach so aufgeklärten Zeit, über den Weg laufen
und das große I als Blödsinn verkaufen –
wer braucht das schon, das ist doch nur ein Hohn
für unsere deutsche Sprache
und ist keine Sache, die irgendwie von Wichtigkeit ist.
Ich find' das nicht so toll, wenn wer auch noch auf unsere allgemeine Nichtigkeit pisst –

Entschuldigung, doch es muss schon mal gesagt werden,
dass das nicht nur meine Beschwerden
sind, sondern die von tausenden Frauen,
die sich im Dunkeln nicht auf die Straße trauen,
die sich gefallen lassen müssen, dass Typen blöd schauen
und darauf bauen, dass sie im Recht sind,
weil sie niemals Knecht sind oder waren in einem System,
das nicht nur den Haaren oder der Kleidung,
sondern auch den richtigen Paaren und sonst allerlei Dung
so viel Bedeutung zuschreibt,
wo aber das Hirn und das Gefühl auf der Strecke bleibt
in all dem Gewühl von wichtig und richtig und nichtig.

Und sagt jetzt nicht, das sei alles zu vielschichtig,
um so einfach in einen Topf geworfen zu werden –
da greif' ich mir nur an den Kopf,
denn genau das ist das Problem dieser Diskussion,
für mich ist es ein Hohn, dass genau die, die diesen Brei kochen,
dann immer drauf pochen,
dass man ihn nicht mit vollen Löffeln austeilen soll.

Ja, aus mir spricht der Groll,
denn ich find' das alles grad nicht so toll,
und ich hab' ein Recht darauf, gehört zu werden
mit all jenen Beschwerden, die Frau-Sein in unserer Welt nun halt mal so mit sich
bringen.
Das beginnt mit kleinen Dingen in Straßenbahnen
und endet schnell mit Fahnen, auf denen „Patriarchat" steht,
das dann die Dinge so verdreht, wie sie zu sein haben in einer Welt,
die manchen Frauen sogar vergällt,
auf die Straße zu gehen ohne Schleier –
was soll das, zum Geier?!?

Ich könnte noch ewig weiterkochen,
immer und immer wieder drauf pochen,
dass ich und viele andere ja nur die gleiche Achtung wollen,
die Männern zu zollen kein Problem ist.

Ich weiß, dass das nicht bequem ist, meine Schimpferei,
doch hey – ich bin auch nicht das Ei
des Kolumbus und weiß,
wo die Welt hin muss,
sondern ich sage nur das,
was mich so beschäftigt und was das tägliche Leben immer bekräftigt
für mich als Frau –
ja, genau!

Anmerkung

1   Rap-Text, Jänner 2001.

Fotomontage zur Anbringung der Würdigungstafel für Inge Morath

Dann waren's nur noch zehn[3]

Insgesamt acht Teams mit zehn Produktionen machen schlussendlich das erste feministische Projekt im Rahmen einer Kulturhauptstadt aus. Als Erkennungszeichen
fungiert die SUPERFRAU, von der Künstlerinnengruppe Eva & Co bereits in den
Glory Eighties entworfen und nun tatsächlich am Grazer Himmel emporgestiegen.

Dreh- und Angelpunkt wird der INFOPOINT im Stadtteilcafé Palaver, beheimatet im Bezirk Gries, auf der „falschen" Murseite[4] also, mittlerweile direkt neben dem
Kunsthaus. Als virtueller Brennpunkt entsteht die von Doris Jauk-Hinz entworfene
Website, die alle Netz-Produktionen im Cyberspace beheimatet, ein ständig erwei-
tertes Lexikon führt und wichtige Termine nicht versäumen lässt.

Die größte Produktion 20+03 ORTE erinnert an die Verdienste wichtiger – ach ja,
das wissen wir bereits. Um die Orte lebendig zu halten, besuchen die FrauenStadt-
Spaziergänge das ganze Jahr hindurch einmal pro Monat ausgewählte Ehrungstafeln,
auf Schusterins Rappen sozusagen. Ebenso zu Fuß bestritten werden die Frauen-
WEGE der Katholischen Frauenbewegung, die sich mit der Geschichte religiös bewegter Grazer Frauen aus dem christlich-jüdischen Kulturkreis auseinander setzen.
Auf den Brettern, die die Welt bedeuten, wird vom Frauengesundheitszentrum Graz
und dem Theater Inter*ACT* „Auf den Leib geschrieben", sprich ein Theaterstück zum
Thema Körpernormen erarbeitet. Inhaltlich dazu relativ nahe, thematisiert auch das
Projekt von Mafalda weibliche Befindlichkeiten. Das Video MAKE *ä* SIGN handelt
von der Nicht-/Aneignung des öffentlichen Raums von Seiten der Grazer Mädchen.

Montierte Würdigungstafel für Inge Morath, Jakominiplatz 16/Klosterwiesgasse 2 – Innenhof

Den virtuellen Raum hingegen erobert das DOKU GRAZ, das mit seiner Cyber-ausstellung plakativ! die Geschichte der Grazer Frauenbeauftragten dokumentiert. Diskussionen rund um „Identität, Erinnerung, Gedenken und Gender" auf realer Ebene entfacht die Interuniversitäre Koordinationsstelle für Frauen- und Geschlech-terforschung Graz in ihrer Theoriewerkstätte „Movements-Monuments".

Wem das noch nicht feurig genug war, konnte sich ebensolches im „Restaurant à la Prato" servieren lassen, in dem der Kunstverein W.A.S. nach Rezepten der berühm-ten Kochbuchautorin Katharina Prato aufkochen ließ.

Da war dann ganz schön was los in Graz

Die Breite der Themen und Organisationen hat Bettina Behr als Koordinatorin von Anfang an als großes Plus empfunden. „Mit acht Organisationen im Hinter- und Vor-dergrund bist du einfach viel stärker, sowohl bei Verhandlungen als auch inhaltlich."

Und diese Breite sollte für das Publikum spürbar sein. „Feministisches Wissen hat auch in meinem Leben sehr viel zum Guten gewandt. Die Geschlechterperspektive eignet sich wunderbar dazu, macht- und herrschaftskritisch die Welt zu betrachten, als Frau, als Feministin, als jegliche marginalisierte Gruppe. Wir sehen damit, was läuft falsch und was kann dagegen getan werden. Denn diese Welt muss nicht so sein, wie sie ist."

Anmerkungen

1 Zitate aus den Interviews von Elke Murlasits mit Bettina Behr am 26. September und 13. Oktober 2003.
2 Assistentin des Graz 2003-Intendanten, für WOMENT! zuständige Projektbetreuerin bei Graz 2003.
3 Vgl. Behr 2002.
4 Die Bezirke Gries und Lend, auf der rechten Murseite gelegen, sind traditionell ArbeiterInnen- und ZuwanderInnenbezirke, also im bürgerlichen Sinn bisher „schlechte" Bezirke.

Literatur

Behr Bettina (Hg.), *Die zehn WOMENT!-Netz-Produktionen März – Dezember 2003*, Graz 2002.

Zur Würdigung von
MARIA CÄSAR (*1920)
Widerstandskämpferin gegen den Nationalsozialismus

Schon früh lernte die Judenburger Arbeitertochter
den Kampf um Gerechtigkeit und Gleichheit.
Unter Todesgefahr leistete sie Widerstand gegen das
Nazi-Regime und wurde mit 18 Jahren hier inhaftiert.
Doch ihr Optimismus ist ungebrochen:
es liegt an uns allen, eine bessere Welt zu schaffen.

Parkring 4: Ehemaliger Sitz der Gestapo

Zur Würdigung von
DJAVIDAN HANUM (1877-1968)
Künstlerin

Geboren in den USA, aus ungarischem Adel,
heiratete sie einen ägyptischen Prinzen.
Sie befreite sich aus Zwängen und zugedachten Rollen,
sie schrieb und musizierte, sie komponierte und malte,
war Weltbürgerin in Graz.

Wittekweg 7: Ehemaliger Wohnort

Zur Würdigung von
MARISA MELL (1939-1992)
Schauspielerin

Schön war sie und sie hatte Talent.
Sie genoss ihre Berühmtheit und Männer lagen ihr zu Füßen.
Ein Traumleben voller Glamour - die Liebe aber kam zu kurz.
Der Film riss, als sie nicht mehr makellos sein konnte.

Trondheimgasse 12: Ehemaliger Wohnort

Zur Würdigung von
INGE MORATH (1923-2002)
Fotografin

Geprägt auch vom unkonventionellen Blick
ihrer Grazer Großmutter auf das Leben
hat sie die Welt mit wachen Augen gesehen.
Aus der Reporterin wurde eine weltberühmte Fotografin.
Nicht um vordergründige Schönheit ging es ihr,
sondern um Wahrheit und die Poesie des Menschlichen.

Jakominiplatz 16: Ehemaliger Wohnort der Großmutter Alexandra Mörath

Zur Würdigung von
KATHARINA PRATO (1818-1897)
Kochbuchautorin

„Man nehme ..."
schrieb sie als erste in ihrem Kochbuch und setzte
nicht nur mit dieser Redensart einen bleibenden Standard.
Verankert in der bürgerlichen Welt des
19. Jahrhunderts ist „Die große Prato"
genussreich-spannende Lektüre geblieben.

Stempfergasse 7: 1. Auflage 1858 im Verlag Leykam

Zur Würdigung von
GRETE SCHURZ (*1934)
Erste Frauenbeauftragte in Österreich, tätig in Graz 1986-1994

Sie zeigte, was Emanzipation für Frauen konkret heißt:
trotz Widerstände den eigenen Weg zu gehen.
Temperamentvoll und engagiert kämpft sie für
Gleichstellung, soziale Sicherheit und gegen Rollenklischees.
Ihr Motto: „Keine Rosen ohne Dornen!"

Tummelplatz 9: Sitz der Grazer Frauenbeauftragten ab 1995

Zur Würdigung von
EVA & CO
Erste feministische Kulturzeitschrift in Europa (1982-1992)

Sie hat einen Gegenentwurf zur SelbstHERRlichkeit des
Kulturbetriebes geschaffen. Als Politik, Kritik und Umsturz
ist die Arbeit der Künstlerinnengemeinschaft zu verstehen.
Am vermeintlichen Ende kam der konsequente nächste Schritt:
„Wir gehen in den Untergrund und in den Himmel!"

Rottalgasse 4: Ehemaliger Redaktionssitz von Eva & Co

Zur Würdigung für die
FRAUENGESUNDHEIT

Die „weisen Hände" der Hebammen
wurden im 18. Jahrhundert durch die Geburtszange
männlicher Ärzte abgelöst.
Lange bedeutete Hilfe für Frauen gleichzeitig Kontrolle über sie -
so war es auch in der ersten Grazer Gebäranstalt.
Nun fördern Frauengesundheitszentren
den selbstbestimmten Umgang mit Körper und Sexualität.

Albert-Schweitzer-Gasse 28-38: Ehemalige Grazer Gebäranstalt (1764-1789)

Zur Würdigung für den
GRAZER DAMEN-BICYCLE-CLUB
Erster österreichischer Frauenradfahrverein (1893-1898)

Frauenwaden galten als unanständig, andere Formen der Freiheit
für Frauen noch mehr. Der Grazer Damen-Bicycle-Club
hat gegen Männerdomänen und Konventionen geradelt.
So wurde nicht bloß die sportliche Emanzipation befördert.

Hilmteich: Einstiger Treffpunkt für Gruppenfahrten

Zur Würdigung der
MÄDCHENBILDUNG

Die Gründung des ersten sechsklassigen Mädchenlyzeums
der Donaumonarchie sorgte 1873 in Graz für Aufregung.
Viele glaubten, dass zu viel Bildung nur schaden könne -
angeblich den Mädchen, tatsächlich wohl
dem Bild der dienend-abhängigen Frau.
Formale Gleichheit ist erreicht, doch solange es Rollenklischees gibt,
bleibt Bildungsarbeit für Mädchen notwendig.

Beethovenstraße 18: Standort des Mädchenlyzeums 1878-1938

Zur Würdigung für den
ERSTEN INTERNATIONALEN FRAUENTAG IN GRAZ
19. März 1911

Vor über einem Jahrhundert forderten Arbeiterinnen
Brot, Rosen und das Wahlrecht. Weil Überleben allein zu wenig ist,
weil es auch um Gerechtigkeit und Frieden,
Freiheit und Selbstbestimmung geht,
gibt es den Internationalen Frauentag noch heute -
in Graz und an unzähligen Orten auf der ganzen Welt.

Annenstraße 29: Ort der ersten Versammlung zum Internationalen Frauentag in Graz

Zur Würdigung
FÜR OPFER UND ÜBERLEBENDE
SEXUALISIERTER GEWALT

Wie Sachen werden Frauen immer wieder behandelt,
wie Besitz, mit dem MANN je nach Laune verfährt.
Misshandelt und in Abhängigkeit suchen sie
den Schutz autonomer Frauenhäuser,
um das zu erreichen, was Männer ihnen verweigern:
Ein selbstbestimmtes Leben.

Albert-Schweitzer-Gasse 22: Erstes Frauenhaus in der Steiermark 1981-1989

20+03 ORTE – Die größte der zehn WOMENT!-Produktionen

Zur Würdigung von

HERTA FRAUNEDER-ROTTLEUTHNER (1912-1999)

Architektin

Als erste Frau absolvierte sie 1935 an der Technischen Universität Graz das Architekturstudium. Mehr als fünfzig Jahre arbeitete sie eigenständig und erfolgreich. Aufgrund ihres Geschlechts wurde sie immer wieder gefragt, ob sie wirklich kann, was sie tut.

Zur Würdigung von

OLGA NEUWIRTH (*1968)

Komponistin für Neue Musik

Mit ihrer Musik erfindet sie die Welt selbst, ist keine, die das spielt, was andere wollen.

steirischer berbst im Grazer Congress: 1993, 1994 und 1996 wurden hier Kompositionen von Olga Neuwirth uraufgeführt.

Zur Würdigung von

ANNA SUSANNA PRANDTAUERIN (~1600-1668)

Wirtin

Weil Frauen laut „Hexenhammer" in besonders enger Verbindung mit dem Teufel standen und ein Bannrichter zu viel Geld wollte, wurde die beliebte Wirtin als Hexe angeklagt. Sie hatte Mittel um sich zu wehren und überlebte. Frauen ohne Beistand aber wurden auf Geheiß von Obrigkeit und Kirchenfürsten denunziert, gefoltert und ermordet.

Sporgasse 12: Ehemaliger Wohnort und Gaststätte

Zur Würdigung von

MARTHA TAUSK (1881-1957)

Politikerin

Als erste weibliche Abgeordnete zog die Sozialdemokratin 1918 in den provisorischen Landtag ein. Mit eindrucksvollen Reden und praktischem Engagement kämpfte sie für die Sozialversicherung für Heimgehilfinnen und Arbeiterinnen und ein selbstbestimmtes Leben für alle Frauen.

Landhaus: Sitz des Steirischen Landtages

Zur Würdigung von

CHRISTINE TOUAILLON (1878-1928)

Pionierin in der Literaturwissenschaft

Als studierende Frauen noch außergewöhnlich waren, ging sie viel weiter. Christine Touaillon beschäftigte sich erstmals wissenschaftlich mit Literatur von Frauen und wollte an der Universität Graz lehren. Nur letzteres wurde verhindert.

Zur Würdigung der

FRAUENPROJEKTE

Optimistisch glauben ihre Betreiberinnen, dass sich die Welt bewegen lässt, dorthin, o Frauen nicht mehr aufgrund ihres Geschlechts benachteiligt, unterdrückt und missachtet werden. Realistisch wissen sie, dass sie diese notwendigen Bewegungen einfordern müssen.

nplatz 5: Standort der ersten steirischen Frauenberatungsstelle 1987-1997
Standort von DANAIDA ab 1998

Zur Würdigung für das

FRAUENZENTRUM BERGMANNGASSE

Studentinnen schufen sich Platz, um feministische Lebensentwürfe und weibliche Sexualität neu zu definieren. Misstrauisch beäugt, feierten sie mit Frauenfesten ihren Aufbruch. Sie waren die Ersten, die Graz radikal und deutlich mit frauenspezifischen Themen konfrontierten.

Hilgergasse 1: Standort des Ersten Autonomen Frauenzentrums der Steiermark (1977-1981)

Zur Würdigung der

NICHT BEZAHLTEN ARBEITEN VON FRAUEN

Frauenrolle war es, liebend und unbezahlt zu dienen. Nach wie vor ist die Hausarbeit von Dienstbotinnen, Hausfrauen und Berufstätigen gering geschätzt, schlecht bezahlt oder unbezahlt. Als eine Forderung bleibt: Die gerechte Verteilung der Hausarbeit auf Frauen und Männer.

Schließstattgasse 4: Erste Arbeiterinnenversammlung in Graz 1892

Zur Würdigung für das

AUTONOME FRAUENZENTRUM

Versuch der Installierung 1991

Freiraum wollten sie und haben sich deswegen freien Raum genommen. Nach einem Monat mussten sie weichen. Bis heute ist das Anliegen eines selbstverwalteten Frauenzentrums in Graz nicht realisiert.

Zimmerplatzgasse 15: Ort der Aktionen 19. März - 18. April 1991

Zur Würdigung der

KAPELLE MARIA VON MAGDALA

Eröffnet 2000

Gestaltung der Kapelle: Minna Antova

Einst war Maria Magdala Apostelin. Ihrer Geschichte beraubt, kennen wir sie heute vor allem als von Jesus bekehrte Sünderin. Dieser Ort erzählt von patriarchalem Zudecken und mutigem Aufdecken.

Erster sakraler Raum in der Steiermark, der zur Gänze von einer Künstlerin gestaltet wurde.

Zur Würdigung für den

"KIRSCHENRUMMEL"

Hungerrevolte der Frauen am 7. Juni 1920

Das Aufbegehren der Frauen in Graz gegen überhöhte Lebensmittelpreise wurde trotz 13 Toter als "Kirschenrummel" verharmlost. Und doch haben die Verzweifelten etwas erreicht: In der Folge der Demonstration wurden verbindliche Marktpreise festgesetzt.

Südtirolerplatz: Ort gewalttätiger Auseinandersetzungen im Juni 1920

Bettina Behr

Zur Würdigung von Frauen:
20+03 WOMENT!-ORTE

Wir werden erst wissen, wer die Frauen sind,
wenn ihnen nicht mehr vorgeschrieben wird,
wie sie sein sollen.
Nach Rosa Mayreder[1]

„Geschichte ist ein Prozess, eine Rekonstruktion der Vergangenheit aus heutiger Sicht. Der ‚weibliche‘ Blick ist dabei wesentlich. Ohne eigene Geschichte ist Frauen die Möglichkeit einer kollektiven Identität und eines historischen Selbstbewusstseins abgeschnitten. Sie bleiben sonst Randerscheinungen in einer Welt, die ‚historische‘ Taten nach patriarchalen Normen misst. Feministische Geschichtsforschung geht von der Voraussetzung aus, dass Frauen Geschichte gemacht haben und zu jeder Zeit wesentlichen Anteil am gesellschaftlichen Lebensprozess hatten. Die dauerhafte Würdigung der Leistungen von Frauen in Form von Gedenktafeln, Benennung von Straßen, Gassen oder Plätzen ist bisher kaum üblich."[2]

Das schrieb ich 2001 und fügte hinzu: „Die Kulturhauptstadt Graz 2003 könnte sich daher mit dem Projekt WOMENT! als Vorreiterin in diesem Bereich etablieren."

Ich plante 23 Tafeln/Installationen zur Grazer Frauengeschichte, zwölf themenzentrierte FrauenStadtSpaziergänge, Publikationen und einen großen Eröffnungsevent als Begleitung der 23 WOMENT!-ORTE.

Daraus wurden 23 *Würdigungstafeln* zur Grazer FrauenStadtGeschichte, *zehn FrauenStadtSpaziergänge* (bei denen jeweils zwei bis vier WOMENT!-Orte besucht wurden), *drei Publikationen*[3], die große *Eröffnungsveranstaltung* am 8. März 2003 (eine Kooperationsveranstaltung mit dem Grazer 8. März-Komitee) und dazu viel *Öffentlichkeitsarbeit* in Form von Präsentationen, Interviews, Projektvorstellungen …

Erstmals in Graz, in Österreich, in Europa wurden damit in dieser Form Sein und Wirken von Frauen und Frauengruppen dauerhaft gewürdigt.

Mein Wunsch war, die für mich (und wie ich – zu Recht – vermutete, für viele Menschen) interessanten Ergebnisse der Forschungen von Brigitte Dorfer und Ilse Wieser und ihre Formen der Vermittlung – beides verbunden mit meinem Verständnis von feministischer Arbeit – dauerhaft in das öffentliche Bewusstsein ein-

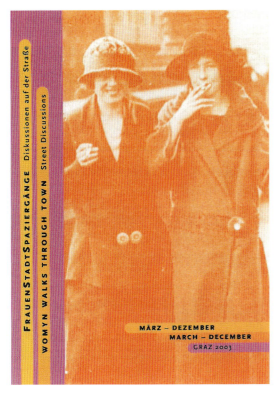

Titelblatt des Jahresprogrammes der
FrauenStadtSpaziergänge 2003

zuschreiben. Um damit zumindest zu *versuchen*, meinen Beitrag für eine *kollektive Identität* und ein *historisches Selbstbewusstsein von Frauen* zu leisten: Aus meiner Sicht wesentliche Voraussetzungen für die Lust am Mitgestalten dieser Welt.

Die intensiven Vorbereitungen werden in den folgenden Beiträgen (von Uma Höbel, Bettina Behr, Brigitte Dorfer, Ilse Wieser, Annemarie Happe und Judith Schwentner) dieses Abschnitts zum Projekt 20+03 WOMENT!-ORTE geschildert, die Geschichte zu den 23 WOMENT!-Orten folgt dann im EXTRA – Lesebuch: Die 23 Orte.

Einzelne Frauen werden gewürdigt: Pionierinnen in ihren jeweiligen Wirkungsfeldern – wie die erste Absolventin der Architektur in Graz/Steiermark *Herta Frauneder-Rottleuthner*, die erste Frauenbeauftragte Österreichs in Graz *Grete Schurz*; Künstlerinnen – die in den 1970er Jahren weltberühmte Schauspielerin *Marisa Mell*, die Fotografin *Inge Morath*, deren erste österreichische Einzelausstellung in Wien war, als jüngste der Gewürdigten die Komponistin für Neue Musik *Olga Neuwirth*, die Malerin, Schriftstellerin und Musikerin *Djavidan Hanum*; politisch tätige Frauen – die Widerstandskämpferin gegen den Nationalsozialismus *Maria Cäsar*, die erste weibliche Abgeordnete im steirischen Landtag *Martha Tausk*; weiters die Wissenschafterin *Christine Touaillon*, die als Hexe verfolgte *Anna Susanna Prandtauerin* oder die Kochbuchautorin *Katharina Prato*.

„Fächer" – 20+03 WOMENT!-ORTE

Frauengruppen und -themen werden präsentiert: Bisher war es unüblich, Frauengruppen zu würdigen, für mich und uns war das allerdings wesentlich, zum Beispiel die Pionierinnen im *Grazer Damen-Bicycle-Club*, dem ersten österreichischen Frauen-Radfahrverein, die damals sehr viel zur Emanzipation bürgerlicher Frauen beigetragen haben; oder die Künstlerinnengruppe *Eva & Co*, Herausgeberinnen der ersten feministischen Kulturzeitschrift Europas; das *Frauenzentrum Bergmanngasse*, das erste autonome Frauenzentrum in Graz/Steiermark; weiters gibt es Würdigungstafeln zu *Frauengesundheit*, *Frauenprojekten* sowie *Mädchenbildung*.

Denk-mäler für frauenhistorisch bedeutende Orte und Ereignisse werden geschaffen: *Für Opfer und Überlebende sexualisierter Gewalt* am Standort des ehemaligen ersten Grazer und steirischen Frauenhauses; für die *Nicht bezahlten Arbeiten von Frauen* am Standort der ersten Arbeiterinnenversammlung in Graz; für das *Autonome Frauenzentrum – Versuch der Installierung (Hausbesetzung) 1991*; für den *Ersten Internationalen Frauentag 1911 in Graz*; den so genannten *„Kirschenrummel"*, ein Aufstand gegen überhöhte Lebensmittelpreise 1920, angeführt von Frauen; oder die *Kapelle Maria von Magdala*, der erste Sakralraum in der Steiermark, der zur Gänze von einer Künstlerin, Minna Antova, gestaltet worden ist.

Unsere 23 WOMENT!-ORTE können – von allen – als Ermutigung gesehen werden, eigene Träume zu verwirklichen, bisher verdeckte Geschichte zu entdecken – und davon weiterzuerzählen.

Würdigungstafel für Opfer und Überlebende sexualisierter Gewalt, Albert-Schweitzer-Gasse 22

Anmerkungen

1 Mayreder 1998, S. 175.
2 Behr 2001.
3 Publikationen im Projekt 20+03 WOMENT!-ORTE: das Jahresprogramm der FrauenStadtSpaziergänge 2003, die WOMENT!-Broschüre mit einer ausführlichen Beschreibung der 23 Orte und der WO-
MENT!-Fächer mit Kurzbeschreibungen der 23 Orte, einem WOMENT!-Kalendarium sowie einem
Vorschlag für die WOMENT!-Tour: alle 23 Orte an einem Tag.

Literatur

Behr Bettina, *Konzept von „WOMENT!-ORTE"*, Graz, September 2001.
Mayreder Rosa, *Zur Kritik der Weiblichkeit*, Wien 1998 [Erstpublikation 1905].

20+03 WOMENT!-ORTE
Idee, Konzeption, Projektleitung: Bettina Behr
Recherchen, Vermittlung: Brigitte Dorfer, Ilse Wieser
Netz-Partnerin: Frauenservice Graz
http://www.frauenservice.at/

Uma Höbel

FrauenStadtSpaziergänge
und Frauenservice –
UmSchreibung und AnEignung

Öffentlicher Raum ist als Ort besetzt. Setzen wir uns in Räume, deren Grenzen nicht unverrückbar sind. Präsentieren und persiflieren wir, Lachen unter Tränen. Im patriarchalen Hals steckt die Lüge. Geschichtete Fiktion. Teilnahme erwünscht.

Auch schon bevor ich – übrigens die sechste – Bildungsreferentin im Verein Frauenservice wurde, spazierte ich mit. Als ich relativ neu in der Stadt Graz war – eine „Zuagroaste" – gab es diesen besonderen Einstieg in die Stadtgeschichte: frauenspezifischer Blickwinkel, weibliche historische Persönlichkeiten, kompetente Leitung und Begleitung, viel weibliches Publikum. Eine ungewohnte und ungewöhnliche Möglichkeit in einer Stadt heimisch zu werden.

Der Rückblick auf diese Art von Bildungsarbeit des Vereines zeigt vor allem: Die Geschichte der Grazer FrauenStadtSpaziergänge ist aufs engste mit der Bildungsarbeit des Vereines Frauenservice verbunden. Die erste Bildungsreferentin, Gabriele Wasshuber, inspiriert durch eine Ankündigung eines Stadtspazierganges der Salzburger Frauensommeruni 1991, hatte in Graz durch die Zusammenarbeit mit der Arbeitsgemeinschaft Frauengeschichte an der Universität Graz den ersten Frauenstadtspaziergang mit Brigitte Dorfer und Ilse Wieser als Vermittlerinnen in das Bildungsprogramm aufgenommen[1]. In den folgenden fünf Jahren wurden die Themen Hexenprozesse (1991), Biedermeier/Romantik (1991), Arbeiterinnenbewegung und bürgerliche Frauenbewegung (1992), Frauenorte – Widerständigkeiten und Anpassung (1993), Lesben in Graz (1993), Die Feder in der Hand … (1994)[2], Durch die Geschichte der Stadt Graz (1995) Schwerpunkte der Spaziergänge. Ein bis zweimal pro Jahr wurde spaziert, wobei in den Jahren 1991 bis 1993 die Kooperation mit der AG Frauengeschichte am Zeitgeschichte-Institut Bestand hatte. Brigitte Dorfer und Ilse Wieser gestalteten von Anfang an Konzept und Durchführung und sind beständige Erforscherinnen und Vermittlerinnen der FrauenStadtSpaziergänge.

Erstmals 1996 gab es eine fünfteilige aufs Jahr verteilte Veranstaltungsreihe. Die Programmatik dieser als eine Sonderausgabe der Vereinszeitschrift *Laufschritte* veröffentlichten Veranstaltungsreihe war folgenderweise festgeschrieben:

„Durch die Linse des feministischen Blicks: starke Vergrößerungen auf Ereignisse, die für Frauen bedeutend – von patriarchaler Erinnerung verschwiegen worden sind; Zusammenhänge fokussieren, die geschichtlich für Frauen wirksam geworden sind. Durch Lust am Gehen, Hören, Imaginieren und Unterhalten mehr von Vergangenheit und Gegenwart kennen lernen …"[3]

Die Programmfolder der FrauenStadtSpaziergänge haben seither die charakteristische Form und Gestaltung behalten.

In diesem Jahr wurde das fünfjährige Jubiläum begangen, mit zwei innovativen Frauenstadtspaziergängen zu den Themen „Bewegte Frauen" und „Kunst & Kochen" gefeiert und kulinarisch umrahmt durch ein Buffet der Künstlerin Erika Thümmel nach alten Rezepten von Katharina Prato!

Durch die 1996 neue Bildungsreferentin Bettina Behr wurde das „Markenzeichen" FrauenStadtSpaziergänge geprägt. 1998 ist der Text des Programmheftes erstmals auch in englischer Sprache[4] zu lesen. Das Sondernummerndasein hatte ab 2000 ein Ende, seither erscheint der Folder als eigenständige Ausgabe der *Laufschritte*. Die Anzahl der Spaziergänge schwankte zwischen sechs bis sieben jährlich, je nach Finanzierungsmöglichkeiten. 2001 jubelte der Verein mit den Leiterinnen über den zehnjährigen Erfolg mit einem rauschenden Fest und einer Fotoausstellung. Es war auch das Jahr der Erweiterung des Konzeptes der FrauenStadtSpaziergänge durch „Diskussionen auf der Straße". „[…] Ziel dieser neuen Form der Rundgänge zur Geschichte von Frauen in Graz ist eine aktive Auseinandersetzung mit historischen Entwicklungen und der aktuellen gesellschaftspolitischen Situation von Frauen."[5] Seither sind bei jedem Rundgang in sehr bereichernder Form Zeitzeuginnen eingeladen und stellen ihre Sicht und Geschichte(n) als Beiträge zur Diskussion. „Die thematischen

FrauenStadtSpaziergang am Grazer Hauptplatz, 8. März 2003

Schwerpunkte der Rundgänge bilden Politik, Bildung, Kunst und Wissenschaft, die durch Diskussionen mit Fachfrauen aktualisiert werden."[6] Der Anspruch von politischer Bildungsarbeit des Vereines Frauenservice verbindet in dieser Veranstaltungsform die geschichtliche Vision mit der Gegenwart zu der Vision einer Zukunft mit zugunsten von Frauen veränderten Machtverhältnissen.

Seit 1995 fördert die Stadt Graz/Referat für allgemeine Frauenfragen, ab 1997 auch die Wirtschaftsabteilung, 1999 das BM für Wirtschaft und Verkehr, seit 2001 das bm:bwk, Abteilung Wissenschaft, die FrauenStadtSpaziergänge als Bildungsveranstaltung. KooperationspartnerInnen waren CLIO – der Grazer Verein für Geschichts- und Bildungsarbeit, Forum Stadtpark, die Österreichische Gesellschaft für politische Bildung und das Land Steiermark/Kulturabteilung.

Die Bildungsreferentinnen des Vereines waren in chronologischer Reihenfolge Gabriele Wasshuber, Ingeborg Orthofer, Elisabeth Tropper, Uli Fejer, Bettina Behr und Uma Höbel, neue Themenschwerpunkte wurden von Ilse Wieser und Brigitte Dorfer erarbeitet und dem Programm hinzugefügt, es gab veränderte Schwerpunktsetzungen und neue Kombinationen der Inhalte. Stets gleich geblieben ist die Sonderstellung der FrauenStadtSpaziergänge innerhalb des Bildungsprogramms des Vereines bis zum heutigen Tag. Die Breite des angesprochenen Publikums, die kostenlose und unbürokratische Form der Teilnahme und die zunehmend professionelle Öffentlichkeitsarbeit bewirkten eine wachsende Bekanntheit und steigende TeilnehmerInnenzahlen (1997 Jahresdurchschnitt 20, 2003 durchschnittlich 57 TeilnehmerInnen).

Das Kontinuum der Aneignung von Geschichte und Raum in der Stadt Graz, erfolgreich durch die langjährige Zusammenarbeit der Bildungsreferentinnen – in letzter Zeit besonders durch das Engagement von Bettina Behr – mit den Autorinnen und Leiterinnen, bewirkte, dass die FrauenStadtSpaziergänge ihre eigenen Spuren hinterlassen und virtuelle – inzwischen reale – Denk-Stätten in der Stadt Graz gefunden haben.

Anmerkungen

1   Vgl. Behr 2001, S. 30.
2   Co-Leiterin: Michaela Gigerl.
3   *Laufschritte* 1a (1996).
4   Übersetzungen – später auch alle englischen Übersetzungen der WOMENT!-Publikationen – von Swantje Cooper.
5   *Laufschritte* 1 (2001), S.16.
6   Ebd.

Literatur

Behr Bettina, „FRAUENSERVICE und FrauenStadtSpaziergänge", in: *Laufschritte* 1 (2001), S. 30 f.
Laufschritte, Zeitschrift des Vereines Frauenberatungsstelle Graz 1a (1996).
Laufschritte 1 (2001), S.16.

Bettina Behr, Brigitte Dorfer, Ilse Wieser

Zur Auswahl der 23 Orte

Sagen, was ist – das verändert die Welt.
Hannah Arendt

Im Spätsommer 2001 erstellten Brigitte Dorfer und Ilse Wieser für das Konzept der 20+03 WOMENT!-ORTE eine erste Liste mit rund siebzig[1] „Graz-bezogenen" Frauen-biografien, Frauengruppen und – im Besonderen für Frauen – bedeutsamen Ereig-nissen. Ausgehend von ihren Recherchen für die Inhalte der FrauenStadtSpaziergän-ge aus bisher zwölf Jahren ordneten sie diese Liste nach Themen (wie „Künstlerinnen", „Bildung – Wissenschaft" oder „Politik") und schufen damit eine der zukünftigen Auswahlgrundlagen. Die wichtigsten Themenkreise wurden festgelegt.

Diese Auswahl wurde auch von Biografien und Ereignissen, die bisher noch nicht im Stadtbild vertreten waren[2] bestimmt; ebenso von der Quellenlage beziehungs-weise dem Vorhandensein von Literatur. Einige Themen waren relativ gut aufgear-

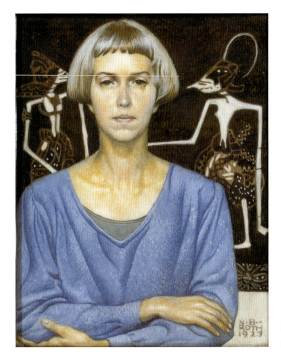

Norbertine Bresslern-Roth,
Selbstporträt 1923

61

Maria Biljan-Bilger, 1948   Mela Hartwig, um 1914

beitet – zum Beispiel „Mädchenbildung" – aber es gab keinen Hinweis dafür im öffentlichen Raum. Andere wiederum waren spärlich bearbeitet, wie das Thema der „Unbezahlten Arbeit", und mussten daher neu geschrieben werden. Angeregt wurde dieses Thema von Erika Lackner, die diese Tafel gern am Grazer Finanzamt angebracht gesehen hätte[3]. Pionierinnen, für die es schon Denkmäler gab, wie Norbertine Bresslern-Roth, wurden nicht in die Auswahl genommen.[4] Die Forschungsergebnisse über die Künstlerinnen Maria Biljan-Bilger und Mela Hartwig waren zu jung, um in unsere Auswahl einbezogen zu werden. Beiden ist bisher in Graz weder ein Denkmal noch eine Würdigungstafel gewidmet. Die Schauspielerin, Schriftstellerin und Malerin Mela Hartwig, verheiratete Spira (1893 – 1967), musste als Jüdin 1938 emigrieren. Die Bildhauerin und Keramikerin Maria Biljan-Bilger (1912 – 1997) war im Widerstand gegen den Nationalsozialismus aktiv und war Gründungsmitglied des Art-Club Wien.

Für die Auswahl der Orte war besonders eines wichtig, so Behr: „Eine Gemeinsamkeit der […] Orte und Ereignisse ist Widerständigkeit – gegen traditionelle weibliche Anforderungen und Rollenzuschreibungen, gegen totalitäre Systeme, gegen Gewalt … die jeweilige Form der Widerständigkeit ist unterschiedlich."[5]

Ein Thema, das vor allem über die so genannte „graue Literatur" – das sind unter anderem Flugblätter, Aussendungen, Infomaterialien – erarbeitet wurde, ist der Internationale Frauentag in Graz. Er wird seit 1984 im DOKU GRAZ archiviert; die

Zeit davor ist leider nicht dokumentiert. In solchen Fällen griffen Dorfer und Wieser auf Zeitungen und Zeitschriften als Quellen zurück. Dabei ist zu bedenken, in welch diskriminierender Form Medien über Aktionen von Frauen berichten.

Wesentlich sind außerdem mündliche Quellen: Gespräche und Interviews von Dorfer und Wieser mit Frauen, die im Rahmen des Projektes gewürdigt werden. Oder Interviews mit Menschen aus dem Umfeld der Frauen sowie Verwandten, wie zum Beispiel mit Elisabeth Rottleuthner, der Tochter von Herta Frauneder-Rottleuthner. Für den Text über das „Autonome Frauenzentrum" (Hausbesetzung 1991), zu dem es nicht einmal „graue Literatur" gibt, wurden von Olivia M. Lechner vier Interviews durchgeführt, um die Ereignisse zu dokumentieren. Am Ort selbst ist heute nur mehr ein barocker Torbogen zu sehen.

Eine Tafel wollte Bettina Behr für Opfer – und Überlebende[6] – sexualisierter Gewalt, nachdem sie noch ein Jahr zuvor bei Martina Böhmer gelesen hatte: „Es gibt heute [...] kein Gedenken an die Frauen, die noch Jahre oder Jahrzehnte später an ihren traumatischen Erlebnissen gestorben, zerbrochen, krank und verrückt geworden sind."[7] Diese Tafel ist die Einzige, die nicht ausschließlich Frauen würdigt; sie gedenkt all jener, die von sexualisierter Gewaltausübung betroffen waren oder sind. Sie wurde am ehemaligen Standort des ersten Frauenhauses der Steiermark angebracht.

Zur Begrenzung auf 23 Orte entwickelte Behr darüber hinaus Auswahlkriterien: historische und aktuelle frauengeschichtliche und feministische Bedeutung – Anknüpfungen zu den WOMENT!-Netz-Partnerinnen – Realisierungsmöglichkeiten der Anbringung[8].

Ilse Wieser, Bettina Behr, Brigitte Dorfer; Oktober 2002

Behr, Dorfer und Wieser wählten schließlich nach langen Diskussionen und schwierigen Entscheidungen nach drei Kategorien aus:

Einzelne Frauen, wie Pionierinnen in ihren jeweiligen Wirkungsfeldern, Künstlerinnen, politisch tätige Frauen, eine Politikerin, eine Wissenschafterin, eine Widerstandskämpferin gegen den Nationalsozialismus, eine als Hexe verfolgte Frau und andere mehr. Weiters: Institutionen und Vereine, die zu feministischer Politik und Kultur, zu unbezahlter/schlecht bezahlter Arbeit von Frauen, zu Ausländerinnen, zu Mädchen- und Frauenbildung, zu Religion und Frauenbewegung arbeiten. Und: Ereignisse und Frauenprojekte, die Widerstand gegen – sexualisierte, meist männliche – und staatliche Gewalt aufweisen.

Das Ergebnis, die Inhalte der 23 Würdigungstafeln, ist vor dem Hintergrund des Zeitfaktors zu sehen: Die Auswahl ist an das Jahr 2001 gebunden und bleibt im Rahmen der bis dahin vorliegenden Forschungsergebnisse.

Nach getroffener Wahl der Titel der 23 Würdigungstafeln recherchierten Dorfer und Wieser für drei- bis siebenseitige Texte pro Tafel und suchten nach Bildmaterial. Texte und Bildmaterialien wurden die Grundlagen für die kommenden Textsorten, die Internetseiten und die FrauenStadtSpaziergänge des Jahres 2003.

Parallel dazu recherchierten vorerst Dorfer und Wieser, später Behr die Orte der Anbringung der Würdigungstafeln: in den meisten Fällen (ehemalige) Wohn- und Wirkungsstätten der Gewürdigten.

Maria Cäsar und Inge Morath wählten ihre Gedenkorte selbst aus: Maria Cäsar schlug das Gebäude am Parkring 4 vor, den ehemaligen Sitz der Gestapo, in dem sie als Achtzehnjährige inhaftiert worden war. Inge Morath entschied als ihren „Wunschort" das Wohnhaus ihrer Großmutter am Jakominiplatz, mit der sie sich immer sehr verbunden fühlte.

Die Kontakte mit den HausbesitzerInnen verliefen in vielen Fällen positiv und versprachen realistische Anbringungsmöglichkeiten. Es gab aber auch Schwierigkeiten und Verzögerungen. Seitens der Universität Graz gab es erst im November 2002 nach Anfragen an alle ihrer zuständigen Gremien die Zusage zur Tafel für Christine Touaillon. Mit den Vertretern der Technischen Universität entspann sich zunächst eine längere Diskussion, sie übernahmen aber letztlich dankenswerterweise die Konstruktion und Finanzierung des Betonsockels samt Anbringung der Tafel für Herta Frauneder-Rottleuthner. Und erst mit Ende 2003 konnte Behr den – bisher interimistischen und dann – „endgültigen" Anbringungsort der Würdigungstafel für Inge Morath klären.

Anmerkungen

1 Mit Ende 2003 verzeichneten wir im WOMENT!-Lexikon auf unserer Website über 160 Einträge zur Grazer Frauengeschichte.
2 Vgl. Kubinzky/Wentner 1998, S. 11: „Kaum mehr als zwei Dutzend Straßen heben mit ihrem Namen biographisch erfassbare Frauen hervor. Das ist ein Anteil von rund 1,5 % der Grazer Namensdenkmäler." So auch Höller 2002, S. 7: „Mehr als 200 Männer sind genannt, doch nur ein Dutzend Frauen."
3 Die Tafel wurde in der Schießstattgasse 4 angebracht, siehe den Beitrag von Ilse Wieser, „Nicht bezahlte Arbeit von Frauen", in diesem Band.
4 An die erste Ärztin in Graz, Oktavia Aigner-Rollett, erinnert ein Denkmal der Grazer Künstlerin Barbara Edlinger (Baur), dessen einer Teil beim Paulustor, Innenstadt, der andere Teil in der Harrachgasse, Bezirk Geidorf, steht. Eine kurzer Weg am Rosenhain, Bezirk Geidorf, ist ebenfalls nach ihr benannt. Für die Malerin Norbertine Bresslern-Roth gibt es bereits eine der wenigen an Frauen erinnernden Gedenktafeln der Stadt Graz in der Lange Gasse 29, Bezirk Geidorf, und eine kurze Straße im Bezirk Gösting ist nach ihr benannt. Nach Sophie von Scherer ist eine Straße im Bezirk Wetzelsdorf benannt.
5 Behr 2003, S. 5.
6 Angeregt von Sylvia Groth, Frauengesundheitszentrum Graz, die damit auf einen aktuellen Diskurs amerikanischer Feministinnen hinwies.
7 Böhmer 2000, S. 68.
8 Siehe den Beitrag von Annemarie Happe, „,20+3' – Reisen in die unendlichen Weiten des bürokratischen Kosmos", in diesem Band.

Literatur

Behr Bettina (Hg.), *WOMENT! 20+03 ORTE. Zur Würdigung von Frauen in, aus und um Graz*, Graz 2003.

Böhmer Martina, *Erfahrungen sexualisierter Gewalt in der Lebensgeschichte alter Frauen. Ansätze einer frauenorientierten Altenarbeit*, Frankfurt/Main 2000.

Höller Christa, *Geschichte auf Stein. Gedenktafeln und Inschriften in Graz*, Graz 2002.

Kubinzky Karl A., Wentner Astrid M., *Grazer Straßennamen. Herkunft und Bedeutung*, Graz 1998.

Annemarie Happe

„20+3"-Reisen in die unendlichen
Weiten des bürokratischen Kosmos

Sie wollten den Grazer Stadtraum erobern, um dort 23 Tafeln zur Sichtbarmachung und Würdigung von Frauen, Frauenthemen und -initiativen zu installieren. Der Weg von Bettina Behr, Brigitte Dorfer, Ilse Wieser und der Graz 2003-Projektmanagerin Lisi Grand führte jedoch durch die unendlichen Weiten des bürokratischen Kosmos – aber nach eineinhalbjähriger Odyssee doch ans Ziel.

Wer eine Gedenktafel im öffentlichen Raum anbringen will – und zwar so, dass sie dort zumindest von den gesetzlichen Vorgaben her auf längere Zeit geduldet wird –, wagt sich tatsächlich in ein administratives Universum vor, in dem sich ungeahnte Herausforderungen eröffnen, resümiert Projektleiterin Bettina Behr[1]. Das beginnt mit der Einholung der Zustimmung der GrundstücksbesitzerInnen – die wiederum erst einmal ausgeforscht werden müssen. Bei denkmalgeschützten Gebäuden stehen noch Gutachten der Altstadtkommission und des Bundesdenkmalamtes an. Nachdem es sich um künstlerisch gestaltete Tafeln handelt, wurde auch noch der „Beirat

Während der Recherche-Tour zu den 23 Orten vor dem „Celery's", dem damaligen Lokal von Sabina Hörtner und Christine Wassermann, v. l. n. r.: Sabina Hörtner, Ilse Wieser, Bettina Behr, Lisi Grand, Brigitte Dorfer

Würdigungstafel für Olga Neuwirth am Eingang zum Stefaniensaal des Grazer Congress, Sparkassenplatz 3

Kunst im öffentlichen Raum" befragt. Nicht weniger als ein Laufmeter Aktenmaterial hat sich bis zur Anbringung der letzten Tafel im WOMENT!-Projektbüro[2] zusammengesammelt.

Mit rund siebzig BesitzerInnen haben die Organisatorinnen Kontakt aufgenommen, von ihnen die schriftliche Zustimmung erbeten und diese letztlich in mindestens dreifacher Ausführung der Baupolizei vorgelegt – samt Lageplan, Katasterauszug und Fotomontage, aus der hervorgeht, wo genau die Tafel angebracht wird. War die unterzeichnete Grundbuchabschrift allerdings älter als sechs Wochen oder hat, beispielsweise bei Firmen als Eigentümerin, nur einer von mehreren Zeichnungsberechtigten die Zustimmung gegeben, dann hieß es von Amts wegen: „Bitte noch einmal von vorne".

Von der Sinnhaftigkeit der Anbringung der Gedenktafeln in Erinnerung an herausragende Frauen in Graz waren die BesitzerInnen bis auf wenige Ausnahmen leicht zu überzeugen, schildert Behr. Es gab aber auch Widerstand: So bat man beispielsweise von Seiten der Musikuniversität, nicht in das Projekt aufgenommen zu werden: Die zu ehrende Musikerin – Olga Neuwirth – sei gar keine Absolventin des Hauses, sondern „nur einmal ganz kurz hier inskribiert" gewesen, hielt man fest, und grundsätzlich halte man es für „nicht zulässig, gerade sie als einzige Frau herauszuheben"[3]. Andere Absolventinnen, die offenbar würdiger gewesen wären, sind dem Rektor allerdings namentlich auch nicht eingefallen. Auf Olga Neuwirth wird jetzt vor dem Stefaniensaal im Grazer Congress mit einer entsprechenden Tafel aufmerksam gemacht – und darauf verwiesen, dass dort ihre Kompositionen uraufgeführt wurden.

Bisweilen waren denkmalpflegerische Einwände Stolpersteine am Weg zur Anbringung der Tafeln: „ […] das Erscheinungsbild dieser kulturhistorisch wertvollen Passage [wird] durch Anbringung der Gedenktafel unseres Erachtens negativ beeinträchtigt […]", hieß es beispielsweise[4]. Jetzt hängt die Tafel im Gedenken an Martha Tausk, die erste weibliche Abgeordnete im steirischen Landtag, doch in der Passage des Landhauses: um eineinhalb Meter verrückt und nicht auf der Stirnseite des Torbogens, sondern erst im Vorbeigehen wahrnehmbar. Ein andermal stieß man sich von Seiten der Behörden beziehungsweise Eigentümer am Text der Gedenktafel: Dass jene Frauen, die ein abbruchreifes Haus besetzten, um dort ein autonomes Frauenzentrum zu installieren, der „Engstirnigkeit, Vorurteilen und Bulldozern" weichen mussten – wie ursprünglich für den Text vorgesehen –, liest man jetzt doch nicht. „Wir haben im Sinne der Sache Kompromisse gesucht und, so lange es tragbar erschien, glücklicherweise auch gefunden", so Behr.

Gemessen am zeitlichen Aufwand, allen Wünschen der Beteiligten gerecht zu werden und alle Unterlagen zu besorgen, ging die Bearbeitung der Ansuchen dann doch relativ rasch. Innerhalb von sechs Wochen langten die Bescheide ein.

Bleibt zu hoffen, dass das Erreichte auch über das Jahr 2003 hinaus gesichert werden kann: Die Schilder befinden sich zurzeit[5] noch im Besitz der 2003-OrganisationsGmbH, deren Eigentum wird voraussichtlich in den Besitz der Stadt Graz übergehen. „Wir haben unser Möglichstes getan, um den Verbleib vom rechtlichen Gesichtspunkt zu sichern – und hoffen, dass die künftigen EigentümerInnen auch die Herausforderung der weiteren Erhaltung annehmen", so Bettina Behr.

Würdigungstafel für das „Autonome Frauenzentrum", Zimmerplatzgasse 15

Anmerkungen

1   Zitate aus dem Interview von Annemarie Happe mit Bettina Behr und Lisi Grand am 17. September 2003.
2   Anm. d. Hg.: Eigentlich kein „Projektbüro", sondern ein aufgrund der Budgetkürzungen für die Dauer der Projektdurchführung von Graz 2003 zur Verfügung gestellter Arbeitsplatz – ohne Tageslicht – im Graz 2003-Haus am Mariahilferplatz.
3   Brief Rektor Otto Kolleritsch.
4   Brief LIG – Landesimmobilien-GesmbH.
5   November 2003.

Quellen

Brief LIG – Landesimmobilien-GesmbH, 6. Feber 2003, Archiv WOMENT!.
Brief Rektor Otto Kolleritsch, Musikuniversität Graz, 22. Mai 2003, Archiv WOMENT!.

Judith Schwentner

23 Tafeln an 20+03 Orten

Leistungsbeurteilung wie Würdigung ist historisch gesehen weitgehend Männersache. Kein Wunder, dass Mann also gerne übersehen hat und übersieht, was Frau so
leistete und leistet – ein Umstand, der sich in einer männlich dominierten Geschichtsschreibung entsprechend deutlich niederschlägt. Laut einer Untersuchung
zur Geschlechterdifferenz in der öffentlichen Repräsentation des Rollenbildes der
Frau, die die Künstlerin Veronika Dreier 1990 durchführte, erinnerten zum damaligen Zeitpunkt von 193 Denkmälern (inklusive Gedenksteine, Tafeln, Büsten usw.)
insgesamt vier an Frauen. Ihnen standen also 189 Denkmäler für Männer gegenüber.
Hinzu kommt, dass diese vier Gedenktafeln ästhetisch mehr als nüchtern ausfielen:
„Nicht eine einzige ist mit einem Relief, einer Ausschmückung oder einer Zierleiste
versehen"[1], konstatiert die Künstlerin.

In den Folgejahren entstanden zwar einige wenige Würdigungen von Frauen im
öffentlichen Raum[2], die Notwendigkeit jedoch, im Rahmen des Projektes WOMENT!
an (zumindest) 20+03 ORTEN (auf zugleich viel mehr als) 23 Frauen aufmerksam
zu machen, war auch 2003 noch mehr als gegeben. Das Sichtbarmachen der Geschichte der Frauen einer Stadt ist wesentliche Voraussetzung für einen nachhaltigen
Prozess ihrer Einbeziehung in die Fortschreibung der Geschichtsbücher. Auch „als
Signal dafür, dass Träume gegen Konventionen bestehen können, dass selbst be-

Die fünf zum Gestaltungswettbewerb eingeladenen Künstlerinnen, v. l. n. r.: Isa Rosenberger, Sabina
Hörtner, Flora Neuwirth, Barbara Edlinger(-Baur), Petra Sterry

Jury des Künstlerinnenwettbewerbes, im Bild v. l. n. r.: Tatjana Kaltenbeck-Michl, Gertrude Celedin, Brigitte Dorfer, Bettina Behr, Ilse Wieser, Katharina Hofmann-Sewera. Links im Bild Eberhard Schrempf, einer der Graz 2003-Geschäftsführer

stimmtes Leben nicht nur Kraft braucht, sondern auch stark macht"[3], wie es Eva Rossmann, Journalistin und Autorin, ausdrückt.

Die Wahl einer Künstlerin für die Gestaltung der 23 geplanten Gedenktafeln im öffentlichen Raum erfolgte über einen geladenen Wettbewerb[4], den Bettina Behr ausschrieb. Sowohl Barbara Edlinger(-Baur) wie auch Sabina Hörtner, Flora Neuwirth, Isa Rosenberger und Petra Sterry entsprachen mit ihrer ästhetischen wie thematischen Arbeitsweise den Anforderungen des Grundgedankens. Überzeugen konnte schließlich der von Sabina Hörtner vorgelegte Entwurf, den die Jury[5] „als formal wie inhaltlich sehr gelungenes Konzept mit hohem Wiedererkennungswert" würdigte. Die von Eva Rossmann stammenden Würdigungstexte wurden außerdem auf prägnante Weise in die Gestaltung der Tafeln integriert und auch die Künstlerin selbst hat sich durch eine erkennbare Fortsetzung ihrer bisherigen Arbeiten eingebracht. Nicht zuletzt bestätigte die Wahl des Materials Email die Grundidee des Konzeptes von 20+03 ORTEN, dauerhaft sichtbare Zeichen im öffentlichen Raum zu schaffen, die auf Vergangenheit wie Gegenwärtigkeit gleichermaßen Bezug nehmen und „Beständigkeit wie Klarheit garantieren" (Sabina Hörtner). Und auch bewusst (formal) an ein bestehendes Konzept der Würdigung von Menschen im öffentlichen Raum anschließen.

Wie in sämtlichen ihrer Arbeiten ist auch im Entwurf der Gedenktafeln die Linie vorrangiges Konstruktionselement und zugleich „Konstruktionsprinzip als Prototyp für wiederholbare, serielle, expansive und multikable Arbeitsformen"[6]. Die Linien – wie auch die zugrunde liegenden Farbflächen – jeder Tafel finden ihre reale wie ideelle Fortsetzung in einer weiteren Tafel. Das bewusst einfache und klare System der Linearität setzt nicht nur bei gewohnten Sehmustern an, sondern garantiert auch eine schnelle Erfassbarkeit durch die BetrachterInnen. Die 23. Tafel ermöglicht eine 24. Tafel und somit eine längerfristige Fortsetzung des Projektes – angedeutet auch durch jeweils drei weiße Punkte am rechten äußeren Rand jeder Tafel. Den seriellen Charakter der Tafeln unterstreicht Sabina Hörtner außerdem durch „ihre" Grundfarben Rot, Grün und Blau. Im Unterschied zu Arbeiten, in denen sie sich unter ausschließlicher Verwendung der allgemein gebräuchlichen Edding Marker, „Plakatmaler", in Form akribischer Linienraster mit Räumlichkeit auseinander setzt, sind die von ihr gestalteten Tafeln um die Hautfarbe Rosa – und damit um die Anspielung auf den konkreten Menschen – erweitert. Der serielle Charakter der Arbeit durch ihre lineare Fortsetzbarkeit und die nüchterne Farbwahl werden Sinnbild für die Vernetzung der einzelnen Biografien von Frauen – somit wird Individualität auch als Teil eines größeren Gefüges dargestellt, bei dem das eine ohne das andere nicht möglich ist. Ohne dabei aber den „solitären Charakter jeder einzelnen Tafel" (Gertrude Celedin) und damit jeder konkreten Person zu vernachlässigen.

Dem trägt auch die sprachliche Gestaltung der kurzen Biografien wie Beschreibungen der gewürdigten Frauen, Institutionen und Ereignisse durch Eva Rossmann Rechnung. Sie folgt in ihren Texten keinem männlich konnotierten Leistungsbegriff, sondern versucht bewusst auf die jeweilige Persönlichkeit auch sprachlich einzugehen. Keine Auflistung von Taten und Fakten, sondern eine behutsame Annäherung, bei der der Charakter der einzelnen Frau in den Vordergrund gerückt und somit auch Neugierde geweckt werden soll. Brüche in den einzelnen Biografien sowie das Scheitern an gesellschaftlichen Schranken sollten dabei ebenso wenig verleugnet werden, wie gleichzeitig das Besondere der einzelnen Frauen hervorgehoben werden soll. Dem Konzept entsprechend unterschiedlich ist auch der sprachliche Duktus der einzelnen Texte. Eva Rossmann vermag es so, der breiten Palette an gewürdigten Persönlichkeiten und Geschichten und nicht zuletzt dem gestalterischen Konzept der Tafeln gerecht zu werden.

Anmerkungen

1 Dreier Veronika, Denkmäler und Denkstätten in Graz. Untersuchung zur Geschlechterdifferenz in der öffentlichen Repräsentation des Rollenbildes der Frau, Graz 1990, zit. im E-Mail von Veronika Dreier an Bettina Behr vom 2. August 2001.

2 Zum Beispiel das dem Thema Gewalt gegen Frauen gewidmete „Mahnmal" (1996) von Veronika Dreier. Es stellte die Telefonnummer 671160 des Grazer Frauennotrufes dar, wurde 1996 aufgestellt und im Jahr 1998 ohne Vorwarnung seitens der Stadt Graz demontiert. Seither lagert das „Mahnmal" auf dem Gelände des Stadtgartenamtes. Eine Wiederaufstellung ist bisher nicht gelungen.

3 Zitat aus einem telefonischen Interview von Judith Schwentner mit Eva Rossmann Ende September 2003.

4 Der Wettbewerb wurde außerhalb des Graz 2003-Budgets von Stadträtin Tatjana Kaltenbeck-Michl bzw. dem Frauenreferat der Stadt Graz finanziert.

5 Die Jury: Bettina Behr, WOMENT!-Initiatorin und -Koordinatorin; Gertrude Celedin, Kunsthistorikerin, Vorsitzende der Grazer Altstadtkommission; Brigitte Dorfer, Historikerin; Katharina Hofmann-Sewera, Graz 2003; Tatjana Kaltenbeck-Michl, Stadträtin, Schirmherrin und Förderin des Gestaltungswettbewerbes; Margarethe Makovec, Leiterin von < rotor > association for contemporary art und Ilse Wieser, Kulturvermittlerin.

6 Steinle 2001, o. S.

Literatur

Steinle Christa, „Skulptur im Raumzeit-Kontinuum", in: dies. (Hg.), Sabina Hörtner (Ill.), *Sabina Hörtner – 0100999897*. [Ausstellung: Neue Galerie Graz, Stiegenhaus-Reihe], Wien 2001.

Ilse Wieser

Maria Cäsar – Widerstandskämpferin gegen den Nationalsozialismus[1]

Maria Cäsar war „immer schon eine politische Frau"[2]. Nun ist sie vierundachtzig Jahre alt und seit fast zwanzig Jahren aktiv in ihrer Bildungs- und Bewusstseinsarbeit als Zeitzeugin in Schulen und Bildungseinrichtungen. Sie ist aktives Mitglied der KPÖ Steiermark und Mitglied des Verbandes der österreichischen WiderstandskämpferInnen. Im Jahr 2001 erhielt sie den „Menschenrechtspreis des Landes Steiermark".

Als sie nach den Kriegsjahren als Witwe und Mutter von zwei kleinen Kindern nach Graz in eine Baracke am Lendplatz zog, hatte sie keine guten Erinnerungen an die Stadt. Denn hier hatte sie 1939/40 fünfzehn Monate im Landesgericht in Einzelhaft verbracht. Angeklagt war sie wegen Vorbereitung zum Hochverrat am nationalsozialistischen Dritten Reich. Sie war bei der Verhaftung achtzehn Jahre alt.

Die Basis ihrer politischen Tätigkeiten bildete die Forderung nach Gerechtigkeit. Ihre Kindheit und Jugend in einer ArbeiterInnenfamilie in Judenburg waren geprägt vom Stolz auf die Klassenzugehörigkeit im Sinne der ArbeiterInnenbewegung, einer

Maria Cäsar, 1938

sozial, wirtschaftlich und politisch benachteiligten Gesellschaftsschicht. Maria Cäsar wurde am 13. September 1920 in Prevalje/Slowenien geboren und wuchs in Judenburg auf. Ihre Familie war im Umfeld der Sozialdemokratie und des Republikanischen Schutzbundes aktiv, der *Arbeiterwille* wurde gelesen und diskutiert – es wurde politisiert. Hier entstand ihr Protestpotenzial. Maria Cäsar war überdies ein Mädchen, das sich nicht in vorgeformte Rollen fügte: Sie liebte Debatten, blieb dem Religionsunterricht fern und setzte sich gerne durch. Sie genoss aber auch die Gemeinschaft ihrer Jugendgruppe. Die Herrschaft des autoritären Ständestaates ab 1934 traf dann die Jugendliche unmittelbar: Die Roten Falken, die linke Jugendorganisation, der sie angehörte, wurde verboten.

Aus der harmlosen Jugendgruppe wurde im Laufe der Zeit eine Widerstandsgruppe, die sich agitatorisch gegen den Austrofaschismus und seine Einschränkungen wandte. Sie leistete gemeinsam mit kommunistischen Kurieren aus Wien Bewusstseinsarbeit und entwickelte heimliche Strategien: Sie streute Flugzettel aus, beteiligte sich an der Flüsterpropaganda und trug geheime Informationen weiter. Politisch Verfolgte und ihre Familien wurden von ihr unterstützt. Das Ziel war, das beherrschende System empfindlich zu stören. Als die nationalsozialistische Terrorherrschaft begann, war die Judenburger Jugendgruppe gut organisiert.

Vor der Hinrichtung rettete sich Maria Cäsar, indem sie Naivität vortäuschte. Aber sie konnte das Fallbeil hören, wenn andere nicht so viel Überlebensglück hatten. Sie nahm nach der Entlassung die Widerstandsarbeit wieder auf, gefährdete sich aber dann in solch einem Maße, dass sie im letzten Kriegsjahr zu den Partisanen fliehen musste. Später erst erfuhr sie, wie es vielen ihrer MitkämpferInnen ergangen war: Folterungen und Todesurteile. Einer hatte durch sein Schweigen ihr Leben gerettet.

Ihr Leben in Graz nach dem Krieg war hart, nicht zuletzt wegen ihrer politischen Überzeugung. Daraus entstand ihr Engagement für Frauenrechte. Die Ungleichbehandlung der Geschlechter, die Kriminalisierung des Schwangerschaftsabbruchs, die Lohndiskriminierung der Frauen und die berufliche Ungleichstellung haben sie bis heute an Protestkundgebungen und Aktionen teilnehmen lassen. Ihr Wille zum politischen Protest und ihr Optimismus sind sehr lebendig und ein Charakteristikum Maria Cäsars. Doch erst die feministische Geschichtsforschung hat die weiblichen Formen des Widerstands gewürdigt.

„Widerstand jeglicher Art setzt voraus, daß beherrschende Machtstrukturen erkannt und bewußt gemacht werden. Zugleich ist damit die Erkenntnis verbunden, vorerst einmal ohnmächtig zu sein. Doch dann wird die Möglichkeit gesehen, verborgene, offene, individualistische, kollektive, reaktive oder aktive Mittel entwickeln zu können, um sich Handlungsräume zu schaffen."[3]

Anmerkungen

1   Der vorliegende Beitrag ist eine Zusammenfassung von Klösch-Melliwa, Schaller-Steidl 1996.
2   Ebd., S. 199.
3   Ebd., S. 211.

Literatur

Klösch-Melliwa Helga, Schaller-Steidl Roberta, „‚Ich bin immer schon eine politische Frau gewesen …‘. Notizen zu Gesprächen mit Maria Cäsar", in: Unterholzer Carmen, Wieser Ilse (Hg.), *Über den Dächern ist Liesl wahrhaftig. Eine Stadtgeschichte der Grazer Frauen*, Wien 1996, S. 199–213.

Maria Cäsar

Wie Geschichte von Frauen
in Graz sichtbar wird

Ein kleines Team (Bettina Behr, Ilse Wieser, Brigitte Dorfer und andere) hat zwei Jahre lang über Geschichtsbeiträge, die Frauen in Graz geleistet haben, recherchiert. Sie sind dabei – wie könnte es anders sein – auf Begebenheiten gestoßen, die für die Entwicklung der Stadt Graz kulturell, gesellschafts- und frauenpolitisch gesehen von wesentlicher Bedeutung waren; wie der „Kirschenrummel" nach dem Ersten Weltkrieg, die künstlerischen und frauenpolitischen Leistungen sowohl in der Zwischenkriegszeit als auch nach dem Zweiten Weltkrieg. Oder Beiträge von Frauen zum Widerstand gegen Faschismus und Krieg, aber auch ihre „kulinarischen" Fähigkeiten, ihr Leben besser, schöner zu gestalten.

Diese Ergebnisse sollten im Rahmen von Graz 2003 durch das Projekt WOMENT! in verschiedenen Teilprojekten sichtbar gemacht werden. Es wurden 23 Tafeln entworfen, besprochen und realisiert, die darauf Bezug nehmen sollten. Jetzt sind diese Tafeln an 23 verschiedenen Gebäuden in der Stadt zu sehen.

Maria Cäsar bei der WOMAGE!
am 15. Dezember 2003

Eine gewaltige Leistung, die dieses Team für Graz vollbracht hat. Historische frauenpolitische Daten in Erinnerung zu rufen, der Öffentlichkeit zu präsentieren und somit zu bleibenden Werten für die Grazer Bevölkerung zu machen.

Solche Unterlagen dokumentieren natürlich auch Namen von Personen und deren Teilnahme an Handlungen beziehungsweise deren Leistungen. Darauf sollten die Tafeln hinweisen. Am Paulustor befindet sich eine von ihnen.

Ich sehe meinen Namen auf dieser Tafel stellvertretend für die vielen steirischen und Grazer Frauen, die Widerstand gegen ein unmenschliches faschistisches Regime geleistet haben. Ich sehe ihren Beitrag für den Frieden und für die Wiederherstellung unserer Zweiten Republik, aber auch ihren Beitrag für eine frauengerechtere Politik in unserer Gesellschaft. Dass „meine" Tafel am ehemaligen Sitz der Gestapo (Geheime Staatspolizei) am Paulustor angebracht ist, die auch mich verhaftet, inhaftiert und angeklagt hat, hängt damit zusammen – was leider zu viele Menschen in Graz gar nicht wissen –, dass in diesem Gebäude in der Zeit von 1938 bis 1945 22.800 Steirer, darunter viele Frauen, aus politischen Gründen inhaftiert waren, Tausende von ihnen jahrelangen Freiheitsentzug, Konzentrationslager, Brutalität und Tod erleiden mussten.

Ich sehe in dem WOMENT!-Projekt, in den angebrachten Tafeln die Erinnerung für die jüngere Generation – aber nicht nur für sie! –, dass Frauen immer schon entscheidend am politischen Leben mitgewirkt und mitgelitten haben, überhaupt mitbestimmend in der Gesellschaft waren und auch heute noch sind. So sehe ich diese Tafeln als einen wichtigen Beitrag zu einem besseren Geschichtsbewusstsein für die Grazer Bevölkerung. Gleichzeitig wird damit auch die Rolle der Frauen in Vergangenheit und Gegenwart gebührend dargelegt und gewürdigt!

Dem Team WOMENT! wünsche ich weiterhin so schöne Erfolge und noch viel Kraft für die Zukunft!

Ilse Wieser

Djavidan Hanum – Künstlerin und ägyptische Prinzessin aus Graz[1]

May Török von Szendrö wurde am 15. Juni 1877 in Philadelphia/USA geboren. Ihre Mutter Sofie Gräfin Török von Szendrö wollte eigentlich ihre Eltern von Amerika nach Europa zurückbegleiten. Sie verliebte sich jedoch in Theodor Puskas von Ditro, der Europa-Beauftragter des Unternehmers und Erfinders T. A. Edison war und später bei der Weltausstellung in Paris eine Weltneuheit – das Telefon – vorstellte. Die einjährige May durfte unter anderem das Licht im Amerika-Pavillon einschalten. Die Familie reiste durch Europa. Wenn May die Eltern nicht begleitete, lebte sie auf Schloss Waasen bei Graz.

Das junge Mädchen genoss eine vielseitige Bildung und schrieb bereits als Zwölfjährige erste Feuilletons für verschiedene – vermutlich Grazer – Zeitungen. Sie wuchs ohne strenge Zwänge auf, auch ohne religiöse Festlegung. Bereits als Fünfzehnjährige hatte sie ihre eigene Wohnung in Graz.

Durch ihren Bruder, der die Wiener Militärakademie besuchte, hatte sie mit dreizehn Jahren seinen Kommilitonen Abbas Hilmi, Prinz von Ägypten, kennen gelernt. Zufällig traf sie ihn mit dreiundzwanzig in Paris wieder und verliebte sich in den nunmehrigen Khediven. Sie fuhr nach Ägypten und heiratete ihn gleich nach der Ankunft. Die Hochzeit war geheim, aber rechtsgültig. Erst zehn Jahre später wurde offiziell geheiratet. Ab nun konnte sie sich Prinzessin von Ägypten nennen. Sie nannte sich Djavidan, die „Ewige". Der Titel „Hanum" stand ihr als Ehefrau des Herrschers zu.

Die kritische und abenteuerlustige Djavidan aber gab sich mit der Rolle einer Haremsfrau nicht zufrieden. Unter anderem nahm sie als Mann verkleidet an einer offiziellen Schlusssteinlegung der Erhöhung des Assuan-Staudammes teil, ihr Ehemann dokumentierte dies mit einer Fotografie. Sie beobachtete das Leben in den Harems genau und legte später im Jahr 1930 in ihrem ersten und Aufsehen erregenden Buch *Harem* ein überaus kritisches Zeugnis über diese aus ihrer Sicht Frauen verachtende Institution ab. Sie setzte sich intensiv mit dem Islam auseinander und wurde aus Überzeugung eine Muslima, widersetzte sich aber vehement den Einschränkungen und Ungleichbehandlungen gegenüber Frauen.

Sie schreibt dazu: „Mit wissender, starker Hand müssen wir alle Fäden durchschneiden, die uns zu Marionetten einer unnötigen Vorstellung verwenden wollen, denn wir brauchen unsere ganze, echte Kraft, nicht nur für uns, sondern auch für die, welche schwächer sind als wir. Menschentum verpflichtet zu Menschlichsein."[2]

Die Ehe verlief nicht glücklich und 1913 ging Djavidan Hanum nach Wien und es kam zu einer einvernehmlichen Trennung. Sie eröffnete ein Schönheitsinstitut und

Djavidan Hanum, um 1930

kreierte unter anderem auch eine Creme, die bis in die 1960er Jahre in Frankreich unter ihrem Namen „Djavidan" verkauft wurde.

Djavidan begann als seine einzige Schülerin bei Eugen d'Àlbert ihr Klavierspiel zu verfeinern. Sie wurde schließlich eine hervorragende Pianistin. Sie komponierte auch selbst: 1921 erfolgte die Uraufführung eines Orchesterwerkes von Djavidan in Dresden[3]. Im selben Jahr lernte sie den Zeichner Olaf Gulbransson und auch ihren späteren Lebensgefährten, den Sänger und Schauspieler Simon Kulatschkoff, kennen. Sie lebte ab 1919 meist in Berlin, unternahm aber zahlreiche Reisen und kam 1938 nach Wien zurück. 1930 war ihr erstes Buch *Harem*[4] herausgekommen und sie veröffentlichte Hörspiele (*Geheimnisvoller Orient*, *Die Stimme der Liebe* und andere) und Gedichte. 1942 erschien ihr zweites Buch *Gülzar – der Rosengarten*.

Zu Kriegsende floh Djavidan Hanum von Wien nach Innsbruck und dolmetschte für die französische Militärregierung. Sechs Jahre später reiste sie nach Paris. Dort war sie offensichtlich überwältigt von ihren Erinnerungen und brach auf offener Straße zusammen. Die Presse erfuhr von ihrer Lebensgeschichte und machte eine Weltsensation daraus.[5] Es gab unter anderem Versprechungen für eine Hauptrolle in einem Film, aber alle Angebote lösten sich in nichts auf. Sie kehrte nach Österreich zurück.

Nachdem sie zwei Jahre auf Schloss Hainfeld bei Feldbach bei ihrem Cousin Hammer-Purgstall gewohnt hatte, übersiedelte sie nach Graz in eine eigene Wohnung am Wittekweg 7, wo sie bis zu ihrem Tod 1968 mit ihrem Lebensgefährten Kulatschkoff blieb. In dieser Zeit begann sie auf Anraten ihrer Nichte und Freundin, der Malerin Gisèle d'Ailly, mit dem Malen. In kurzer Zeit hatte die begabte Künstlerin Erfolg, sie konnte ihre Bilder ausstellen und auch gut verkaufen. Ihren NachbarInnen am Wittekweg ist sie durch ihr nächtliches Klavierspiel in Erinnerung geblieben und als sehr aufmerksame, liebenswürdige und imposante Erscheinung.

Sie starb am 5. August 1968 in Graz und ist am Friedhof St. Leonhard begraben. Auf ihrem Grabstein ist der Namenszug „Djanan Djavidan" zu sehen.

Anmerkungen

1 Mit herzlichem Dank für Material und Hinweise von Klaus Rottenbacher (Biografie in Arbeit mit dem Arbeitstitel: *Prinzessin Djavidan Hanum, Vizekönigin von Ägypten. Pianistin, Schriftstellerin, Malerin*) und Heinz Trenczak (*Königin für einen Tag. Unveröffentlichtes Filmexposé*, Graz–Köln 1998).
2 Hanum 1930., S. 392.
3 Das Werk ist nicht erhalten.
4 Vgl. Corino 1991, S. 249–268.
5 Vgl. Streitler 2004.

Literatur und Quellen

Corino Karl, „Nachwort", in: Djavidan Hanum, *Harem*, Salzburg 1991, S. 249–268.

Hanum Djavidan, *Harem*, Berlin 1930.

Hanum Djavidan, *Gülzar – der Rosengarten*, Wien 1942.

Rottenbacher Klaus, *Prinzessin Djavidan Hanum, Vizekönigin von Ägypten. Pianistin, Schriftstellerin, Malerin*. [Arbeitstitel der Biografie in Arbeit]

Streitler Nicole, Textnetze weben, in: *Der Standard*, 25./26.9.2004, o. S.

Trenczak Heinz, *Königin für einen Tag. Unveröffentlichtes Filmexposé*, Graz/Köln 1998.

Brigitte Dorfer

Herta Frauneder-Rottleuthner – Architektin

Herta Frauneder wurde am 11. Dezember 1912 in Bruck an der Mur geboren. Nach dem frühen Tod des Vaters im Jahr 1914 lebte sie mit ihrer aus Basel stammenden Mutter, ihren beiden Schwestern und ihrer Großmutter auf dem Familienbesitz in Bruck an der Mur. Ihre Herkunft kommentierte sie mit den Worten: „Ich kam aus einem Frauenstaat.“[1]

Der Großvater war Baumeister – unter anderem plante er die Böhler-Werke in Kapfenberg – und auch Großgrundbesitzer in ihrer Geburtsstadt gewesen. Da es nach dem Tod ihres Vaters und ihres Onkels keine männlichen Erben gab, wurden sämtliche Besitztümer der Stadt Bruck überschrieben. Der Großmutter blieb ein Gutshof, der bewirtschaftet werden musste und das Überleben der Familie sichern sollte.

Herta Frauneder wurde mit der älteren Schwester ein Jahr früher in die Schule geschickt. Sie war eine außergewöhnlich gute Schülerin und maturierte bereits mit siebzehn Jahren am Realgymnasium in Bruck an der Mur. 1929 immatrikulierte sie an der Technischen Hochschule in Graz die Fachrichtung Architektur. Sie war die zwei-

Herta Frauneder-Rottleuthner, o. J.

te Frau – nach Anna-Lülja Praun[2] –, die dieses Fach wählte. Die Aufnahme an der Technischen Hochschule war unfreundlich, Professoren reagierten mit besonders harten Prüfungen. Doch der starke Wunsch nach Selbstständigkeit ließ sie ihren Platz behaupten. 1935 machte sie als erste Frau in Graz beziehungsweise der Steiermark das Diplom in Architektur. Schon während ihrer Studienzeit hat Herta Frauneder berufliche Praxis gesammelt, unter anderem neun Monate in Bielefeld (1933) und fünf Monate lang bei dem Architekten Heribert Eichholzer in Graz (1934). Ihre erste Stelle bekam sie in Regensburg, jedoch war die Bezahlung so schlecht, dass sie nach neun Monaten an Skorbut leidend kündigte und sich in Rumänien bei einer Freundin erholen musste. „Ich habe mir nicht vorgestellt, dass ich ein Mädchen anstelle, ich hätte mir einen Architekten gewünscht"[3], verlautete ihr nächster Chef (Ammersee, Deutschland), bei dem sie dann doch drei Jahre arbeitete.

1938 kehrte Herta Frauneder nach Österreich zurück – das bereits Ostmark war – und in den mancherorts errichteten Hermann-Göring-Werken gab es für Architekten viel zu bauen. Zu Beginn des Zweiten Weltkrieges heiratete sie den Architekten Ernst Rottleuthner, der bald nach ihrer Hochzeit in den Krieg musste und erst 1947 endgültig zurückkehrte. Zwischen 1941 und 1944 bekam sie drei Kinder, doch auch in dieser Zeit leitete sie ein selbstständiges Büro und bereitete sich auf die ZiviltechnikerInnenprüfung vor, die sie im Jahr 1946 absolvierte. Bis 1968 arbeitete sie gemeinsam mit ihrem Ehemann im eigenen Büro in Bruck an der Mur. Nach ihrer Scheidung 1968 führte Herta Frauneder das Büro, in dem ihr ihre Tochter Elisabeth als Mitarbeiterin zur Seite stand, bis 1988 allein weiter. Erst mit 76 Jahren trat sie ihre Pension an.

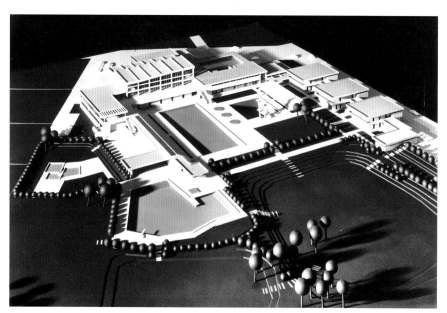

Modell des Frei- und Hallenbades in Graz-Eggenberg, o. J.

Bekannt wurde Herta Frauneder mit den Schwimmbädern, die sie gebaut hat. In Niklasdorf entstand 1953 das erste Bad nach ihren Entwürfen. Es folgten Bäder in Hartberg, Güssing, Hallein, Graz-Eggenberg, Bruck an der Mur, Trofaiach (Umbau). „Wesentlich für den Erfolg ihrer Bäder war der jeweils gut durchdachte innere Organisationsablauf, der sowohl Wettkämpfe als auch normalen Badebetrieb mit den verschiedenen Funktionen problemlos nebeneinander ermöglichte." Ihre neuen Ansätze zeigten sich in all ihren weiteren Entwürfen. „Es waren dies eine subtile Wegeführung ohne Hinweisschilder, durch Blickpunkte, kleine Treppen und lebendigen Zäunen aus Berberitzen und Rosen."[4] Vor allem auch der Badebereich für Kleinstkinder war ihr ein Anliegen. Herta Frauneder erfand die „Freilandgehschule", ein in einer Mulde leicht abgesenktes Planschbecken, das gut überschaubar war, um die Beaufsichtigung der Kleinen zu erleichtern.

Geschätzt wurde Herta Frauneder auch für ihre zahlreichen Möbelentwürfe und Einrichtungen – unter anderem für die Konditorei Macher in Bruck an der Mur. Sie hat Schulen und Einfamilienhäuser gebaut, sozialen Wohnbau und Geschäftseinrichtungen geplant und realisiert und trotzdem war sie als Frau in ihrem Beruf unter großem Legitimationszwang: „Ja, können Sie denn das überhaupt?", hat Herta Frauneder im Lauf ihrer über fünfzigjährigen Tätigkeit als Architektin immer wieder gehört.

Anmerkungen

1 Zit. nach Konecny, Wagner, 1989, S. 6.
2 Eine Pionierin der österreichischen Architekturgeschichte, die 1924 als erste Frau das Fach Architektur an der Technischen Hochschule Graz inskribierte. Sie konnte ihr Studium bedingt durch die Schikanen der Nationalsozialisten aber erst 1939 beenden; vgl. dazu: Konecny, Wagner 1989, S. 10–14.
3 Ebd., S. 6.
4 Ebd.

Literatur

Konecny Felicitas M., Wagner Anna G., „Lebenslinien", in: *Eva & Co. Eine feministische Kulturzeitschrift* (1989) 16, S. 2–15.

Brigitte Dorfer

Marisa Mell – Schauspielerin

Marisa Mell wurde am 24. Feber 1939 in Graz als Marlies Theres Moitzi geboren. Mit ihrer Mutter, die als Hausmeisterin in einer Grazer Schule arbeitete, verbrachte sie ihre ersten Jahre in der Dienstwohnung im Schulgebäude der Schulschwestern am Kaiser-Franz-Josef-Kai. „Die Mutter meinte es immer gut mit Marlies. Schon im Kindergarten. Sie nähte ihr Pelzmäntel und beschränkte ihr Leben auf das Leben der Tochter. Den Vater gab es nur flüchtig."[1]

Seit ihrer frühen Jugend war das Theaterspielen die große Leidenschaft der Marlies Moitzi. In Graz besuchte sie die Schauspielschule Gaudernak, bevor sie mit achtzehn Jahren an das Max-Reinhardt-Seminar in Wien ging. Als Erika Pluhar Marlies Moitzi zum ersten Mal bei der Aufnahmsprüfung ins Reinhardt-Seminar sieht, denkt sie: „Ich habe noch nie ein so schönes Mädchen gesehen. Im Film vielleicht […] – ich beneidete sie um ihre hochmütige Unberührbarkeit, diese unüberwindliche Aura von Schönheit."[2] Neben Erika Pluhar sind Gertraud Jesserer, Senta Berger und Heidelinde Weis ihre Jahrgangskolleginnen.

Bei einem Osterfest in Graz vertraute sie Erika Pluhar an, dass sie ab nun Marisa Mell heißen werde: „Mein Name ist zu steirisch und international nicht zu gebrau-

Marisa Mell, um 1957

Marisa Mell in dem Film
„Ladies, Ladies", 1967

chen."[3] Erika Pluhar gab sie bei der Gelegenheit auch den Ratschlag, ihren Namen zu
ändern, denn „den merkt sich wirklich keiner". Marisa Mell heiratete, bald nachdem
sie die Schauspielschule beendet hatte, den Schweizer Henri Tucci, von dem sie sich
nach einigen Jahren wieder scheiden ließ.

Mell drehte einige österreichische und deutsche Filme, bis sie schließlich 1963 in
French Dressing, einem der ersten Filme des Regisseurs Ken Russell, mitspielte und
damit auch international bekannt wurde. Am Broadway feierte Marisa Mell große Erfolge als *Mata Hari*.

Am Höhepunkt ihrer Karriere hatte sie einen fürchterlichen Autounfall, bei dem
das Gesicht am meisten in Mitleidenschaft gezogen wurde. Doch nach einigen Ope-
rationen blieb nur noch eine kleine Narbe zurück und sie erwähnte Erika Pluhar gegenüber, dass sie in dieser Situation Gott sehr deutlich erfahren hatte: „Gott war auf
meiner Seite." Nach dem Unfall zog Mell nach Rom. Italien mochte sie besonders und
die Sprache konnte sie perfekt.

Marisa Mell wurde zum Weltstar, sie drehte viele Filme unter anderem mit Marcello Mastroianni, Alain Delon, Michel Piccoli. Marisa Mell spielte oft die Rolle der
Femme fatale oder die einer zwiespältigen Figur zwischen Gut und Böse.

Im Laufe der 1980er Jahre bekam sie immer weniger Engagements, für die Rolle
des verführerischen Vamps war sie zu alt. Sie lebte lange Perioden arbeitslos in Rom,

bis sie sich entschloss, nach Österreich zurückzukommen. Für den ORF arbeitete sie in der legendären Produktion *Simsalabimbambum*, sie spielte am „Vienna English Theatre" und in Graz trat sie im Stück *Orvieto* von Franz Innerhofer auf. Darüber hinaus malte sie – einige ihrer Bilder wurden 1988 in einer Ausstellung in der Grazer Hauptpost gezeigt. 1990 erschien Marisa Mells Autobiografie *Coverlove*, die sie in der Wohnung eines Freundes in der Leonhardstraße 40 in Graz geschrieben hatte. Ihre Memoiren sind eine Aneinanderreihung ihrer „Männergeschichten".

Zeitweise lebte Marisa Mell in Graz auch in der Wohnung ihrer Tante in der Trondheimgasse 12, im Bezirk Lend. Bei Pater Laun arbeitete Marisa Mell übrigens zu Weihnachten 1991 als „Pfarrersköchin".

Kurz danach erkrankte sie an einem unheilbaren Krebsleiden und starb im Mai 1992 in einem Wiener Krankenhaus. Am Friedhof Kahlenbergerdorf wurde sie von wenigen FreundInnen und KollegInnen verabschiedet. Erika Pluhar über ihre Freundin:

„Pater Laun, der Pfarrherr vom Kahlenbergerdorf […] hat Marisa dieses Grab geschenkt, es war nötig, Freundin dir ein Grab zu schenken, in Armut bist du gestorben. Aber vielleicht doch ein wenig reicher, denke ich, als in den letzten Jahren deiner großen Gagen. Als dein Körper ausgebeutet wurde und du die Kraft nicht hattest, dich zu widersetzen und nach Liebe Ausschau zu halten, statt zu konkurrieren. Wer ist die Schönste im ganzen Land, diese […] ewig verderbliche Frage hat auch dir das Leben ruiniert."[4]

Anmerkungen

1 *Wienerin* 1988, S. 24.
2 Pluhar 1996, S. 8.
3 Ebd., S. 21.
4 Ebd., S. 216.

Filme (Auswahl):

1964: Casanova '70 mit Marcello Mastroianni (Regie: Mario Monicelli)
1971: Ben & Charlie (Regie: Michele Lupo)
1976: Casanova & Co (Regie: Franz Antel)
1977: Der Tollwütige (Regie: Sergio Grieco)
1983: In Zeiten wie diesen (Regie: Wolfgang Bauer)
1984: Niemand weint für immer (Regie: Jans Rautenbach)

Literatur

Pluhar Erika, *Marisa. Rückblenden einer Freundschaft*, Hamburg 1996.
Wienerin. Das neue Bild der Frau, März 1988, S. 24 ff.

Brigitte Dorfer

Inge Morath – Fotografin

Inge Morath wurde am 27. Mai 1923 in Graz geboren. Nur wenige Wochen nach ihrer Geburt nahmen ihre Eltern Edgar und Mathilde Mörath (den typisch deutschen Umlaut hat Inge Morath im Laufe ihrer internationalen Karriere „verloren"), die als Wissenschafter und Wissenschafterin arbeiteten, sie mit nach Deutschland. In Graz war sie fortan nur mehr zu Besuch oder verbrachte hier ihre Ferien. Sie kam aber immer wieder gerne zurück.

Prägend waren vor allem ihre Großeltern – die Familie mütterlicherseits hat ihre Wurzeln in der ehemaligen Untersteiermark (Slowenien), daher auch die starke Verbindung Inge Moraths zu dieser Region[1]. Einer der Großväter arbeitete mit einer Großformatkamera, der andere Großvater hatte einen Stammplatz in der Oper und weckte ihr musisches Interesse.

Einen großen Einfluss in Inge Moraths Jugend hatte vor allem ihre Großmutter Alexandra Mörath, deren autonomes und an spirituellen und künstlerischen Dingen interessiertes Leben sie faszinierte. Alexandra Mörath bewohnte eine Wohnung im ersten Stock des Hauses Jakominiplatz 16; einige Jahre lang hatte sie eine Drogerie in unmittelbarer Nähe ihrer Wohnung, in der sie unter anderem „Mörathon", den von ihr entwickelten Tabakersatz aus Kräutern, vertrieb. Hergestellt wurde dieses Mittel

Alexandra Mörath,
die Großmutter von Inge Morath

– und das ebenfalls in ihrer Drogerie vertriebene Waschmittel „Gertrude" – in der eigenen chemischen Fabrik, die sich in der Prankergasse in Graz befand.

Inge Morath lebte mit ihrer Familie (inzwischen hatte sie noch einen Bruder bekommen) in München, bei Berlin und dann in Frankreich. In Viches besuchte sie die erste Klasse und war gezwungen, in kürzester Zeit Französisch zu lernen. Sie entdeckte und entwickelte ihr Talent für Sprachen. Doch schon bald zog die Familie nach Deutschland. Die häufigen Ortswechsel waren durch die Berufe der Eltern bedingt. Die Mutter arbeitete als Chemikerin und der Vater war Spezialist für Holzverarbeitung. In Berlin absolvierte Inge Morath die Matura und nach einem Jahr Arbeitsdienst konnte sie zu studieren beginnen. In den Kriegsjahren nahm sie ein Sprachenstudium auf und verbrachte einen mehrmonatigen Studienaufenthalt in Bukarest (Rumänien). Nach dem Staatsexamen wurde sie in einem kriegswichtigen Betrieb arbeitsverpflichtet, in dem auch zahlreiche Frauen, Kriegsgefangene aus der Ukraine, arbeiteten. Während eines der vielen Bombenangriffe flüchtete Inge Morath und folgte ihren Eltern nach Salzburg. Dort arbeitete sie für die amerikanische Besatzung.

1946 übersiedelte sie nach Wien, wo sie als Redakteurin zu arbeiten begann und verstärkt literarische Texte und Hörspiele für den neu gegründeten Radiosender Rot-Weiß-Rot schrieb. Im Laufe der Zeit wurde Inge Morath Teil der Wiener Kultur- und Intellektuellenszene und schloss Freundschaften unter anderem mit Ingeborg Bachmann und Ilse Aichinger.

Sie schrieb Artikel für verschiedene Magazine, zum Beispiel für die *Wiener Illustrierte* und *Heute* (München). Für *Heute*, eine einflussreiche Illustrierte der amerikanischen Militärregierung, war Inge Morath als „picture editor" in Wien tätig. Zusammen mit Ernst Haas, dessen sozial engagierte Fotos ihr Interesse weckten, arbeitete sie im „Photograph – Reporter – Team". „Über den Herausgeber von *Heute*, Warren Trabant, gelangten einige unserer Storys zu Robert Capa, der uns zum noch jungen Magnum-Team nach Paris rief. Wir stiegen mit viel Proviant und wenig Geld versehen in einen Zug von Wien nach Paris und blieben in Paris."[2] In Paris war

Inge Morath, 1991

sie Assistentin bei Henri Cartier-Bresson, für den sie Kontaktauszüge auswertete, und sie begleitete verschiedene Fotografen auf Reisen.

1951 heiratete sie den Journalisten Lionel Birch. Sie zog zu ihm nach London und beendete ihre Arbeit bei Magnum. Auf einer Venedigreise mit Birch entdeckte Morath ihr Talent und ihre Liebe für die Fotografie. Sie begann mit der von ihrer Mutter geschenkten Kamera erste Fotos zu machen. Zurück in London arbeitete sie als Praktikantin beim Fotografen Simon Guttmann.

In dieser Zeit schickte Inge Morath unter dem Pseudonym ihres umgekehrten Namens „Egni Tarom" ihre Fotos an diverse Zeitschriften. „Manchmal verkaufte ich was, manchmal erhielt ich die Fotos zurück mit guten Ratschlägen wie: ‚Sehr geehrter Herr Tarom, Sie haben ein gutes Auge, aber Ihre Technik lässt zu wünschen übrig.'"[3]

Marilyn Monroe bei den Dreharbeiten
zum Film „The Misfits", 1960
Fotos: Inge Morath

1953 wird sie als Fotografin bei der inzwischen renommierten Fotoagentur Magnum aufgenommen, für die sie Standfotos von John Houstons Film *Moulin Rouge* und in Folge auch einige Fotoreportagen in anderen Ländern machte. Ihre Reisen gingen in den Iran, Irak, nach Syrien und Jordanien (1956), entlang der Donau (1957 und 1958), nach Mexiko, Tunesien, Österreich, Tschechoslowakei, Italien, Deutschland und in die USA. Im Jahr 1956 veröffentlichte Inge Morath ihr erstes Buch *Guerre à la tristesse*. Gleichzeitig wurde ihre erste Ausstellung in der Galerie Würthle in Wien eröffnet.

In den 1960er Jahren kam sie in die Vereinigten Staaten, New York wurde häufiger Ausgangspunkt für ihre Reisen. Die ökonomischen Schwierigkeiten der großen Zeitschriften wurden immer prekärer, sodass Inge Morath, um ihre Existenz abzusichern, auch für Werbeagenturen fotografierte.

Ende der 1950er Jahre arbeitete sie häufig für Filmproduktionen. Bei Filmaufnahmen zu *Misfits* (die weibliche Hauptrolle in diesem Film hatte Marilyn Monroe) im Jahre 1960 lernte Inge Morath den Dramatiker Arthur Miller kennen. 1962 heirateten sie und im selben Jahr wurde die Tochter Rebecca geboren. Die Familie lebte in Roxbury, Connecticut, in einem kleinen Ort an der Ostküste – nur etwa zwei Autostunden von New York entfernt.

In den folgenden Jahren bereiste Inge Morath – zusammen mit ihrem Mann – Russland und China. Bevor sie auf Reisen ging, studierte sie die Sprachen dieser Länder.

Seit den 1970er und 1980er Jahren sind der Arbeit Inge Moraths zahlreiche Ausstellungen gewidmet – unter anderem in den Vereinigten Staaten, Japan, speziell in Tokio, der Schweiz, Madrid, Berlin. In Graz gab es zwei Ausstellungen: 1992 im Kulturhaus der Stadt Graz und 2001 im Stadtmuseum.

In einem Gespräch mit Inge Morath im Jänner 2001, in dem wir unter anderem auch nach einem passenden Ort für ihre Würdigungstafel in Graz suchten, entschied sie sich für die Wohnung der Großmutter Alexandra Mörath am Jakominiplatz. Inge Morath erzählte von der Faszination, die ihre Großmutter auf sie ausgeübt hatte, von ihrem großen Verständnis und Interesse für Kunst und Kultur, von ihren Kostümfesten und von ihrem offenen Haus, in dem viele Freunde verkehrten. Inge Morath wollte mit diesem Ort auch an ihre Großmutter erinnern und sie damit würdigen. Inge Morath verstarb am 30. Jänner 2002 in den USA.

Anmerkungen

1   Vgl. dazu Strassegger 2002.
2   Morath 1999, S. 13.
3   Ebd., S. 14.

Literatur

Morath Inge, *Das Leben als Photographin*. [Ausstellungskatalog, Kunsthalle Wien], Wien 1999.
Strassegger Regina, *Inge Morath – Grenz.Räume*, München-London-New York 2002.

Brigitte Dorfer

Olga Neuwirth – Komponistin

Olga Neuwirth wurde am 4. August 1968 in Graz geboren und wuchs in Schwanberg in der Weststeiermark auf. Ihre Familie ist sehr musikalisch – ihr Vater ist Jazzpianist und lehrt seit 1968 an der Kunstuniversität Graz, ihr Onkel ist Komponist und lebt in Deutschland, auch er war zwischen 1972 und 1982 Lehrbeauftragter an der Hochschule für Musik in Graz – jedoch, so Olga Neuwirth: „Es ist daheim nie um Musik gegangen. […] Man ist bei den Konzerten gesessen, das war's. Es gab keine Auseinandersetzung." Und in pianistischer Hinsicht habe der Vater für seine beiden Töchter keinerlei Ehrgeiz entwickelt: „Ich könnte ein Klavierkonzert für zwei linke Hände schreiben."[1] Ab dem siebten Lebensjahr erhielt sie Trompetenunterricht. Nach einem Unfall, bei dem sie sich eine Kieferverletzung zuzog, musste Olga Neuwirth das Trompetenspielen aber beenden. Sie war damals fünfzehn Jahre alt. Im Rahmen einer Jugendmusikwerkstatt mit Hans Werner Henze kam Olga Neuwirth in Kontakt mit der Komposition. Die Arbeit mit Henze war äußerst motivierend für sie. „Ob er [Henze, B. D.] wirklich wollte, dass einer von uns Komponist wird, weiß ich bis heute nicht. Für ihn war zuerst einmal dieser Sozialaspekt im Vordergrund. Aber für mich

Olga Neuwirth beim FrauenStadt-
Spaziergang am 20. September 2003

ist es dann eine Welt geworden."² Auf der Jugendmusikwerkstatt hat Olga Neuwirth die Schriftstellerin Elfriede Jelinek kennen gelernt, mit der sie bis heute zahlreiche Projekte gemeinsam umgesetzt hat. Die erste Vertonung Olga Neuwirths für ein Stück von Jelinek war auch gleich ein großer Erfolg – *Der Wald* (1991).

Im Wintersemester 1986/87 inskribierte sie an der Kunstuniversität (damals Hochschule für Musik und Darstellende Kunst) in Graz Komposition. Hier hielt es sie jedoch nicht lange, denn ihr wurde schnell bewusst, dass sie mehr lernen wollte, als in Graz angeboten wurde. Nach kurzer Zeit ging sie nach San Francisco, wo sie Malerei, Film und Komposition bei Elinor Armer studierte.³

Ab 1987 studierte sie in Wien an der Hochschule für Musik und Darstellende Kunst bei Erich Urbanner Komposition, bei dem sie mit ihrer Arbeit *Über den Einsatz von Filmmusik in „L'amour à mort" von Alain Resnais* ihr Diplom erwarb. Bei Dieter Kaufmann und Wilhelm Zobl studierte sie Elektroakustik. Aber, so Neuwirths Feststellung, genützt habe ihr diese Ausbildung überhaupt nichts: „Im Grunde bin ich Autodidakt."⁴ 1992/93 studierte sie in Paris bei Tristan Murail am renommierten IRCAM⁵ von Pierre Boulez. Wesentliche Anregungen erhielt Neuwirth auch von Adriana Hölszky, Luigi Nono und ihrem Onkel Gösta Neuwirth.

Die Komponistin Adriana Hölszky stärkte Neuwirth auch den Rücken im Musikbetrieb, der vor allem nach männlichen Spielregeln funktioniert. Die einzige Frau, die zur Zeit Olga Neuwirths im Kompositionsfach an der Hochschule für Musik in Graz unterrichtete, erteilte dort Französischunterricht. „Viele Frauen, die mit mir angefangen haben, haben schnell wieder aufgehört."⁶

Olga Neuwirth war 1994 Jurymitglied bei der Münchner Biennale für Neues Musiktheater, sie hatte und hat zahlreiche Aufführungen in Europa und den USA und bekam viele Auszeichnungen für ihre Arbeiten, unter anderen den Förderungspreis der Stadt Wien (1992), Publicity-Preis der Austro-Mechana (1994), Siemens-Förderpreis (1998), Hindemith-Preis des Schleswig-Holstein Festivals (1999) und den Ernst-Krenek-Preis (2000). Olga Neuwirth wird zu allen renommierten Festivals für neue Musik eingeladen – Next generation (Salzburger Festspiele), Wien Modern, Donaueschinger Musiktage, Schwazer Klangspuren, steirischer herbst, Festival d'Automne in Paris und andere mehr.

1999/2000 schrieb Olga Neuwirth verschiedene Bühnenmusiken und Klanginstallationen – unter anderen *Bählamms Fest* (mit Elfriede Jelinek, Uraufführung Wiener Festwochen 1999), *Clinamen / Nodus* (Uraufführung in London 2000), *Der Tod und das Mädchen* (Uraufführung Expo Hannover 2000), *The Long Rain* (Premiere steirischer herbst 2000), *Lost Highway* (Uraufführung steirischer herbst 2003). 2001/02 ist sie Composer-in-residence des Filharmonisch Orkest von Vlaanderen in Antwerpen sowie im Jahr 2002 bei den Luzerner Festwochen.

Gemeinsam mit Elfriede Jelinek ist ein Projekt über den Psychiater Heinrich Gross, der in der NS-Zeit in der Klinischen Abteilung *Am Spiegelgrund* gearbeitet hat und wegen Beihilfe zum Mord angeklagt, aber nicht verurteilt wurde, in Vorbereitung – dazu Olga Neuwirth:

„Das Thema fasziniert Elfriede Jelinek und mich. Es symbolisiert die Scheinheiligkeit, die Verdrängungssucht, die Oberflächlichkeit der Wiener Gesellschaft, wo alle miteinander verbandelt sind. Wer dient, ist willkommen, ganz gleich, aus welch schrecklicher Ecke er kommt. Das passt zu unserer Regierung. Ich verstehe diese Oper auch als Zeichen."[7]

Trotz der zahlreichen Auftragsarbeiten und des großen Erfolges ihrer Arbeiten hat sich die Karriere „bis jetzt noch nicht auf die Höhe der Honorare ausgewirkt"[8]. Stipendien und gut dotierte Preise werden, so wie existenzsichernde Lehraufträge und Professuren immer noch vorwiegend an männliche Kollegen vergeben. Im Wintersemester 1997/98 hatte Olga Neuwirth einen Lehrauftrag am Institut für Elektronische Musik (Kunstuniversität Graz). Von zwölf Lehrenden gibt es neben Olga Neuwirth noch eine weitere Frau. Im Wintersemester 1998/99 ist Neuwirth unter acht Lehrenden die einzige Frau. Französisch wird übrigens an diesem Institut nicht unterrichtet. „Weil ich ja davon leben muss, werde ich von einer Uraufführung zur anderen gehetzt."[9]

Der Rektor der Kunstuniversität Graz, Otto Kolleritsch, hat es ohne Angabe von Gründen abgelehnt, eine Würdigungstafel für Olga Neuwirth an „seiner" Universität anbringen zu lassen. Die Würdigungstafel für Olga Neuwirth wurde nun am Stefaniensaal im Grazer Congress angebracht, im Rahmen des Musikprotokolls wurden dort folgende Werke uraufgeführt:

9. Oktober 1993, Uraufführung *Lonicera Caprifolium* für Ensemble und Tonband; 8. Oktober 1994, Uraufführung *Sans Soleil – Zerrspiegel* für 2 Ondes Martenot, Orchester und Live-Elektronik; 4. Oktober 1995, Uraufführung *Akroate Hadal* für Streichquartett; 1. Oktober 1998, Österreichische Erstaufführung *Photophorus* für Orchester und 2 E-Gitarren.

Olga Neuwirth äußert sich immer wieder kritisch zum politischen Umgang mit KünstlerInnen, zuletzt bei ihrer Eröffnungsrede zum steirischen herbst 2003:

„Die Stimmung in unserer Zeit und ihre Politik ist so, dass man den Künstler als auswechselbares Stück Fleisch hernimmt und wieder wegstellt. Will man Kunst weil unökonomisch, wegrationalisieren? […] Aber die Frau und daher auch die Künstlerin scheint mir nicht so hoffnungslos befangen in der selbstverliebten Obsession einer Einheit und Beständigkeit des souveränen Ichs, sie zweifelt und hinterfragt sich selbst häufiger."[10]

Aus Anlass der Absage der Straßburger Oper für die geplante und vorbereitete Aufführung von *Bählamms Fest* schreiben Elfriede Jelinek und Olga Neuwirth einen offenen Brief:

„Künstler sein, das ist fein, aber am liebsten sollte man tot sein. Dann kann beliebig mit einem herumgeschoben und, wenn Übermut vorhanden, auch umgesprungen werden, die toten Meister stört es nicht mehr und auch ihre Erben sind ja bereits verstorben. Wie schön, mit uns Lebenden können sie es aber machen, dass sie gar nichts mit uns machen oder etwas, je nach Lust und Laune."[11]

Anmerkungen

1   *Die Presse*, 28. Oktober 2000, Spectrum V.
2   Ebd.
3   Umfassende Informationen zu ihrer Laufbahn, ihren Werken und Auszeichnungen sowie eine Biblio-
    grafie bietet Olga Neuwirths Website – http://www.olganeuwirth.com/.
4   *Die Presse*, 28. Oktober 2000, Spectrum V.
5   Institut de Recherche et Coordination Acoustique/Musique am Centre Pompidou.
6   *Die Presse*, 28. Oktober 2000, Spectrum V.
7   *http://derstandard.at*, 4. Oktober 2000.
8   *Die Presse*, 28. Oktober 2000, Spectrum V.
9   *Kleine Zeitung*, 6. Oktober 1998, S. 49.
10 *Kronen Zeitung*, 20. September 2003, S. 25.
11 Jelinek, Neuwirth 1999.

Literatur und Quellen

Jelinek Elfriede, Neuwirth Olga, *Offener Brief an ein paar französische Steuerzahler,
    die es interessiert*, 1999 (http://ourworld.compuserve.com/homepages/elfriede/
    Anonym.HTM).
Die Presse, 28. Oktober 2000, Spectrum V.
http://www.derstandard.at, 4. Oktober 2000.
Kleine Zeitung, 6. Oktober 1998, S. 49.
Kronen Zeitung, 20. September 2003, S. 25.

Ilse Wieser

Anna Susanna Prandtauerin – Wirtin[1]

Im 17. Jahrhundert lebte eine Wirtin in Graz, die in der bürgerlichen Gesellschaft der damals – mit rund 10.000 EinwohnerInnen – kleinen Hauptstadt der Steiermark bekannt, anerkannt und wahrscheinlich auch beliebt war.

Um 1600 wurde sie als Anna Susanna Mayr in Radkersburg geboren. In Graz war sie mit einem Schmied namens Wolfgang Schweizer verheiratet, der sie bald als Witwe zurückließ. Nach neun Jahren, 1635, heiratete sie in zweiter Ehe Andreas Prandtauer, der in der heutigen Sporgasse 12 ein gut gehendes Gasthaus besaß. So war sie nun Wirtin und brachte (mindestens) eine Tochter und zwei Söhne zur Welt. Einer ihrer Söhne war sehr begabt, konnte studieren und war mit zweiundzwanzig Jahren ein Doktor der Rechte. Die „Prandtauerin", wie die Wirtin Anna Susanna Prandtauer oft genannt wurde, führte wahrscheinlich ein anstrengendes, aber doch gesichertes Leben.

Schlagartig änderte sich das aber im Jahr 1653. In diesem Jahr sagte der Bettler Gregor Heyser vor dem Bannrichter Johann Andreas Barth in St. Lambrecht in der Obersteiermark aus, dass bei einer Zusammenkunft mit dem Teufel auf dem Schöckl bei Graz auch die Prandtauerin vermummt teilgenommen hätte. Heyser gab zwar zu,

Hausfront in der Sporgasse 12 mit der Würdigungstafel für die Wirtin Anna Susanna Prandtauerin

dass ihm die Frau vorher nicht bekannt gewesen sei, erklärte aber, dass seine Freunde ihren Namen genannt hätten. Sie hätten ihm auch gesagt, dass die Wirtin im Gesicht „schon etwas runzlig" und für eine Frau „gar zu groß" sei. Dass der Bettler einen Menschen denunzierte, verwundert nicht, denn er sagte dies unter der zweiten Folter aus und drei waren unter der damaligen Gesetzgebung erlaubt. Man nannte dies „peinliches Verhör" und es endete zumindest mit Verkrüppelungen. Weshalb er aber gerade die Prandtauerin „angab" (denunzierte), geht aus den Gerichtsakten nicht hervor.

Der Bannrichter aber könnte sie gekannt haben, denn er lebte zeitweilig in Graz und kannte mit Sicherheit ihr Gasthaus, das gerne von höher gestellten Personen der Stadt besucht wurde. Als vier Jahre später der Kapfenberger Zaubereiprozess stattfand, sollte dort der Vorwurf gegen den Richter erhoben werden, er hätte bei der Folter damals den Namen der Prandtauerin suggestiv ins Spiel gebracht. Erst danach hätte der Bettler Heyser die Prandtauerin als Hexe „angegeben". Warum Barth den Namen der Frau beim ersten Prozess 1653 überhaupt zur Sprache brachte, wissen wir nicht. Anscheinend reichten jedoch damals die Hinweise nicht, um eine Verfolgung der Wirtin in die Wege zu leiten. Der Bettler Heyser aber und zwei seiner Freunde wurden 1653 als angebliche Zauberer vom Bannrichter zum Tod verurteilt und hingerichtet.

In Graz geschah zunächst weiter nichts. Die gegen die Prandtauerin erhobenen Beschuldigungen wurden in den vom Bannrichter angefertigten Verhörprotokollen festgehalten. Ob die Frau davon Kenntnis erhielt, ist nicht bekannt. Die Behörden reagierten nicht. Dennoch ist es durchaus möglich, dass sie wegen der überaus großen Publizität des Prozesses in St. Lambrecht wusste, dass sie in Lebensgefahr schwebte. Der Bannrichter hatte den Ruf, dass er nicht nur seinen rechtmäßigen Anteil am Vermögen der von ihm Verurteilten erhielt, sondern sich über diese legalen Grenzen hinaus gern bereicherte, zumal er einen Lebensstil führte, den er nicht leicht finanzieren konnte.

1657 aber war es vorbei mit der scheinbaren Ruhe. Wieder verhörte der Bannrichter Barth in einem Zaubereiprozess einen Bettler. Auch dieser sagte unter dem „peinlichen Verhör" aus, dass die Prandtauerin bei einer Zusammenkunft mit dem Teufel dabei gewesen wäre. Diesmal war die Aussage ein Anlass, dass der Grazer Magistrat dem Befehl, die Beschuldigte und zwei Mitangeklagte nach Kapfenberg zum Verhör zu bringen, nachkam.

Die Ursache dafür war die Suche nach Sündenböcken für ein Unwetter in Graz und im Grazer Feld im August des Jahres, das schwere Schäden angerichtet hatte. Die Menschen waren überzeugt, dass Zauberer dafür verantwortlich sein müssten, da „sich unter den Hagelkörnern auch ‚wunderseltsame Steine' in Form von Totenköpfen und andere merkwürdige Objekte befunden hätten"[2]. Der Präsident des Innerösterreichischen Geheimen Rates, der Bischof von Seckau, war nun der Meinung, dass man gegen das immer mehr um sich greifende Verbrechen der Zauberei gezielter vorgehen sollte und forderte den Bannrichter zu verschärftem Vorgehen auf. Und wieder kam es unter anderem zur Nennung des prandtauerischen Namens unter der Folter.

Der Magistrat von Graz wollte Anna Susanna Prandtauerin sofort verhaften, aber die Frau hatte glücklicherweise einen loyalen Ehemann. Er intervenierte und erreichte, dass sie zwei Advokaten als Beistände vor Gericht bekam. Diese Rechtsberater verteidigten die Rechte ihrer Mandantin sehr vehement und klug, wahrscheinlich auch mit Tricks. Sie konnten zwar nicht erreichen, dass dem Bettler zur Wiedererkennung der Frau vom Hexentreffen nicht nur die Prandtauerin, sondern insgesamt drei Frauen vorgeführt würden. Sie konnten auch nicht verhindern, dass die Beschuldigte der angeordneten dritten Folterung des Bettlers beiwohnen musste. Aber zur Überraschung des Richters widerrief der Bettler unter dieser Folter seine Aussagen und die Prandtauerin und ihre Mitangeklagten konnten daher am nächsten Tag wieder nach Hause zurückkehren. Der Richter unternahm einige Anstrengungen, um das Verfahren weiterzutreiben und um Anna Susanna Prandtauerin und ihre Mitangeklagten wieder vor Gericht zu bringen. Dies gelang ihm nicht. Zweifellos spielten dabei die Interventionen des Anhangs der Wirtin eine wichtige Rolle. Auch Bestechung einzelner maßgeblicher Persönlichkeiten sowie Meinungsverschiedenheiten innerhalb der Behörden über das weitere Vorgehen lassen sich nicht ausschließen. Sicher ist nur, dass plötzlich die Grazer Behörden es für ratsam hielten, die Untersuchung einzustellen.

Die Armen in diesem Prozess aber, BettlerInnen und BäuerInnen, die keinen Rechtsschutz besaßen, wurden gefoltert, meist zum Tode verurteilt und hingerichtet.

Anna Susanna Prandtauerin war zwar lebend und ohne Folterung aus diesem Prozess hervorgegangen, sie und ihre Angehörigen lebten aber wahrscheinlich den Rest ihres Lebens trotz gesellschaftlicher Anerkennung in Graz in ständiger Angst vor einer neuerlichen Verfolgung durch diese Willkürherrschaft. Die Prandtauerin starb am 19. April 1668 in Graz.

Frauen waren in der Zeit der Hexenverfolgungen besonders gefährdet. Es genügte ein denunzierender Satz oder eine Verdächtigung, um eine Frau vor Gericht zu bringen, denn, so bestimmte es die grundlegende Schrift der Bannrichter, der so genannte *Hexenhammer*: Frauen würden in besonders naher Beziehung zum Teufel stehen. Mit dieser Begründung wurden Tausende von Frauen gefoltert, ermordet und zum Verstummen gebracht.[3]

Anmerkungen

1 Der vorliegende Beitrag beruht auf Valentinitsch 1986.
2 Ebd., S. 55.
3 Vgl. Wisselinck 1986.

Literatur

Valentinitsch Helfried, „Eine Grazer Wirtin unter Zaubereiverdacht. Ein Beitrag zur Hexenverfolgung in der Steiermark im 17. Jahrhundert", in: *Blätter für Heimatkunde* 60 (1986), S. 51–61.

Wisselinck Erika, *Hexen. Warum wir so wenig von ihrer Geschichte erfahren und was davon auch noch falsch ist*, München 1986.

Ilse Wieser

Katharina Prato – Kochbuchautorin[1]

Bereits die Flitterwochen sollen von Diätsorgen ihres frisch gebackenen Ehemannes überschattet gewesen sein. Katharina Pratos erster Mann hatte ein schweres Magenleiden und sie reagierte darauf, indem sie sich immer neue Speisen ausdachte und Rezepte aufschrieb. Und auf diese Weise entstanden die ersten Aufzeichnungen für das Kochbuch, das später so berühmt werden sollte.

Katharina Polt wurde am 26. Februar 1818 in Graz als Tochter eines Grazer „Privatiers" geboren und alles, was wir über ihre Erziehung wissen, ist, dass sie wie alle „Höheren Töchter" unter anderem Klavierspielen und Französisch lernte. Sie war vierzig Jahre alt, als sie den schon kranken Eduard Pratobevera, provisorischer Vorstand des Archivs und des Münz- und Antikenkabinetts am Grazer Joanneum, heiratete. Nach einem knappen Jahr starb er. Drei Jahre später heiratete sie seinen Jugendfreund, Johann von Scheiger, Postdirektor und Konservator von Steiermark und Kärnten, Träger der kaiserlichen Auszeichnung „Edler von", die auch sie verwenden konnte. Katharina begleitete ihn auf seinen häufigen Dienstreisen und notierte in den Gasthäusern Kochrezepte von Speisen, die sie schätzte.

Das Ordnen und Katalogisieren hatte sie mit den Ehemännern gemeinsam, aber der Inhalt war ein besonderer: Kochrezepte, die sie auch im „ausgedehnten Bekanntenkreise" kursieren ließ. Die Folge war eine Ermunterung zur Herausgabe eines Kochbuches.

Nicht „irgendein" Kochbuch sollte entstehen, sondern es sollte Anfängerinnen nützen und den Selbstunterricht fördern – ein praxisorientiertes Kochbuch war Katharina Pratos besonderes Anliegen. Es wurden „alle Stände" bedient, besonders der Mittelstand. Die „Hausmannskost" erhielt breiten Raum, aber auch aufwändigere Festspeisen wurden angeboten. Die Rezepte waren auf eine kleinere Personenzahl ausgerichtet. Es gab keine Fantasierezepte, alles war in klarer Sprache und mit guter Vermittlung abgefasst. „Mein Hauptzweck war, diese Arbeit als „Leitfaden für Anfängerinnen" vorzüglich für angehende Hausfrauen brauchbar zu machen."[2] Sie war der Überzeugung, dass bei den zeitgenössischen „Teuerungen" die Hausfrauen oft selbst kochen müssten und diese Arbeit nicht einer Köchin überlassen könnten. Damit war der Grundstein zum Erfolg gelegt, weil sich die damaligen Kochbücher selten an der Praxis orientierten.

Und so wurde die *Süddeutsche Küche* der österreichische Küchenbestseller schlechthin. Die erste Auflage war mit 348 Seiten vergleichsweise bescheiden. Sie wurde 1858 bei Leykam in Graz verlegt. Die nächsten Auflagen (20. Auflage im Jahr 1889) beim Verlag Styria in Graz nahmen an Umfang immer mehr zu. Die 76. und 77. Auflage erreichten 1048 Seiten! Es ist das bis heute auflagenstärkste Buch des Verlages Styria. Bemerkenswert ist die literarische Qualität ihrer Bücher: Katharina Prato wird

Zwischentitelblatt der 29. Auflage

Pilze – Farbtafel

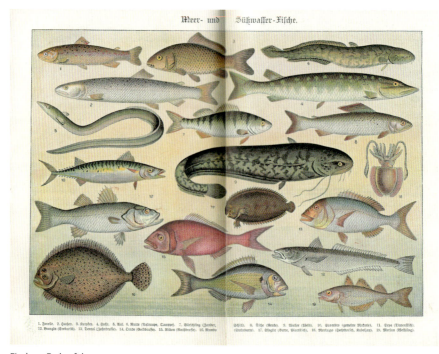

Fische – Farbtafel

Fischpastete

Gespickter Fisch

Katharina Prato, o. J.

104

in ehrenden Erwähnungen immer wieder als „schriftstellernde Kochkünstlerin" gewürdigt.

„Man nehme …", diese weit verbreitete Redewendung stammt von der berühmten Kochbuchautorin, die auch empfahl, „das Kochen mit Ernst zu lernen und mit Liebe zu betreiben […]."[3]

Sie betonte, dass die jeweils neuen Auflagen keine neuen Rezepte enthielten, die nicht erprobt worden seien. Sichten, Sammeln und Kochversuche füllten die Zeit zwischen den Auflagen. Laufend wurde das Buch aktualisiert: Ein Kapitel über das „Moderne Servieren" wurde angehängt, die „Gesetze der Chemie" und die „Gesundheitslehre" fanden Berücksichtigung. 1876, im Jahr der Umstellung auf das metrische System in Österreich, gab es einen Anhang über „Berechnungen nach dem metrischen Maß und Gewicht". Die aufkommende Mode des Teetrinkens und des Fünfuhrtees nach englischer Sitte im Salon fanden Eingang in ein eigenes Kapitel.

Nach dem Zweiten Weltkrieg wurde das Buch als *Die große Prato, Kochbuch der österreichischen und süddeutschen Küche, mit böhmischen, englischen, französischen, italienischen, serbischen und ungarischen Nationalspeisen* neu herausgegeben und in kurzer Zeit waren 500.000 Bücher im Umlauf. Auch die schon 1931 erschienene Kurzfassung *Die kleine Prato – Kochbuch für den kleinen Haushalt,* zusammengestellt von Katharina Pratos engagierter Stieftochter Viktorine Leitmaier, erschien in dieser Zeit neu und erlebte bis 1965 fünf Auflagen. *Die Prato* wurde in sechzehn Sprachen übersetzt!

Die große Prato war teuer, sie kostete 1957 den stolzen Preis von 259 Schilling. Trotzdem waren ihre Rezepte in den Grazer Haushalten weit verbreitet, denn sie wurden auch handschriftlich weitergegeben. So war der Zettelkasten des bürgerlichen Haushalts oder des ArbeiterInnenhaushalts mit den persönlichen Rezepten ein Schatz der Hausfrau.

Katharina Prato schuf aber noch mehr Literatur am Haushaltsmarkt: Sie schrieb die wohl erste *Haushaltungskunde* als *Leitfaden für Frauen und Mädchen aller Stände* in der Monarchie. Darin gab sie umfassendes Wissen um die Einrichtung, Erhaltung und Verbesserung des Haushalts einer bürgerlichen Familie wieder, wobei sie die Rolle der Ehefrau als Hausfrau und Haushaltverantwortliche bis ins Detail beschreibt und klar von der männlichen Rolle des außerhäuslichen Erwerbstätigen trennt. Bildung für Frauen erachtete sie als überaus wichtig, solange sie die bürgerlich-konservative Frauenrolle des neunzehnten Jahrhunderts bedient. Dies spiegelt auch ihr eigenes wohltätiges Engagement wider: Sie gründete den Verein Volksküche, der sich in der Nachkriegszeit als „Kleinrentnerküche" in der Wielandgasse wiederfand. Auch war sie viele Jahre „Ökonomin" des Vereins Frauenheim in Graz. Sie begründete eine Mädchenarbeitsschule und mehrere Kindergärten.

Die vielen Auszeichnungen, die das Kochbuch *Süddeutsche Küche* bekam, wurden Katharina Prato aber erst nach ihrem Tod 1897 gewidmet. Nur eine goldene Medaille anlässlich der Kochkunstausstellung 1897 bekam sie noch zu Lebzeiten. So kam sie stellvertretend für viele Köchinnen zu Ehren, die sonst fast ausschließlich Männern vorbehalten bleiben.

Sie war eine engagierte Frau, die Graz nicht nur in ihrem kulinarischen Erscheinungsbild tatkräftig mitgestaltete: die Prato!

Anmerkungen

1 Der vorliegende Beitrag ist eine Zusammenfassung von Thümmel 1996; siehe auch die Beiträge von Kunstverein W.A.S., „Restaurant à la Prato", und Itta Olaj, „Entenkot zum Abendbrot", in diesem Band.
2 Thümmel 1996, S. 58.
3 Prato 1858, Vorwort.

Literatur und Quellen

Prato Katharina, *Süddeutsche Küche*, Graz 1858, Vorwort.
Thümmel Erika, „Von Kuheutern, Wildschweinköpfen und Kalbsohren. Die ‚schriftstellernde Kochkünstlerin‘ Katharina Prato und ihre ‚Süddeutsche Küche‘", in: Unterholzer Carmen, Wieser Ilse (Hg.), *Über den Dächern von Graz ist Liesl wahrhaftig. Eine Stadtgeschichte der Grazer Frauen*, Wien 1996, S. 54–74.

Ilse Wieser

Grete Schurz –
Erste Frauenbeauftragte der Stadt Graz

Heute gibt es in Österreich in jeder Hauptstadt und in jedem Bundesland eine Frauenbeauftragte. 1986 war dies noch eine relativ neue Idee, denn erst ab Anfang der 1980er
Jahre waren die ersten Frauenbeauftragten in Deutschland aktiv geworden.

Grete Schurz war zweiundfünfzig Jahre alt und parteilos, als sie in jenem Jahr in
die Stadtpolitik gerufen wurde. Der damalige Bürgermeister der Stadt Graz, Alfred
Stingl (SPÖ), wollte die Obfrau und Initiatorin des Grazer Frauenhauses, die als
durchsetzungskräftig und schlagfertig bekannt war, als Frauenbeauftragte der Stadt
Graz ins Rathaus holen.

Es war nicht sofort klar, ob Grete, wie sie von vielen genannt wird, diesem Ruf folgen würde. Denn zur gleichen Zeit sollte sie auch für das Bildungsprojekt Modell
Steiermark (ÖVP) eine ebensolche Funktion übernehmen. Doch das Angebot des
Bürgermeisters, parteiunabhängig, weisungsfrei und ungebunden arbeiten zu können, war vielversprechender. Nun begann für sie eine Aufgabe, die sie acht Jahre lang
in Anspruch nehmen sollte, mehr als sie jemals vorgehabt hatte.

Die am 29. April 1934 geborene Grazerin war nach der Matura „Redaktionsaspi-
rantin" bei der *Süd-Ost-Tagespost* in Graz. Sie heiratete, war Hausfrau und zog zwei

Grete Schurz, Zeitungsausschnitt 1986

Söhne groß. Mit vierzig Jahren fing sie dann „neu" an. Sie studierte Psychologie und Soziologie und schrieb ihre Dissertation zum Thema *Destruktive Gehorsamsbereitschaft gegenüber Autoritäten.* Zusammen mit dem Journalisten Peter Huemer gab sie das Buch *Unterwerfung und Abhängigkeit – ein Lesebuch zum Destruktiven Gehorsam* (Wien 1990) heraus. Auch nahm sie ihre journalistische Tätigkeit wieder auf und hielt Vorträge an der Urania. Sie initiierte das Grazer Frauenhaus zusammen mit anderen Frauen und war bis 1986 in dessen Vorstand.

Als erste Frauenbeauftragte Österreichs war und bleibt sie ein Vorbild. Nicht nur, weil sie die kämpferischste und produktivste in ihrer Funktion war. Sie schaffte auch den Spagat zwischen Berufsfeministin und Verwaltungsexpertin und bewahrte sich ihre geistige Unabhängigkeit. Denn ihre Position war weisungsfrei und sie hatte weit gehende Akteneinsicht – nur unter dieser Bedingung hatte sie die Funktion der Frauenbeauftragten angenommen! Diese Freiheiten für eine Frauenbeauftragte waren aber einzigartig in Österreich. Sie sagt von sich, dass sie keine radikale Feministin sei. Allerdings zählt für Grete Schurz zu den notwendigen Eigenschaften einer Frauenbeauftragten Mut zur Durchsetzung, Kreativität bei Lösungen und Veränderungen und Integrität[1].

Ihre Ausgangsposition beurteilte sie positiv, aber: „Wenn ich nach diesen zwei Jahren zu wenig erreicht habe, wenn ich draufkomme, dass man nur eine Alibifrau haben wollte, werde ich meinen Vertrag sicher nicht verlängern."[2] Anders sah die materielle Basis aus: Ein Werkvertrag wurde abgeschlossen, der in keiner Weise der Tätigkeit und ihrem Umfang gerecht wurde. Ein Budget wurde erstellt, das gerade ausreichte, um kleine Unterstützungen zu vergeben. Der Arbeitsraum („Besenkammerl") im Rathaus war klein, zugig und recht unangenehm[3]. Hier musste sie sechs Jahre lang mit ihren Mitarbeiterinnen (der Juristin Trude Pesendorfer und der Psychotherapeutin und Lebensberaterin Ilse Gschwend) arbeiten. Ab 1994 wurde zusätzlich Behindertenberatung und psychotherapeutische Beratung angeboten[4].

Ihre Vorhaben und Themen waren: Beratung von Frauen in schwierigen Lebenslagen; die Benachteiligung der Frauen in öffentlichen Bereichen, am Arbeitsplatz, in der Politik und in Ausbildungssituationen; Gleichstellung bei Personal- und Verwaltungsfragen; Widerstand gegen Frauen diskriminierende Plakate; Hilfe für Frauen gegen den Übermut der Ämter.

Die Sprechstunden von Grete Schurz waren stets ebenso stark frequentiert wie die ihrer kompetenten Mitarbeiterinnen. Sie setzte bei den Grazer Verkehrsbetrieben Familienermäßigungen und die Gratisbeförderung von Kinderwagen durch. Richtlinien zur bevorzugten Vergabe von Gemeindewohnungen an allein erziehende Mütter wurden von ihr miterarbeitet. Sie gründete – und das war damals einmalig in Österreich – den heute noch bestehenden Frauenrat, der rund fünfzig Frauengruppen und -organisationen umfasst. Er tagt zweimonatlich, ist überparteilich und bildet die Grundlage für die informelle Zusammenarbeit der Frauen in stadtpolitischen Belangen. „Mit einer überparteilichen Frauenlobby sind wir stärker!"[5]

Was Grete Schurz viel Popularität verschaffte, war ihre ständige Präsenz in den lokalen Medien, ihre eigene journalistische Tätigkeit und ihre gute Zusammenarbeit mit JournalistInnen. Sie unterstützte 1986 tatkräftig die Aktion der Grazer Gruppe „Freie Frauen", die pornografische Bilder einer Ausstellung in der Rathausgalerie abhängten und damit einen kleinen kulturpolitischen Aufstand mit entsprechender Medienaufmerksamkeit provozierten. Sehr wichtig war es ihr, ein geplantes Kommunikationszentrum für autonome Frauengruppen zu fördern, da eine derartige Einrichtung in Graz immer gefehlt hatte. Sie arbeitete an einem Konzept, Medizinerinnen in einem paritätischen Geschlechterverhältnis in die GynäkologInnenausbildung an der Grazer Frauenuniversitätsklinik zu bringen, damit es endlich mehr Frauenärztinnen gibt, was in einer Umfrage unter Frauen als sehr wünschenswert festgestellt wurde. Auch machte sie sich für die Hausfrauenunfallversicherung stark, die teilweise unter Mithilfe der Landesfrauenbeauftragten Ridi Steibl umgesetzt worden ist. Es wurden, um mehr Sicherheit zu schaffen, hell beleuchtete Tiefgaragenplätze für Frauen reserviert. Kinderbetreuung in der Grazer Innenstadt wurde für zwei Jahre gemeinsam mit der Firma Kastner & Öhler eingerichtet, die die entsprechenden Räumlichkeiten gratis zur Verfügung stellte. Eine Kindergärtnerin wurde über das Arbeitsmarktservice eingestellt und von der Stadt Graz mitfinanziert. Energisch wehrte sie sich gegen pornografische Abbildungen in den Ämtern der Stadt Graz, was einigen Widerstand hervorrief. Erfolgreich setzte Grete Schurz sich für ein Wohnhaus-Sozialprojekt mit geringen Mietkosten für allein erziehende Mütter ein, das nach langer Vorarbeit mit Landesunterstützung und mit Hilfe der ÖWGES (Gemeinnützige Wohnbaugesellschaft) 1990 im Grazer Bezirk Andritz erbaut wurde[6]. Sie engagierte sich für ein Ruhegeld für Pflegemütter, das letztendlich landesweit eingeführt wurde. Die Steiermark war damit zum Vorbild für die anderen Bundesländer geworden. Da das Arbeitsmarktservice für Mütter mit Kinderwagen und für Behinderte nur beschwerlich zugänglich war, machte sie sich erfolgreich für eine Auffahrtsrampe stark, wobei sie kreativ den entsprechenden Plan entwarf, der dann auch umgesetzt worden ist. Das Einrichten von Wickeltischen im Gebäude des Arbeitsmarktservice und in den öffentlichen Toilettenanlagen der Stadt Graz stand ebenfalls auf ihrem Programm und wurde auch verwirklicht.

Sie gab kostenlose Broschüren heraus. Die Themen waren unter anderem: *Grazer Haueninitiative. Eine Dokumentation über 10 Jahre Grazer Frauenhaus* (1980/1990); *Frau und Beruf* (1989); *Wir Grazer Frauen … fordern … wünschen … kritisieren* (o. J.); *Gewalt gegen Frauen* (Schriften *politicum*, Nr. 56a, 1992).

Auf Initiative von Grete Schurz wurden in der Stadt Graz in den frühen 1990ern typische Männerberufe für Frauen zugänglich gemacht, was erklärtermaßen ein Arbeitsschwerpunkt der Frauenbeauftragten war: Polizistinnen, Zöllnerinnen, Straßenbahnlenkerinnen, Busfahrerinnen, Zugführerinnen bei den Bundesbahnen. Sie engagierte sich für die Einstellung von Frauen als Fluglotsen, Pilotinnen und als Croupiers in den Spielbanken. Ebenso galt ihr Engagement den traditionellen Frauenberufen: Sie setzte sich für eine bessere Absicherung und Bezahlung von Arzthelferinnen und Zahnarztassistentinnen und für deren Berufsbild ein. Wichtig war ihr, sich für mehr Frauenmacht im ORF einzusetzen und gegen Gewalt in Familien immer wieder Öffentlichkeitsarbeit zu leisten.

Natürlich war ihr die geringe Würdigung von Frauen im öffentlichen Raum ein Dorn im Auge und sie entwickelte daher 1993 gemeinsam mit der Grazer Künstlerin Veronika Dreier (Eva & Co) ein Konzept zur Kunst von und für Frauen im öffentlichen Raum. Aus der Zusammenarbeit mit Künstlerinnen entstanden nun Denkmäler

Grete Schurz mit den Künstlerinnen des Kunstvereines W.A.S., v. l. n. r.: Doris Jauk-Hinz, Grete Schurz, Veronika Dreier, Eva Ursprung, 7. März 2003

für Frauen. Darunter Veronika Dreiers Mahnmal zum Thema Gewalt an Frauen in Form der Notrufnummer am Kapistran-Piellerplatz – die 2001 entfernt wurde! – und Barbara Edlinger(-Baurs) zweigeteilte Skulptur für Oktavia Aigner-Rollett. Die feministische Kulturzeitschrift *Eva & Co*, eines ihrer „Lieblingsprojekte", unterstützen zu können, war ihr eine besondere Freude[7].

Grete Schurz, eine Frau von großer Energie, bewirkte auch deshalb sehr viel, weil sie sich selbst eine Frauenlobby schaffte und sich in Österreich und später auch international gut vernetzte[8]. Denn, „Feministische Bündnispolitik ist Interessenspolitik, die den Begriff des Interesses weit fasst. Es geht [...] um die Kritik und den Abbau von Herrschaftsverhältnissen" und das ist „hard work"[9].

Trotz allem Veranstaltungseifer mit und für Frauen und politischen Zielsetzungen durften individuelle Hilfe und Beratung in den Sprechstunden nicht zu kurz kommen. Aber prinzipiell kämpfte Grete Schurz für strukturelle und gesetzliche Maßnahmen, um eine gerechtere Verteilung der Ressourcen für Frauen zu erreichen. „Zur Erinnerung: Frauen leisten drei Viertel aller gesellschaftlicher Arbeit, bekommen dafür 10 % des Welteinkommens und besitzen nur 1 % des Weltvermögens."[10]

Sie trat in diesem Sinn gemeinsam mit vielen anderen Frauen für pensionserhöhende und pensionsbegründende Anrechnung der Kindererziehungszeiten auf Mütterpensionen ein. Immer wieder machte sie sich auch für die Einführung eines Pensionssplittingmodells nach deutschem Vorbild stark. Doch leider ist diese Idee, welche die Armut von Frauen im Alter senken würde, bis heute nicht umgesetzt worden. Noch wünschenswerter ist für Grete Schurz allerdings ein ausreichendes staatliches Grundeinkommen statt Sozialhilfe und eine eigene Pensionsabsicherung für alle Österreicherinnen. Gemeinsam mit dem Frauenrat ging sie mit diesem Anliegen immer wieder an die Öffentlichkeit, aber es gibt bis heute nur leere Verständnisbeteuerungen, aber keine entsprechenden Budgetmaßnahmen.

Neben Erfolgen und guter Zusammenarbeit mit anderen Frauen, aber auch verständnisvollen Männern gab es natürlich auch Konkurrenz und Frustrationen: Ärger über Ungerechtigkeiten, leere Versprechungen und Hinhaltetaktik im frauenpolitischen Alltag, Ärger über Behinderungen sowie vor allem Kürzungen des ohnehin minimalen Budgets – so etwa von 700.000,– öS im Jahr 1991 auf 342.000,– öS im Folgejahr[11] –, über die dreimalige Umsiedelung des Büros und über zu wenig Geld für Frauenprojekte.

1994 trat Grete Schurz sechzigjährig von ihrer Aufgabe zurück. Weiterhin aber ist sie in den Medien präsent und engagierte sich ein Jahr lang unbezahlt als eine der vier von Frauenorganisationen gewählten österreichischen Frauen in der Brüsseler Frauenlobby. Zurzeit schließt sie ihr Philosophiestudium an der Universität Graz ab.

Plakat 1994

Anmerkungen

1 Vgl. Band 1, S. 22a und 20/DOKU GRAZ – als Quelle für vorliegenden Beitrag diente die Quellensammlung *Abschied. Keine Rosen ohne Dornen – kein Sommer ohne Mücken – kein Abschied ohne Zweifel* aus dem Archiv des DOKU GRAZ, die im Folgenden nur unter der jeweiligen Bandangabe zitiert wird; siehe auch die Beiträge von Grete Schurz, „Eine Gewürdigte spricht", und Manuela Brodtrager, „Frauen mit Auftrag. Über das Projekt plakativ! – Die Geschichte der Grazer Frauenbeauftragten in 20+03 Bildern", in diesem Band. Vgl. auch Irlinger 2003.
2 Vgl. Band 1, S. 28/DOKU GRAZ.
3 Vgl. Band 3, S. 89/DOKU GRAZ.
4 Vgl. Band 5, S. 137/DOKU GRAZ.
5 Vgl. Band 2, S. 41/DOKU GRAZ.
6 Ebd., S. 56.
7 Vgl. Band 8, S. 246/DOKU GRAZ.
8 Vgl. Band 6, S. 159/DOKU GRAZ.
9 Holland-Cunz 1998, S. 75 f.
10 Band 4, S. 100/DOKU GRAZ.
11 Vgl. Band 3, S. 85/DOKU GRAZ.

Literatur und Quellen

Abschied. Keine Rosen ohne Dornen – kein Sommer ohne Mücken – kein Abschied ohne Zweifel. Rückblick auf 8 Jahre für und mit Frauen. 9 Bde., Archiv DOKU GRAZ – Frauendokumentations-, Forschungs- und Bildungszentrum

Holland-Cunz Barbara, „Demokratietheorie und feministische Bündnispolitik", in: Ute von Wrangell et al. (Hg.), *Frauenbeauftragte. Zu Ethos, Theorie und Praxis eines jungen Berufes*, Königstein/Taunus 1998, S. 57–77.

Irlinger Heike, *Die Geschichte der Frauenbeauftragten der Stadt Graz im Spannungsfeld frauen- und bildungspolitischer Entwicklungen.* Dipl.-Arb., Graz 2003.

Grete Schurz

Eine Gewürdigte spricht

„Es war sehr schön, es hat mich sehr gefreut!" Dieser legendäre Kaisersatz unseres vorletzten und oft belächelten Monarchen Franz Josef ist mir spontan zum vorgegebenen Titel „Gewürdigte sprechen" eingefallen – und nicht nur als Jux oder aus Bescheidenheit, mit der ich mich ja kaum je geschmückt habe.

Zur echten Bescheidenheit gehören nämlich, wie ich meine, einerseits große Selbstsicherheit, andererseits auch Weisheit, wie sie uns zum Beispiel in der Aussage „Ich weiß, dass ich nichts weiß" des großen griechischen Philosophen Sokrates überliefert wurde. Wer aber nur redet, wenn sie/er etwas sicher weiß, darf keinesfalls eine politische Karriere anstreben und auch nicht Frauenbeauftragte werden.

Frauenbeauftragte[1] – ein Arbeitsauftrag mit geringen Aufstiegschancen und so manchen Ausstiegsgedanken, da Männermacht dynamisch-kämpferischen und kreativen Feminismus methodisch sauber nur auf Schmalspurgleise setzt, indem „Mann" prinzipiell diesem „Titel" nur spärliche Mittel und wenig Prestige zuweist.

Grete Schurz mit einem Transparent aus dem Jahr 1994 anlässlich ihres siebzigsten Geburtstages, 27. April 2004

Würdigungstafel für Grete Schurz am Tummelplatz 9

Trotz dieser einengenden Beschneidung lassen sich doch immer wieder Frauen aus allen Altersgruppen auf das Wagnis „Frauenpolitik" ein, womit ich eine parteiunabhängige und engagierte Arbeit mit und für jenes Geschlecht verstehe, welches unter „Gleichheit, Freiheit, Brüderlichkeit" nie gemeint war und auch weiterhin um Gleichberechtigung kämpfen muss.

Ein wenig konnte auch ich eher praktisch als theoretisch an dieser manchmal recht frustrierenden, manchmal jedoch auch beglückenden Gemeinschaftsarbeit erfolgreich teilnehmen, um für Frauen mehr Entscheidungsräume statt Spielwiesen zu erstreiten.

Erfreulicherweise gibt es trotz heftiger Gegenströmungen und Rückschlägen hautnah und weltweit immer wieder weibliche Schubkraft in Richtung Fortschritt und Emanzipation.

Auch bei uns in Graz, wie sie sich im Kulturhauptstadtjahr 2003 im WOMENT!-Projekt kreativ und optimistisch gestaltet hat und offensiv erfolgreich präsent war. Hoffentlich als ein zielgeleitetes und nachhaltiges Projekt und nicht nur als Brosamen, den man den lästigen Feministinnen nicht vorenthalten konnte.

Anmerkung

1   Siehe die Beiträge von Ilse Wieser, „Grete Schurz – Erste Frauenbeauftragte der Stadt Graz" und Manuela Brodtrager, „Frauen mit Auftrag. Über das Projekt plakativ! – Die Geschichte der Grazer Frauenbeauftragten in 20+03 Bildern", in diesem Band.

Brigitte Dorfer

Martha Tausk – Politikerin[1]

Martha Tausk, geborene Frisch, wurde am 15. Jänner 1881 in Wien in eine sozialde-mokratische Familie geboren. Ihr Vater betrieb eine kleine Druckerei, in der die ersten Nummern der *Arbeiter-Zeitung* gedruckt wurden. Martha und ihr Bruder erhielten Privatunterricht bei Marianne und Auguste Fickert[2]. Gemeinsam mit der späteren Physikerin Lise Meitner besuchte Martha einen Gymnasialkurs, der sie auf die Matura vorbereiten sollte – für Mädchen ihrer Herkunft durchaus nicht üblich[3]. Martha Frisch schloss diesen Kurs aber nicht ab. 1900 heiratete sie den späteren Psy-choanalytiker Victor Tausk und mit ihm verbrachte sie die ersten Jahre ihrer Ehe in Bosnien. Nach einigen Jahren kehrte die Familie – inzwischen waren die zwei Söh-ne Marius und Viktor Hugo geboren – nach Wien zurück.

Ehestreitigkeiten führten schließlich zur Scheidung im Jahr 1908. Martha Tausk stand vor der Situation, dass ihr die Vormundschaft über ihre beiden Söhne nicht zu-gesprochen wurde (was in dieser Zeit üblich war), obwohl sie allein für die Erziehung ihrer Söhne aufkam und nur sehr unregelmäßig und nur wenig finanzielle Unter-stützung von ihrem Mann bekam. Sie arbeitete in Wien als Buchhalterin und lebte mit ihren Kindern in sehr einfachen Verhältnissen.

Noch vor dem Ersten Weltkrieg schloss sich Martha Tausk den SozialdemokratIn-nen an und stellte als Rednerin ihr rhetorisches Talent unter Beweis. Ihr Interesse galt

Martha Tausk, o. J.

Würdigungstafel für Martha Tausk, Landhaushof/Herrengasse 16

den Arbeiterinnen, deren Lebenssituation und Rechten und natürlich dem Frauenwahlrecht, das in Österreich 1918 nach langen Kämpfen verwirklicht wurde[4].

Von Hans Resel wurde Martha Tausk 1917 nach Graz geholt. Sie lebte mit ihren
Kindern in der Netzgasse im Bezirk Lend. Nach dem Ende des Ersten Weltkrieges zog
Martha Tausk als erste weibliche Abgeordnete der Sozialdemokratischen Partei und
der Steiermark in die provisorische Landesversammlung. Der *Arbeiterwille* schreibt
dazu: „Damit ist die Gleichberechtigung erreicht."[5] 1919 wurde sie in den steirischen
Landtag gewählt. Die Christlichsoziale Partei hatte zwei Frauen in den Landtag gewählt, Marie Kaufmann und Olga Rudel-Zeynek. Gleichzeitig trat Martha Tausk auch
in den Vorstand der Allgemeinen Arbeiter-Krankenkasse (heute Gebietskrankenkas-
se) ein. Als Verfechterin der Sozialversicherung konnte sie einige Verbesserungen für
Frauen durchsetzen, vor allem in der Gesetzgebung für Heimarbeiterinnen und Hausgehilfinnen. Sie engagierte sich darüber hinaus sehr für die Aufhebung des Ehever-
botes für Frauen im öffentlichen Dienst. Eine weitere Forderung von Martha Tausk
war die Geburtenregelung (§ 144), die von ihren eigenen ParteikollegInnen zu diesem
Zeitpunkt noch vehement abgelehnt wurde[6]. Martha Tausk forderte auch, dass Ehejahre wie Arbeitsjahre versicherungspflichtig sein sollten.

1928 wurde Martha Tausk von Friedrich Adler zur Sozialistischen Arbeiter-Inter-
nationale berufen. Dort stand bis 1934 die Schweizer Arbeiterinnen-Zeitung *Das
Frauenrecht* unter ihrer Leitung. 1934 kehrte sie zurück nach Österreich, blieb hier
aber nur für einige Jahre. Der Nationalsozialismus vertrieb Martha Tausk. Sie emi-
grierte 1939 zu ihrem ältesten Sohn nach Nijmegen (Niederlande), engagierte sich in
der Flüchtlingshilfe und lebte dort bis zu ihrem Tod im Oktober 1957.

Anmerkungen

1. Der vorliegende Beitrag ist eine Zusammenfassung von Dorfer 1996.
2. Auguste Fickert war Aktivistin der liberalen bürgerlichen Frauenbewegung. Siehe dazu den Beitrag von Ursula Kubes-Hofmann, „Ehret Frauen, die nicht weben und flechten!", in diesem Band.
3. Vgl. dazu Hauch 1988.
4. Vgl. dazu Mank 1988.
5. *Arbeiterwille*, 7. November 1918, S. 4.
6. Vgl. dazu Hauch 1994.

Literatur und Quellen

Arbeiterwille, 7. November 1918, S. 4.

Dorfer Brigitte, „Eine der ersten Frauen im steirischen Landtag. Biografische Notizen zu Martha Tausk", in: Unterholzer Carmen, Wieser Ilse (Hg.), *Über den Dächern von Graz ist Liesl wahrhaftig. Eine Stadtgeschichte der Grazer Frauen*, Wien 1996, S. 157–165.

Hauch Gabriella, „Der diskrete Charme des Nebenwiderspruchs. Zur sozialdemokratischen Frauenbewegung vor 1918", in: Wolfgang Maderthaner (Hg.), *Sozialdemokratie und Habsburgerstaat*, Wien 1988, S. 101–118.

Dies., *Frauen im Parlament*, Linz 1994.

Mank Heinz, *Steiermarks Sozialdemokraten im Sturm der Zeit. Biographien, Daten, Fakten, Wahlergebnisse*. Graz 1988.

Ilse Wieser

Christine Touaillon –
Pionierin in der Literaturwissenschaft[1]

Seit frühester Kindheit wünschte sie sich leidenschaftlich, Literaturgeschichte zu studieren. Sie hatte das Glück, in eine Zeit geboren zu sein, in der dies kein unmöglicher Wunsch mehr für ein Mädchen war. 1897 wurde durch eine Verordnung des Kultus- und Unterrichtsministeriums den Frauen der Zugang zur Universität zumindest teilweise gestattet.

Sie wurde als Christine Auspitz am 27. Februar 1878 in Iglau geboren. Sie absolvierte die Volks- und Bürgerschule und legte die Reifeprüfung an einer Lehrerinnenbildungsanstalt ab. Trotz ihrer Schulerfolge erkannte sie die Mängel in der Bildung für „Höhere Töchter", ihre Richtungslosigkeit und Planlosigkeit. Sie beschloss, neben dem Studium der Germanistik als außerordentliche Hörerin das Gymnasium nachzuholen, und nahm daneben auch Privatunterricht. 1902 legte sie – wie in dieser Zeit noch üblich, weil es keine Mädchengymnasien mit Maturaabschluss samt Universitätsreife gab – eine externe Maturaprüfung an einem Staatsgymnasium für Jungen ab. Nun studierte sie als ordentliche Hörerin und begann mit ihrer Dissertation. 1905 wurde sie zum Doktor der Philosophie promoviert.

Christine Touaillon, o. J.

Schon ein Jahr zuvor hatte Christine Auspitz den Juristen Heinrich Touaillon geheiratet und zog mit ihm zuerst nach Graz, dann nach Vorau und später lebten sie in Stainz. In diesen Jahren gab sie zusammen mit Auguste und Emil Fickert das *Neue Frauenleben* heraus, die engagierte feministische Wiener Zeitschrift des Allgemeinen Österreichischen Frauenvereins (Teil der bürgerlichen Frauenbewegung). Auch ein Buch entstand in dieser Zeit: das *Altwiener Bilderbuch*. Sie war die erste Germanistin im deutschen Sprachraum, die sich wissenschaftlich mit Kinderliteratur beschäftigte. Als sie 1910 nach Stainz zog, ermutigte sie die Nähe zu Graz und seinen Bibliotheken zu einem neuen Thema: die deutsche Literatur von Frauen des 18. Jahrhunderts. Sie erkannte, dass sie für ihre Habilitation eine Pionierarbeit begann, denn es gab weder Vorbilder noch Vorarbeiten. Zwei Jahre brauchte sie allein für die Vorarbeiten, weil keine Sekundärliteratur existierte. Sechzehn deutsche Bibliotheken stellten ihr im Lauf der Jahre ihre Bücher zur Verfügung. Erst 1918 konnte sie an die Drucklegung ihres großen Werkes *Der deutsche Frauenroman des 18. Jahrhunderts* denken, in einer Nachkriegszeit voll Entbehrungen. Nachdem sich ein Verleger gefunden hatte, musste Christine Touaillon aber erst das Papier für das Buch mit 664 Seiten beschaffen. Durch die Vermittlung eines Freundes trat sie mit der Grazer Papierfabrik in Verbindung, die sich verpflichtete, 2000 Kilogramm Papier gegen 300 Kilogramm Schweinefleisch abzugeben. Rosa Mayreder notierte am 19. März 1918 über Christine Touaillon in ihrem Tagebuch: „Mit Hilfe befreundeter Bauern werde sie also in den Stand gesetzt werden, das Buch, von dessen Erscheinung ihre Dozentur an der Grazer Universität abhängt, herauszubringen.“[2] Christine Touaillon erwähnte noch im April 1919, dass die Habilitationsschrift zwar noch nicht im Buchhandel sei, „grauenhaft, wie schleppend das geht“[3], aber es könne bis dahin nicht lange dauern. Am 11. Juli 1919 lag endlich das Gesuch von Christine Touaillon zur Erlangung der Venia Legendi dem Senat der Philosophischen Fakultät der Universität Graz vor. Wie reagierte das Kollegium, das ausschließlich aus Männern bestand, auf dieses Ansinnen?

Dass Frau Touaillons Geschlecht ausschlaggebend war für die beabsichtigte zeitliche Verschleppung ihres Gesuches, beweist mit aller Deutlichkeit der Zusatz, den Professor Cuntz am 8. Dezember 1919 dem Protokoll hinzufügt:

„Das Kollegium trägt starke Bedenken, ob Frauen überhaupt im Stande sind, auf junge Männer im Alter von 18 bis 25 Jahren, in dem bestimmte spezifisch männliche Eigenschaften am stärksten hervortreten, den erforderlichen pädagogischen Einfluss zu nehmen. Mittelschüler der oberen Klassen durch Frauen unterrichten zu lassen, hat man bisher nicht gewagt. Ob das bei Hochschülern ersprießlich, ja überhaupt möglich sein wird, ist als recht fraglich anzusehen. Umso mehr muss das zweite in Betracht kommende Moment einer über die gewohnten Anforderungen hinaus festgestellten Fachbeherrschung betont werden.“[4]

Rosa Mayreder kritisierte das Grazer Professorenkollegium der Philosophischen Fakultät, „welches so engherzig verfuhr, dass ihr trotz der gesetzlich den Frauen gewährten Rechte die Habilitierung verwehrte“[5]!

Während in Graz das Verfahren bewusst verschleppt wurde, wurde Christine Touaillon 1921 in Wien als Privatdozentin für neuere deutsche Literatur zugelassen.

Sie war damit die erste habilitierte Germanistin in Österreich. Jahre der Lehrtätigkeit folgten: Sie hielt Vorlesungen über „Den Roman der Aufklärung", „Das naturalistische Drama des 18. Jahrhunderts", „Moderne Romanströmungen", „Literaturhistorische Übungen", „Moderne deutsche Lyrik", „Die Anfänge des deutschen Romans im 16. Jahrhundert", „Der Roman der Aufklärung und seine Gegenströmungen: Ritter-, Räuber- und Geisterroman" und anderes mehr.

Aber sie trug nicht nur einer akademischen Hörerschaft vor, sondern las einem gemischten Publikum im Wiener Verein Volksheim vor.

An der Grazer Urania hielt sie unter der Rubrik „volkstümlich-wissenschaftliche Einzelvorträge" Vorträge zur Geschichte des deutschen Romans. Ihre Nähe zur Sozialdemokratie bewahrte sie ihr Leben lang, trat der Partei aber nie bei. Ihren Aussagen gemäß wurde ihr sogar ein Landtagsmandat angeboten, was sie aber aus Gründen der Überlastung zurückwies. „Konkret umgangssprachlich ausgedrückt: Sie zerspragelt sich."[6]

Sie war aktives Mitglied der Internationalen Frauenliga für Frieden und Freiheit und führte zugleich auch das Leben einer bürgerlichen Hausfrau, die Gäste und Haushalt umsorgte und auch den in seinem Beruf als Notar überlasteten Gatten. Für die Kinder, die sie im Sommer beherbergte, schrieb Christine Touaillon „Katzengeschichten". In *Murillos Abenteuer. Ein Katzenmärchen* spielte sie liebevoll auf die Kinderlosigkeit ihrer Ehe an.

Im 50. Lebensjahr stirbt Christine Touaillon überraschend. Im Frühjahr war sie in die psychiatrische Abteilung des Landesnervenkrankenhauses „Feldhof" in Graz eingeliefert worden, mit der einweisenden Diagnose „Klimakterium". Sie starb am 15. April 1928, wie die Obduktion ergab an einer Entzündung der Herzinnenwand, in deren Folge eine Hypertrophie des Herzens sowie Embolien im Gehirn auftraten.

Obwohl Christine Touaillon selbst von der Verschleppung des Habilitationsverfahrens in Graz unabhängig geworden war, weil sie die Dozentur an der Wiener Universität bekam, waren Methoden und Auswirkungen des De-facto-Frauenausschlusses von den höheren akademischen Graden in Graz bemerkenswert. Am 1. Dezember 1919 beschloss eine eigens dafür geschaffene Kommission der Philosophischen Fakultät, dass die weiblichen Habilitationsbewerberinnen eine höhere Qualifikation als männliche Bewerber aufweisen müssten, weil

„[…] erfahrungsgemäß Unterschiede zwischen der durchschnittlichen Begabung der beiden Geschlechter bestehen, welche zu Bedenken in Bezug auf die Originalität und Selbständigkeit weiblicher Privatdozenten Anlass geben und ihre Befähigung in Frage stellen können, auf männliche Hörer den erforderlichen pädagogischen Einfluss zu üben."[7]

Frauen mussten nicht nur wie die männlichen Bewerber eine Befähigung zum wissenschaftlichen Arbeiten belegen, sondern als „unerlässliche Bedingung" den Nachweis des gesicherten wissenschaftlichen Rufes erbringen. Trotz dieses rechtlichen Verstoßes wurde der Beschluss mit Zweidrittelmehrheit von der philosophischen Fakultätssitzung angenommen.

Am Germanistischen Institut in Graz wurde erst im Jahr 1993 eine Frau[8] erfolgreich habilitiert.

Anmerkungen

1 Der vorliegende Beitrag beruht auf Leitner 1991.
2 Ebd., S. 20.
3 Ebd., S. 28.
4 Ebd., S. 39.
5 Ebd., S. 25.
6 Schnedl-Bubenicek 1985, S. 72.
7 Leitner 1991, S. 38.
8 Beatrix Müller-Kampel, Habilitation 1993.

Literatur

Leitner Rainer, *Christine Touaillon, geb. Auspitz, 1878 – 1928, Gelehrte und Feministin. Versuch eines Portraits.* Dipl.-Arb., Graz 1991.
Schnedl-Bubenicek Hanna, „Wissenschafterin auf Umwegen. Christine Touaillon, geb. Auspitz (1878 – 1928). Versuch einer Annäherung", in: Huber Wolfgang J., Ardelt Rudolf G., Staudinger Anton (Hg.), *Unterdrückung und Emanzipation. Festschrift für Erika Weinzierl zum 60. Geburtstag*, Wien–Salzburg 1985, S. 69–80.

Ilse Wieser

Eva & Co – Künstlerinnengemeinschaft und erste feministische Kulturzeitschrift Europas[1]

1975, im von der UNO proklamierten „Jahr der Frau" wurde in Wien von Valie Export, der großen Wiener Künstlerin, eine Ausstellung organisiert, an der ausschließlich Frauen teilnahmen. Europaweit war es das erste Mal, dass ausschließlich Künstlerinnen beteiligt waren und ganz dezidiert feministische Ansprüche gestellt wurden. Zwei Jahre später gründeten Wiener Künstlerinnen die erste österreichische Künstlerinnengemeinschaft intAkt. „In Graz hingegen arbeiten Künstlerinnen wie Erika Thümmel, Veronika Dreier, Doris Jauk-Hinz, Friederike J. Nestler-Rebeau, Irmgard Schaumberger und Eva Ursprung noch weitgehend allein. Die Künstlerinnen kennen einander zwar, die Kontakte sind aber lose."[2] Dann fand im Rahmen des steirischen herbstes die Ausstellung *feminin – maskulin* statt: Jedes zweite Kunstwerk stammte von einer Künstlerin! Das war außergewöhnlich, Aufsehen erregend. Der offizielle Kunstbetrieb hakte aber anscheinend das Thema wieder ab.

Ein paar Jahre später, 1982, gründeten künstlerisch interessierte Frauen aus Graz wie Veronika Dreier, Dorothea Konrad, Silvia Ulrich, Eva Ursprung und Anne Wrulich die feministische Kulturzeitschrift *Eva & Co*. Damit wollten die Künstlerinnen verstärkt in eine Öffentlichkeit drängen, die von einer männerdominierten, sexistischen Kulturpolitik determiniert wurde. Die Künstlerinnen fühlten sich in dieser Welt selbstherrlicher Künstler nicht heimisch. „‚Eva & Co' wurde nicht zuletzt deshalb gegründet, weil wir Künstlerinnen bei der Stange halten wollten. Ich bezweifle, daß viele von uns ohne ‚Eva & Co' heute noch Künstlerinnen wären."[3]

Die erste Nummer, die 1982 erschien, vertrat eindeutig kulturpolitische Forderungen, es wurden in der gleichnamigen Galerie Eva & Co in der Annenstraße 71 Gruppenausstellungen organisiert, Konzerte, Performances, Lesungen und Aktionen. Das erste Heft wurde noch ohne Subventionen selbst hergestellt, die Texte wurden getippt, Layouts geklebt. Vierundzwanzig Hefte erschienen insgesamt in den zehn Jahren des Bestehens von *Eva & Co*.

1986 wurde von Eva Ursprung und Veronika Dreier die Künstlerinnengemeinschaft Eva & Co gegründet und auch Erika Thümmel kam dazu. Nun traten die Künstlerinnen nach einer Pause verstärkt wieder an die Öffentlichkeit, vor allem mit Kunstaktionen. Die Künstlerinnen regten sich gegenseitig an, motivierten und stärkten einander – jenseits des Geniekultes und der Selbstherrlichkeit und Selbstüberschätzung männlicher Kollegen. Erika Thümmel sagte, dass ihr die Berufsbezeichnung „Künst-

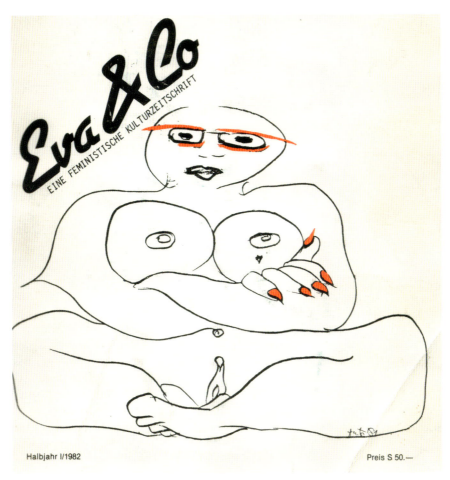

Cover von Eva & Co, Heft 1, 1982

lerin" zunächst nur schwer über die Lippen gekommen war und erst die Aufnahme in die Sozialversicherung für KünstlerInnen bei ihr eine Selbstverständlichkeit als Künstlerin bewirkt hätte. Aber einer Festschreibung als „Frauenkunst" entziehen sich die Künstlerinnen, dieses Etikett wollen sie nicht[4]. Durch die Künstlerinnengemeinschaft werden die Künstlerinnen nicht auf ihr Geschlecht reduziert, sondern es soll an die jeweilige Kunstschaffende mit ihrer Produktion erinnert werden.

1986 entwarfen Erika Thümmel und Veronika Dreier gemeinsam die legendäre „Pud-Ding-Frau" und präsentierten sie im Rahmen des Grazer Universitätsfestes „Unitopia". Diesem ersten Ansatz von Eat Art folgte 1989 eine erste Herausgabe der *Freßhefte*, eine zweite 1990 im Rahmen der feministischen Buchmesse in Barcelona. Einige Exemplare davon wurden in der Londoner National Art Gallery ausgestellt und fotografisch archiviert[5].

Veronika Dreier vor der
Würdigungstafel für Eva & Co
in der Rottalgasse 4
(ehemaliger Redaktionssitz),
FrauenStadtSpaziergang
am 20. September 2003

Veronika Dreier sagt zu ihrer Kunst: „Wichtig ist die künstlerische Tätigkeit. Die Aktion und das, was sie bewirkt, sind von Bedeutung. Nichts anderes.“[6] Die vielfältigen, auch internationalen Aktivitäten von Eva & Co, auch im Rahmen der IAWA, der internationalen Künstlerinnengemeinschaft, brachten aber schließlich das Resümee, dass zehn Jahre Alibi für die schlechte Präsenz der Frauen im Kunstbetrieb genug waren. Sie hatten genug vom Organisieren, sie wollten nur mehr ihre Kunst machen: Es lag nun an der Allgemeinheit, dafür zu sorgen, dass Frauen mehr in der Öffentlichkeit präsent seien[7].

„Ein letztes Mal noch geben sich die Künstlerinnen um ‚Eva & Co‘ 1992 die Ehre: Sie treffen sich zum pompösen Leichenschmaus, bekocht von Erika Thümmel – nach Kochrezepten von Katharina Prato.“[8]

Anmerkungen

1   Der vorliegende Beitrag ist eine Zusammenfassung von Unterholzer 1996.
2   Ebd., S. 279.
3   Ebd., S. 281.
4   Ebd., S. 282.
5   Ebd., S. 289.
6   Ebd., S. 287.
7   Siehe „Das Manifest – Eva & Co hat den Freitod gewählt!“ in diesem Band.
8   Unterholzer 1996, S. 293.

Literatur

Unterholzer Carmen, „Mit der Absage an den Geniemythos kam die Lust an der Kunst. Zu Veronika Dreier, Erika Thümmel und zur Geschichte von Eva & Co", in: Unterholzer Carmen, Wieser Ilse (Hg.), *Über den Dächern ist Liesl wahrhaftig. Eine Stadtgeschichte der Grazer Frauen*, Wien 1996, S. 275–295.

Die feministische Küche als brodelnder Topf für neue Gedanken serviert ein neues Gericht:

DAS MANIFEST

Eva & Co hat den Freitod gewählt!

o Eva hat gesündigt. Viel zu lange haben wir wider besseres Wissen durchgehalten mit unseren nicht markt-konformen Bestrebungen. 10 Jahre Eva & Co - Künstlerinnengemeinschaft und feministische Kulturzeitschrift sind genug! (oder zu viel?)

o Eva & Co macht den ersten Schritt, andere Institutionen könnten uns folgen! Viele wären schon längst fällig und bestehen nur noch weiter weil sie zu feige sind die Konsequenzen aus ihrer paradoxen und unproduktiven Arbeit zu ziehen. Frauen sind mutiger!

o Wir fragen uns nun nicht nur mehr heimlich: "Wofür ?"

o Die Zeitschrift Eva & Co war teuer und elitär. Wir haben es nicht geschafft daraus ein Massenblatt zu machen.Konsumierbarkeit ist alles - möglichst leicht verdaulich, unterhaltsam, allen zugänglich, nicht zu anstrengend und bitte nicht zu ernst!

o Eva & Co war ein Alibi für die schlechte Präsenz der Frauen in der Kunstbetriebsamkeit. Wir sind nicht mehr länger Alibi! Es liegt in der allgemeinen Verantwortlichkeit, daß Frauen in der Öffentlichkeit mehr präsent sind.

o Und überhaupt: Kunst wird nicht gewollt - man macht sich persönlich zum Volksfeind. Die öffentlichen Stellen erhalten zwar dürftig am Leben. Aber man hat den Eindruck, daß diese auch nicht genau wissen warum, sondern nur zu feige sind den Geldhahn ganz abzudrehen.

o Ein Staatsfeind als Schmuckstück? Kunst als Dekoration für Politiker, modische Großstadtbürger und imagebewußte Konzerne. Kunst als Lockmittel für Touristenströme. Graz als Kulturstadt.

o Der Inhalt der Kunst, das Umstürzlerische, Revolutionäre, in Frage Stellende wird totgeschwiegen. Diskutiert wird nur Formales, Floskeln wie "Freiheit der Kunst", der Kunstmarkt etc.

o Wir wissen um die Narrenfreiheit der Künstler, aber wir wollen nicht länger die Narren sein. Uns ist es ernst mit den Inhalten!

o Heute wird alles über Geld bewertet. Was wir machen hat offenbar wenig oder keinen Wert - wir ziehen die Kon-sequenzen. Interessant ist die Kunst nur als finanzielle Spekulationsware.

o Wir lehnen Kunst ab! Frauen hört endlich auf Kunst zu machen, es ist sinnlos! Und denkt daran: Frauenkunst ist nicht in! Der überall wachsende Rassismus fordert seine Opfer. Wir sind nicht das erste!

o Wir weigern uns weiterhin Kunst zu produzieren! Parties sind billiger und schmücken kann man sich auch mit anderem.

o Der Erfolg hat uns umgebracht. Und nicht nur uns - blos wir lassen uns weder verbeamten, noch verheizen, noch beschwichtigen!

o Kunst soll ein Labor sein. Das Experimentieren muß in seiner Wichtigkeit erkannt und gefördert werden - es ist notwendig für jegliche Neuerung und unabdingbar fürs Überleben.

o Wir fordern die Vielfältigkeit der Kunst und nicht lehrerhafte Entscheidungen was Kunst ist.

o Kunst ist politisch, gesellschaftlich relevant, alltäglich.

o Künstlerinnen sollen perfekte Hausfrauen, Organisatorinnen, Managerinnen, Galeristinnen etc. sein - Schluß damit! Organisieren dürfen in Zukunft die Männer, wir werden uns auf unsere Kunst konzentrieren.

o Es reicht nicht aus Künstlerinnen in Vereinen zu organisieren. Wir werden bessere Kampfstrategien entwickeln und uns neu formieren! Wir werden alles infiltrieren. Wir gehen in den Untergrund und in den Himmel. Und Achtung wir werden uns in Zukunft tarnen!

o Ab jetzt lassen wir unserem Wahnsinn wieder freien Lauf.

o Künstlerinnen werden überall so präsent sein, wie in Eva & Co.

o Wir fordern daher: 10 Jahre nur mehr Kunst von Frauen!

Wir sind gewesen:
Eva Ursprung, Veronika Dreier, Erika Thümmel, Reni Hofmüller

1992, Faksimile. Archiv Erika Thümmel

Ilse Wieser

Frauengesundheit

„Jahrhundertelang war die Geburtshilfe ausschließlich Angelegenheit der Frauen – Männer gehörten nicht ans Kreißbett. Die Frauen halfen sich gegenseitig oder holten eine erfahrene Frau, die Hebamme. Etwa mit dem Beginn der Neuzeit versuchten männliche Ärzte, in den geburtshilflichen Bereich einzudringen, und damit begann eine Entwicklung, die in den nächsten Jahrhunderten die Geburt und ihr kulturelles Umfeld radikal änderte."[1]

Die ersten Hebammen wurden im 16. Jahrhundert von der Stadt Graz und den steirischen Ständen angestellt. Diese Anstellungen waren begehrt und waren zwar nicht üppig, aber immerhin regelmäßig bezahlt. „Auffällig ist, daß die meisten freiberuflichen Hebammen bereits ältere und/oder verwitwete Frauen waren."[2] Der Beruf war strapaziös, schlecht bezahlt – oft arbeiteten die Hebammen nur für „Gottes Lohn". Wenn eine Hebamme krank wurde oder ein hohes Alter erreichte und nicht mehr arbeiten konnte, geriet sie in große Armut. In dieser Zeit wurden in vielen Städten die oft üppigen Wochenbettfeiern gesetzlich abgeschafft. Erstmals spielte die Angabe des Namens des Kindesvaters eine Rolle: Er musste im so genannten Hebammenbüchlein notiert werden.

Die Ausbildung der Hebammen erfolgte bis zur Mitte des 18. Jahrhunderts in Form einer zwei- bis dreijährigen Lehre. Wurden die Hebammen angestellt, mussten

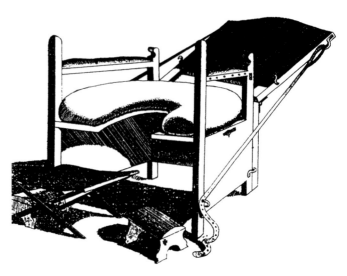

Gebärstuhl, um 1779

sie eine Prüfung bei einem (männlichen) Arzt – Frauen durften in Österreich bis 1900 nicht regulär Medizin studieren – ablegen und auch bei einem Pfarrer.

In der Zeit der Aufklärung rückte die Gesundheit der Bevölkerung ins Blickfeld der Herrscher und damit auch die Welt der Geburtshilfe. Diese sollte systematisiert werden. Außerdem sollte sie kontrollierbar gemacht werden, so wie die gesamte Bevölkerung. Dabei entdeckten die Ärzte die Hebammen, die von der Bevölkerung respektiert wurden. Von den Ärzten wurden sie nicht nur als „Laien" klassifiziert, sondern auch als „abergläubische Weiber" und als „der Sache unkundige Menschen" bezeichnet.[3] Die Geburt wurde von ärztlicher Seite nicht mehr als natürlicher Vorgang, sondern als Krankheit angesehen: „Die Schwangeren waren in ihren Augen kranke Frauen, denen nur die wissenschaftliche Medizin helfen konnte."[4] Das Symbol der Hebammen waren ihre „weisen Hände". Diese wurden nun abgelöst vom Symbol der neuen männlichen Geburtshilfe – der Geburtszange. Der erste offizielle Hebammenlehrer in Graz wurde 1758 ernannt und es wurde versucht, alle Hebammen von ihm prüfen zu lassen.

Als 1726 das Armenhaus in der „Murvorstadt" gebaut wurde, wurde die Gasse davor die „Armenhausgasse" genannt. Nach seiner Fertigstellung beherbergte es gleich 112 Frauen, 239 Findelkinder und 49 Männer. Sieben Jahre danach wurde das Armen- und Zuchthaus daneben gebaut. 1750 wurde das Armenhaus erweitert. 1813 wurde ein öffentliches Arbeitshaus errichtet – eine Zwangsarbeitsanstalt. Zuvor, 1764, war im alten Trakt, dem Bäckerstöckl, erstmals in Graz eine Gebäranstalt für ledige Mütter eingerichtet worden. Bis 1789 befand sie sich in diesem Haus (heute Albert-Schweitzer-Gasse 28–38[5]).

„Meist waren es Dienstboten und Kellnerinnen – für verheiratete Frauen wäre es absolut gesellschaftswidrig gewesen, im Gebärhaus zu entbinden."[6] Die wenigen ehelichen Kinder, die hier geboren wurden, waren die Kinder der Angestellten und Hebammen der Anstalt.

Die Zahl der in der Anstalt versorgten Schwangeren stieg kontinuierlich, 1830 waren es 1.211, in den 1850ern schon 1.741. Die angeschlossene Findelanstalt nahm die ungewollten Kinder der betreuten Frauen auf, aber auch viele andere: in den 1860ern waren es 4.200.

Die armen ledigen Schwangeren wurden unentgeltlich in die Gebäranstalt aufgenommen und mussten sich dafür zum geburtsärztlichen Unterricht sowie zum Ammendienst in der Findelanstalt verwenden lassen.

„Die Schwangeren waren Demonstrationsobjekte, an denen die Studenten ihre ersten handgreiflichen Übungen vornehmen konnten. Es gab keine Schamgrenzen – der weibliche Körper wurde unbegrenzt für Untersuchungen und operative Eingriffe benutzt. Die unentgeltlich Aufgenommenen wurden zusätzlich noch mit einer ihren Umständen entsprechenden Arbeit versorgt, durften aber […] nicht zum Heizen der Öfen und zum Wassertragen herangezogen werden.
Jene Frauen, die für den Aufenthalt in der Anstalt die höchste Verpfleggebühr (1 fl. täglich) zahlten, lagen in Einzelzimmern und hatten eine eigene Wärterin zur Verfügung, Frauen der Verpflegtaxe 2. Klasse (30 kr. täglich) lagen zu

zweit in einer Stube und hatten eine gemeinsame Pflegerin. Die Frauen, die täglich nur 10 Kreuzer zahlten, waren, wie die unentgeltlich aufgenommenen, in gemeinschaftlichen Sälen untergebracht und gebärten in einem gemeinsamen Kreißzimmer mit acht Betten, wohingegen jene der Verpfleggebühr der ersten und zweiten Kategorie auf ihren Wohnstuben ihre Kinder zur Welt brachten.“[7]

Jene Schwangeren, die anonym gebaren, konnten eine so genannte „Aufnahmstaxe“ zahlen, damit ihr Kind in der Findelanstalt bleiben konnte. Die Sterblichkeit dieser Kinder war aber erschreckend hoch: 51 Prozent starben vor dem ersten Geburtstag (Durchschnitt der Kindersterblichkeit insgesamt in der Steiermark bei 25 Prozent). Die Sterblichkeit der Frauen dürfte auch höher als die der Männer gewesen sein, denn es starben in den meisten untersuchten Jahren doppelt so viele Frauen wie Männer im Spital[8]. Die Gebäranstalt hatte den Zweck, einerseits „Unterstand und Hilfe für schutzlose Wöchnerinnen“ zu gewähren, andererseits auch Kindesmorden vorzubeugen. Kindestötungen wurden von der Kirche aufs Schärfste verfolgt, auch die uneheliche Schwangerschaft bedeutete Schande und öffentliche Buße, die Abtreibung war verboten. Offensichtlich gab es Abtreibungen, die von Hebammen durchgeführt wurden, obwohl es ihnen bei Strafe des Berufsverbotes untersagt war. So stellte Schwangerschaft eine Bedrohung für die Integrität und die Existenz von unverheirateten (armen) Frauen dar. In der zweiten Hälfte des 18. Jahrhundert nahmen die unehelichen Geburten auffällig zu. Findlinge wurden eine Massenerscheinung.[9]

> „Gleichzeitig mit der zunehmenden Anerkennung der männlichen Mediziner und der damit verbundenen Ausweitung ihrer geburtshilflichen Tätigkeit gehen hochqualifizierte Aufgabenbereiche der Hebammen auf die Ärzte über. Der Einfluß der Frauen in der Medizin wird schrittweise zurückgedrängt – Frauenheilkunde und Geburtshilfe werden ‚Männersache‘.“[10]

Dass diese Situation heute nicht mehr unhinterfragt ist, sondern immer wieder stark kritisiert wird, ist den Feministinnen und Frauengesundheitszentren der Neuen Frauenbewegung zu verdanken. Sie vermitteln einen frauenspezifischen Blick auf Sexualität und Körper von Frauen und gründen ihren Blick auf Selbstwahrnehmung. Schon in den 1970ern wurden von den Frauenzentren Selbstuntersuchungen angeboten. Es wurde die Männerzentriertheit von Verhütungsmitteln kritisiert und dafür gekämpft, dass die Abtreibung entkriminalisiert wird. Seit 1993 gibt es in Graz ein Frauengesundheitszentrum[11], das seine Arbeit zweigleisig anlegt. Zum einen richtet es sich an die betroffenen Frauen und bietet Selbsthilfegruppen zu den Themen „Brustkrebs aktiv begegnen“, „Frauenselbsthilfe nach Brustkrebs“, „Dick und Fit“, „Beweglich bis ins hohe Alter“, „Beckenbodentraining“, „Bauchtanz“, „Essstörungen“ und „Weibliche Körperlichkeit“, womit Unterstützung und Empowerment geleistet wird. Auch Weiterbildungsangebote in Form von Kursen, Vorträgen, Workshops zu den Themen Selbsthilfe, Erfahrungsaustausch, Körperwahrnehmung, Bewegung, Gesundheitsförderung und Krankheitsbewältigung, Krebsfrüherkennung und kritische

Infotafel des Frauengesundheitszentrums, 2004

Konsumentinneninformation werden für interessierte Frauen, aber auch für Multi-plikatorInnen angeboten.

Zum anderen setzt sich das Frauengesundheitszentrum dafür ein, dass im Ge-sundheitswesen frauengerecht Qualität gesichert wird, auch im Sinne des Gender Mainstreaming. Intensive Öffentlichkeitsarbeit und Angebote für die Zusammen-arbeit mit EntscheidungsträgerInnen im Gesundheitswesen sind ein wichtiger Teil der Arbeit des Frauengesundheitszentrums in Graz.

Anmerkungen

1   Der vorliegende Beitrag beruht auf Krenn-Simon 1996; hier S. 14.
2   Ebd.
3   Ebd., S. 25 f.
4   Ebd., S. 16.
5   Vgl. Zügner 2001.
6   Krenn-Simon 1996, S 27.
7   Ebd., S. 29 f.
8   Mittelbach 1971, S. 108.
9   Vgl. Pawlowsky 2001, S. 6.
10 Krenn-Simon 1996, S. 33.
11 Siehe die Website des Frauengesundheitszentrums in Graz – http://www.fgz.co.at/; vgl. auch Groth 1999.

Literatur

Groth Sylvia, „Bewegte Frauengesundheit. Die österreichische Frauengesundheitsbewegung und die frauenspezifische Gesundheitsförderung des Frauengesundheitszentrums Graz", in: dies., Rásky Éva (Hg.), *Frauengesundheiten*, Innsbruck-
Wien 1999, S. 82–95.

Krenn-Simon Heidemarie, „Von der ‚weisen Frau‘ zur staatlich kontrollierten Geburtshelferin – Hebammen in Graz", in: Unterholzer Carmen, Wieser Ilse (Hg.),
*Über den Dächern von Graz ist Liesl wahrhaftig. Eine Stadtgeschichte der Grazer
Frauen*, Wien 1996, S. 14–34.

Mittelbach Gustav, „Aus dem I. Sterberegister des Grazer Zivilspitals (1788 – 1820)
und dem Geburts- und Taufprotokoll des Gebärhauses aus derselben Zeit", in:
Blätter für Heimatkunde 45 (1971) 4, S. 104–112.

Pawlowsky Verena, *Mutter ledig – Vater Staat. Das Gebär- und Findelhaus in Wien
1784 – 1919*, Innsbruck 2001.

Zügner Karin, *Bauanalyse der Firma Arctos, im Auftrag der Geriatrischen Gesundheitszentren der Stadt Graz*. Unveröffentl. Manuskript, Graz 2001.

Brigitte Dorfer

Frauenprojekte der
Neuen Frauenbewegung

„Immer wieder für tot erklärt, ist die Neue Frauenbewegung doch eine der bedeutendsten sozialen und politischen Bewegungen der letzten zwei Jahrzehnte. Sie hat das Geschlechterverhältnis, das gesellschaftliche Bewußtsein und das
individuelle und kulturelle Selbstverständnis an den unterschiedlichsten sozialen Orten verändert."[1]

Eine dieser Veränderungen war die Gründung von autonomen oder institutionell organisierten, feministischen oder frauenbewegten Gruppen, Projekten oder Einzel-
initiativen.

Zwei Beispiele seien stellvertretend für die Grazer Frauenprojekte erwähnt:
Der Verein Frauenservice Graz wurde 1984 unter dem Namen Verein Frauenberatung und Selbsthilfe gegründet. „Gründerinnen des Vereins waren ein Kreis von
engagierten Frauen, eine Projektgruppe des Jahrganges der Sozialakademie, Studentinnen, berufstätige Frauen und arbeitslose Frauen, die sich als Teil der autonomen Frauenbewegung verstanden."[2]
Die erste Frauenberatungsstelle in Graz wurde im Dezember 1984 in den Räumen
der Triesterstraße 97 durch den Bürgermeister Alfred Stingl eröffnet. Die Themenbereiche, mit denen sich die ersten Mitarbeiterinnen und Unterstützerinnen beschäftigten, waren unter anderem die Benachteiligung von Frauen, Gewaltanwendung gegen
Frauen, Ungleichheit am Arbeitsmarkt und Tabuisierung des Schwangerschaftsabbruchs. Allen gemeinsam war das Interesse an feministischer Frauenarbeit.
Der Verein Frauenberatung und Selbsthilfe ist bis heute den Prinzipien feministischer Bildungsarbeit – Freiwilligkeit, Ganzheitlichkeit, Parteilichkeit und Wahrung
der Anonymität – treu geblieben. „Die Frauenberatung verstand sich als Einrichtung,
die Frauen mit sozialen, arbeitsmarktbezogenen, juristischen, psychischen und me-
dizinischen Problemen und Fragen unbürokratisch Hilfe, Unterstützung und Beratung anbietet"[3], so Ingrid Franthal, Geschäftsführerin des Frauenservice. Im Mai 1987
übersiedelte die Frauenberatungsstelle in größere Räumlichkeiten am Marienplatz 5.
1990 wurde der Verein um das Forschungsreferat (bis 1997), 1991 um das Bildungsreferat erweitert. In diesem Jahr wurde der Vereinsname dem Angebot entsprechend
geändert in Frauenberatung – Bildung – Forschung. Noch zwei weitere Namens-
änderungen folgten, 1994 in Verein Frauenberatungsstelle Graz, Beratung, Bildung,
Forschung und im Herbst 1997 in Verein Frauenservice Graz. Ab Mai 1995 wurde
über Auftrag des Arbeitsmarktservice die Beratungsstelle ZiB – Zurück in den Beruf

Hausschild der Frauenberatungsstelle am Marienplatz 5, o. J.

in der Keplerstraße errichtet, da jedoch die Weiterfinanzierung nicht gewährleistet war, wurde die Beratungsstelle 1997 geschlossen.

Seit Ende 1997 befinden sich die Räumlichkeiten des Vereins Frauenservice in der Idlhofgasse 20. Neben anderen Projekten innerhalb des Vereins Frauenservice (Handel im Wandel, Beratungsstelle für Prostituierte) wurde mit 1. Mai 1999 das Café Palaver[4], ein Stadtteilprojekt im Bezirk Gries, eröffnet. Die Beratungsstelle wurde im Jahr 2000 für 2621 Beratungen von Frauen aufgesucht. Angeboten werden juristische Beratung, Sozial- und Arbeits(losen)beratung, psychologische und medizinische Beratung.

Das Bildungsreferat bietet themenzentrierte Gruppen, Seminare und Kurse an (zum Beispiel Selbstverteidigung, therapeutische Gruppen, FrauenComputerKurse, Schreibwerkstätten, Selbsthilfegruppen) und die FrauenStadtSpaziergänge[5]. Von der damaligen Bildungsreferentin Bettina Behr wurde mit Unterstützung von Brigitte Dorfer und Ilse Wieser sowie weiteren Grazer Frauenorganisationen ab dem Jahr 2000 das Projekt 20+03 WOMENT!-ORTE entwickelt und mit dem Frauenservice als Netz-Partnerin durchgeführt. Seit der Wiedereröffnung des ZiB – Zurück in den Beruf (im Jänner 1998) werden Gruppenmaßnahmen/Kurse zur Integration von Frauen in den Arbeitsmarkt angeboten.

Das Stadtteilprojekt Palaver bietet ein Café (bis 2003 als Beschäftigungsprojekt), eine Schreibstube, Veranstaltungen, Seminare und Workshops (Kulturveranstaltungen, Ausstellungseröffnungen, Kinderwerkstätten, Diskussionsveranstaltungen, Kreativ- und Technikworkshops) an.

Der Verein Frauenservice Graz ist zusammen mit anderen Fraueneinrichtungen, wie etwa Danaida und Mafalda, eingebunden in die Vernetzung „Schlaflose Nächte"

Frauenservice, Kursraum, Tag der offenen Tür, 20. Oktober 1998

(mit dem Ziel der Durchsetzung einer gesetzlichen und dauerhaften finanziellen Absicherung der Einrichtungen in Form einer Basisfinanzierung) sowie in das lokale Netzwerk Thekla und andere regionale und nationale Netzwerke.

Das zweite Beispiel für ein Grazer Frauenprojekt ist der Verein Danaida – Bildung und Treffpunkt für ausländische Frauen[6].

> „Angeblich waren die ersten Fremden, von denen uns die griechische Mythologie berichtet, Frauen – eben die Danaiden. […] Die Danaiden […] waren die Nachkommen der Io, die selbst schon als eine Art Migrantin wie verrückt von einem Kontinent zum anderen irrte. Die Danaiden waren Verweigerinnen und sie waren mächtig, da sie die Kunst des Wasseraufbringens und des Brunnenbaus beherrschten."[7]

Der Verein Danaida wurde 1991 gegründet. Zwei Frauen wurden für die Projektvorbereitung angestellt und im Februar 1992 wurde die Beratungsstelle in der Keplerstraße 42 eröffnet. Neben dem Beratungsangebot wurden Deutsch- und Orientierungskurse, Gesprächsgruppen für ausländische Frauen, Selbsthilfegruppen und diverse Informationstage angeboten. Die Beratungsstelle musste mangels Finanzierung im Juni 1993 geschlossen werden, die Mitarbeiterinnen wurden gekündigt.

Im Februar 1994 wurde die Beratungsstelle wieder eröffnet, es wurden aber nur mehr vereinzelt Beratungen durchgeführt. Der Verein Danaida bietet seit 1991 Deutschkurse und seit 1995 auch Alphabetisierungskurse für ausländische Frauen sowie seit 2000 „Spielerisch Deutsch lernen" für Volksschulkinder aus MigrantIn-

Hausschild von Danaida am Marienplatz 5, 2004

nenfamilien an. Pro Jahr nehmen etwa 350 Frauen aus 30 verschiedenen Ländern an den Kursen von Danaida teil. Begleitende Kinderbetreuung ist ein grundsätzliches Prinzip des Vereins, da es sonst vielen Frauen wegen ihrer Familienpflichten nicht möglich wäre, einen Kurs zu besuchen. Der Verein bietet auch Workshops und Seminare zu aktuellen Themen an sowie Computerkurse, Fahrradkurse und andere Bildungs- und Freizeitaktivitäten.

Danaida hat auch an EU-Projekten mitgearbeitet (unter anderem Amigra – Projekt zur Förderung der beruflichen Perspektiven von Migrantinnen). Im Jahr 2003 hatte Danaida vierzehn Mitarbeiterinnen (alle in Teilzeit oder geringfügig beschäftigt).

Anmerkungen

1 Geiger, Hacker 1989, S. 7.
2 Verein FRAUENSERVICE 1999, S. 6 (auf der Website von Frauenservice http://www.frauenservice.at/ ist ein Download der Broschüre möglich).
3 Ebd.
4 Siehe den Beitrag von Sabine Fauland, „Stadtteilcafé Palaver – der WOMENT!-INFOPOINT 2003", in diesem Band.
5 Siehe die Beiträge von Uma Höbel, „FrauenStadtSpaziergänge und Frauenservice – UmSchreibung und AnEignung", von Brigitte Dorfer, „Vom Hören und Sehen: das Sichtbarmachen der Grazer Frauen", und von Ilse Wieser, „Die Stadt und ihre Erzählungen", in diesem Band.
6 Siehe aktuelle Informationen des Vereins Danaida auf der eigenen Website http://www.danaida.at.
7 Danaida o. J., S. 23.

Literatur und Quellen

Danaida. Bildung und Treffpunkt für ausländische Frauen, o. O., o. J. (aus Anlass des 10-jährigen Bestehens).

Geiger, Brigitte, Hanna Hacker, *Donauwalzer Damenwahl. Frauenbewegte Zusammenhänge in Österreich*, Wien 1989.

Verein FRAUENSERVICE (Hg.), *1984 – 1999. 15 Jahre Beratung und Bildung im Interesse von Frauen*, Graz 1999.

Ilse Wieser

Frauenzentrum Bergmanngasse –
Erstes Frauenzentrum der Steiermark[1]

„Wir wollen ein Fraueninformationszentrum eröffnen und Informationen ohne (vorerst) Ideologie weitergeben … wir wollen aufzeigen, warum Informationen schwer zugänglich sind, aber vor allem wollen wir diese Informationen liefern! … Aber wir beabsichtigen nicht, die Frauen, die zu uns kommen, politisch in irgendeiner Weise zu indoktrinieren."[2]

Zur Eröffnung des ersten Frauenzentrums in Graz im Juni 1977 gab es ein Frauenfest, zu dem Männer nicht geladen waren. Daraufhin war in einer Grazer Zeitung zu lesen, dass dies ein „Frauentempel" sei: „Im ersten Frauenzentrum probt man den Aufstand gegen die Vorherrschaft der Männer!"[3] Erstmals wurden Männer entschieden ausgeschlossen und das wurde in dieser Zeit heftig kommentiert.

Die Frauen, die das Frauenzentrum gründeten, kamen meist aus verschiedenen „linken" Lagern studentischer Kreise, zum Beispiel dem Verband Sozialistischer Studenten (VSSTÖ), der Liste unabhängiger Mediziner, dem Roten Frauen Komitee,

Einige Gründerinnen des Frauenzentrums Bergmanngasse beim FrauenStadtSpaziergang am 5. Juli 2003, v. l. n. r.: Christine Katharina Krassnig, Riki Winter, Claudia Hannemann, Ilse Reinprecht, Claudia Mackiewicz, Agnes Kurtz

aber auch aus dem so genannten „Kirchenkampfkomitee" (Komitee zur Trennung von Staat und Kirche). Frauen wurden in diesen Gruppierungen als politische Kolleginnen nicht ernst genommen und verspürten ein Unbehagen, das schließlich darin mündete, gemeinsam aktiv zu werden.

Die Gründerinnen und die Frauen in ihrem Umfeld waren unter anderen: Agnes Kurtz, Ilse Reinprecht, Riki Winter, Christa Krassnig, Nancy Lyon, Claudia Hannemann, Helga Lazar, Andrea Wolfmayr, Gabi Bauer, Sissi Tax.

Sie wollten die „Innenschau" der Selbsterfahrungsgruppen (gemeint war die Selbsterfahrungsgruppe um Gerlinde Schilcher, die unter dem Pseudonym Judith Jannberg mit ihrem Buch *Ich bin ich* bekannt geworden ist) hinter sich lassen und mit ihrem Wissen und ihren Erfahrungen nach „außen" gehen. Fünfzehn Frauen waren Vereinsmitglieder, ihr Vereinslokal bestand aus einem Raum, der sich als Teil des Vereinslokals des VSSTÖ in der Bergmanngasse 6, mit Eingang in der Hilgergasse 1, befand. Mittwoch- und freitagabends war geöffnet.

Es wurde diskutiert, gestritten, Informationsmaterial ausgearbeitet, die brisante Frauenliteratur der 1960er und 1970er Jahre gelesen und kommentiert. An den Mittwochabenden wurde ab 1978 zu Referaten eingeladen, zum Beispiel „Frauen – das verrückte Geschlecht?", „Lohn für Hausarbeit?", „Frauenmedizin", „Abtreibung" und „Frauenarbeit". Außerdem wurde zur rechtlichen Situation von Frauen und zur Frauenbewegung gearbeitet und diskutiert. Im Rahmen des Themas „Medizin" wurde Aufklärung über Verhütungsmittel, Schwangerschaft, sanfte Geburt und Hebammen angeboten, aber auch praktische Anleitungen zur Selbstuntersuchung.

Im Dezember 1977 fand ein „Frauenseminar" für die Grazer Frauenöffentlichkeit statt. 1980 wurden die „Steirischen Frauentage" veranstaltet. Einer der Arbeitskreise nannte sich „Frauenliebe". Hier wurden erstmals in Graz öffentlich die Themen lesbische Liebe, Bi- und Heterosexualität heftig diskutiert. Wie bei allen feministischen Veranstaltungen gab es auch bei diesen Frauentagen ein Frauenfest, das eine wichtige Rolle in der Neuen Frauenbewegung spielt. Die Freude der Frauen an den Festen, an der Tatsache, unter sich zu sein und ihren politischen Aufbruch zu feiern, wird aus der guten Erinnerung der Beteiligten an solche Feste deutlich[4].

1977 gründeten die FZ-Frauen das Frauenreferat der Universität Graz. Eine Literaturgruppe wurde am Germanistik-Institut, der „Hochburg des Patriarchats", gegründet und eine Kabarettgruppe wurde aktiv. 1977 sendete der ORF den Film „Männer unerwünscht", der eine Sequenz über Selbstuntersuchung enthielt und damit die überwiegend konservative Bevölkerung schockierte. Die Frauen gründeten eine Schwangerschaftsgruppe, eine Stillgruppe und einen Kindergarten für studierende Mütter, den es seither gibt.

Die Zeitschrift des Frauenzentrums war *Zykla – Die unregelmäßige Zeitschrift für die Frau*. Die erste Nummer erschien 1977 zum Thema „Sexualität, Frau & Kirche", die zweite zum „Film", die dritte zum Thema „Empfängnisverhütung, Fristenlösung, Sexualität". Diese kleinformatige Zeitschrift mit der Faust im Frauenzeichen brachte erstmals frauenspezifische Themen in radikaler Deutlichkeit an die Öffentlichkeit. Auch für die Frauen des Zentrums selbst war die Umwälzung radikal: „Ich hatte oft das Gefühl, auf dem Kopf zu stehen."[5] Das Frauenzentrum war in den vier Jahren seiner Existenz ein erster Ort mit großer Wirkungskraft von und für Frauen.

Titelblatt 1978, Faksimile

1981 wurde der Verein aufgelöst und die Frauen widmeten sich ihren Studienabschlüssen und dem beruflichen Einstieg. Sie wurden in ihren Berufen und Berufsvertretungen aktiv – als Ärztinnen und Juristinnen – und auch in der Politik: Sie wurden streitbare Politikerinnen, frauenbewegte kritische Journalistinnen, politisch aktive Wissenschafterinnen und Beamtinnen.

Anmerkungen

1 Der vorliegende Beitrag ist eine Zusammenfassung von Wieser 1996.
2 Ebd., S. 260.
3 Ebd., S. 265.
4 Vgl. Geiger, Hacker 1989.
5 Wieser 1996, S. 269.

Literatur

Geiger Brigitte, Hacker Hanna, *Donauwalzer Damenwahl. Frauenbewegte Zusammenhänge in Österreich*, Wien 1989.
Wieser Ilse, „Empörung lag in der Luft. Das erste Grazer Frauenzentrum in der Bergmanngasse 6 (1977 – 1981)“, in: Unterholzer Carmen, Wieser Ilse (Hg.), *Über den Dächern ist Liesl wahrhaftig. Eine Stadtgeschichte der Grazer Frauen*, Wien 1996, S. 259–274.

Ilse Wieser

Grazer Damen-Bicycle-Club – Erster österreichischer Frauen-Radfahrverein[1]

„Als sich Anfang 1893 einige Radfahrerinnen in Graz zu diesem ersten Damen-Radfahrverein im deutschsprachigen Raum zusammenschlossen, bot eine Frau zu Rad einen eher seltenen Anblick. Radfahren war weitgehend Männersache, und das Fahrrad wurde noch hauptsächlich als Sportgerät betrachtet."[1]

Es war zu einer Zeit, als der Anblick von Frauenwaden als unanständig diffamiert wurde, das Korsett zur Ausstattung einer „anständigen bürgerlichen Frau" gehörte, unverheiratete Frauen nur in Begleitung von „Anstandsdamen" ausgehen konnten, Hochschulstudium und gleichwertige Bildung für Frauen erst erkämpft werden mussten und eben erst im Jahr zuvor eine erste Arbeiterinnenversammlung stattgefunden hatte. Das Radfahren war überhaupt Anfeindungen auf der öffentlichen Straße ausgesetzt, Pferdefuhrwerke scheuten und Fußgänger erschraken.

„Als das Fahrrad auf die Welt kam, war es männlich."[2] Es wurde „Fahrmaschine ohne Pferd" genannt, auch „Velociped" oder „Draisine"[3]. Als 1888 der pneumatische Reifen patentiert wurde, also ein wirklich funktionstüchtiges Zweirad entstand, war es für Männer gedacht. Hochrad, Niederrad, Militärrad, Dreirad – hier entstand eine Männerdomäne. Frauen konnten Fahrräder dann nutzen, wenn sie ihre Schicklichkeit bewahrten: Keine offensichtliche Anstrengung, keine verschwitzten Gesichter, keine sichtbaren Knöchel oder gar Waden und schon gar keine Hosen waren erlaubt für eine anmutige Frau. Dreiräder, Tandems und seit den 1880er Jahren Damenräder heutiger Bauart standen einer Frau zu. Die Frauen gehörten sowieso eigentlich ins Haus! Und daher mussten sich die verheirateten radelnden Frauen den Vorwurf gefallen lassen, Familie und Hauswesen zu vernachlässigen. Ledige wiederum traf der Verdacht, sich der elterlichen Aufsicht entziehen oder einen Partner „erradeln" zu wollen.[4]

Als Beispiel für das sich jedoch lockernde Geschlechterverhältnis kann die Heirat von Louise Sorg gelten, die mit ihrem Ehemann ihre Hochzeitsreise als Tandemfahrt nach Venedig unternahm. Bei einer fröhlichen Radpartie tauchte bei Elise Steininger und Vicenza Wenderich die Idee eines eigenen Frauenclubs auf, da die Grazer Männer-Radfahrvereine große Vorurteile gegenüber dem Damenradfahren zeigten. Es ging also nicht nur um sportliche Emanzipation und Geselligkeit, sondern auch um Gleichberechtigung von Frauen im Vereinswesen. Mit dabei waren dann auch Louise und Mitzi Albl und Louise Sorg. Sie führten eine „Akademie" vor, ein festliches Saalfahren mit Schul-, Reigen- und Kunstfahren. Gefahren wurde in der „Industriehalle", dem Hauptgebäude im heutigen Messegelände.

Gruppe des Grazer Damen-Bicycle-Club. (Text siehe Seite 143.)

Gruppe des Grazer Damen-
Bicycle-Clubs, v.l.n.r.: Elise Steininger (Vorsitzende), Vinci
Wenderich, Louise Sorg (Fahrmeisterin), Mitzi Albl, Louise
Albl. Radfahr-Chronik, München, 26. März 1893, Titelblatt

Einige Frauen kamen aus einschlägigen Familien: Louise Sorgs Vater besaß ein
Fahrrad- und Nähmaschinengeschäft und später eine moderne Radfahrschule mit
Berg- und Talübungsbahn. Der Vater der Schwestern Albl war Fahrradfabrikant und
betrieb auch eine Radfahrschule.

Am 16. Februar 1893 fand die Gründungsversammlung des Grazer Damen-Bi-
cycle-Clubs (GDBC) in der Gastwirtschaft „Zum goldenen Steinbock" in der damaligen Jakominigasse 59 statt. Es war dies der zweite Frauen-Radfahrverein im deutschen Sprachraum. Vorsitzende war Elise Steininger. Fahrmeisterin war Louise Sorg,
die alle fahrtechnischen Belange verwaltete, vom Fahrunterricht für neu Eintreten-
de bis zur Gestaltung von so genannten „Clubpartien". Eine einheitliche Klubklei-
dung – Fahrdress mit Strohhut und Galadress samt der modernen und provokan-
ten Schirmmütze – wurde beschlossen.

Es gab lustige Wanderfahrten nach Abtissendorf und in andere Dörfer der Grazer
Umgebung. Clubgeselligkeiten wurden gepflegt. Corsofahrten, Festzüge zu Rad, waren allgemein beliebt und wurden als Werbefahrten für die Vereine veranstaltet. Der
junge Frauen-Radfahrverein beteiligte sich 1893 auf blumenbekränzten Rädern vom
Hilmteich durch die Schubert-, Beethoven- und Elisabethstraße bis hin zum Erz-
herzog-Johann-Ring. Im ersten Vereinsjahr wurden insgesamt 8.700 Kilometer auf
fünf Clubpartien und Tourenfahrten bewältigt. Eine eigene Fahrschule auf den Na-

men Steininger wurde in der Pfeifengasse, heute Schießstattgasse, gegründet. Bis 1897/98 war ein Fahrausweis samt Prüfung für das Befahren der öffentlichen Verkehrswege erforderlich, daher entstanden viele Fahrschulen.

Im zweiten Vereinsjahr gab es siebenundzwanzig Mitglieder. Unter den ledigen Frauen waren drei Berufstätige, eine Telegrafistin und zwei Lehrerinnen. Auch die Malerin Sidonie Baltl gehörte dem Verein an und eine Adelige, Josa von Matzner, die das Frauen-Radsportblatt *Die Radlerin* herausgab.[5] 1898 wurde der Verein aufgelöst und die Mitglieder verstreuten sich auf andere, nun „gemischte" Vereine. Der Damen-Bicycle-Club und seine aktiven Frauen hatten sehr zur Popularisierung des Frauenradfahrens beigetragen. Zumindest im bürgerlichen Milieu wurde der Fahrradsport mehr und mehr gepflegt. Um 1900 war es für Frauen kein Anstandsproblem mehr, allein Ausfahrten zu machen.

Rosa Mayreder, die große „Dame" der Frauenbewegung, konstatierte um 1905: „Das Bicycle hat zur Emanzipation der Frauen aus den höheren Gesellschaftsschichten mehr beigetragen als alle Bestrebungen der Frauenbewegung zusammengenommen."[6]

Aber immer noch war das Fahrrad ein teures Gerät: Es kostete ein ganzes Jahresgehalt eines männlichen Arbeiters. Für Frauen bedeutete dies, dass es fast unerschwinglich war, wenn sie berufstätig waren. Gebrauchte Fahrräder waren daher begehrt. Erst in den 1950er Jahren wurde das Fahrrad ein erschwingliches, echtes Alltagsfahrzeug für alle Schichten. Heute sind es überwiegend Frauen, die alltäglich in der Stadt das Rad für Erledigungen verwenden.

Anmerkungen

1   Der vorliegende Beitrag ist eine Zusammenfassung von Harrer 1996.
2   Ebd., S. 101. In der Zwischenzeit haben Recherchen ergeben, dass von Dresdnerinnen schon 1890 der „Damen-Radfahr-Verein Velocia" gegründet wurde; vgl. Maierhof, Schröder 1992, S. 80.
3   Bleckmann 1998, Covertext.
4   Vgl. Harrer 1998, S. 7.
5   Vgl. Harrer 1996, S. 102.
6   Maierhof, Schröder 1992, S. 81.
7   Bleckmann 1998, S. 143.

Literatur

Bleckmann Dörte, *Wehe wenn sie losgelassen! Über die Anfänge des Frauenradfahrens in Deutschland*, Leipzig 1998.

Harrer Hilde, „Der ‚Grazer Damen-Bicycle-Club'. Radfahrende Frauen gegen Ende des 19. Jahrhunderts", in: Unterholzer Carmen, Wieser Ilse (Hg.), *Über den Dächern von Graz ist Liesl wahrhaftig. Eine Stadtgeschichte der Grazer Frauen*, Wien 1996, S. 101–113.

Dies., *Grazer Radfahrvereine 1882 – 1900. Ein Beitrag zur Geschichte des steirischen Radfahrwesens*, Graz 1998.

Maierhof Gudrun, Schröder Katinka, *Sie radeln wie ein Mann, Madame. Als die Frauen das Rad eroberten*, Dortmund 1992.

Brigitte Dorfer

Mädchenbildung in Graz

In den siebziger Jahren des 19. Jahrhunderts wurden erste Initiativen zur Gründung eines Mädchenlyzeums in Wien (eine der Verfechterinnen war Marianne Hainisch) und Graz gestartet. Federführend in Graz war der Landesschulinspektor und engagierte Pädagoge Mathias Wretschko, der in den Jahren 1872/73 einige Artikel in der *Grazer Tagespost* zur Mädchenbildung veröffentlichte. Sein ursprünglicher Plan war eine achtklassige Mädchenmittelschule, entsprechend einem Realgymnasium mit allen naturwissenschaftlichen Fächern und den modernen Sprachen sowie mit Latein und Griechisch als Wahlfächern. Die InitiatorInnen des Mädchenlyzeums wiesen vor allem auf das Recht auf Bildung für Frauen hin, aber auch auf deren Recht auf Selbstständigkeit und Erwerbstätigkeit in der Gesellschaft.

Gertrud Simon vermutet, dass die Artikel Wretschkos eine rege Diskussion in der Grazer Öffentlichkeit ausgelöst hatten.[1] So lässt sich auch erklären, warum Wretschko in seinen späteren Artikeln betonte, dass das Mädchenlyzeum sicher nicht „gelehrte" Blaustrümpfe erziehen werde und vor allem, dass die InitiatorInnen sicher nichts mit der „Frauenemancipation" im Sinne hätten.

1873 wurde das erste sechsklassige Mädchenlyzeum der Donaumonarchie in Graz eröffnet. Der ursprüngliche Plan einer achtjährigen Schule konnte auf Grund des

Schulklasse der Jahre 1921 bis 1929 des Städtischen Reform-Realgymnasiums (ehem. Mädchenlyzeum) in Graz

Gruppe der gleichen Klasse bei einem Treffen 1974

Drucks der öffentlichen Meinung nicht umgesetzt werden. Durch Spendensammlungen eines liberalen „Damencomitees", in dem sich unter anderem Baronin Kübeck (Frau des Statthalters für Steiermark) und Nina Kienzl (Frau des Bürgermeisters der Stadt) engagierten, wurde Geld für die Errichtung des privaten Mädchenlyzeums gesammelt. Es zog in das Haus Neutorgasse 4 (heute Kaiserfeldgasse 29) im Oktober 1873 ein. Die Fächer, die unterrichtet wurden, waren Französisch, Englisch, Arithmetik, Geographie und Naturgeschichte, Turnen, aber nicht (!) Handarbeiten, was auf einen fortschrittlichen Anspruch der Schule hinweist.

Die Schülerinnen (vierundsiebzig im ersten Schuljahr) kamen alle aus sehr wohlhabenden Familien, denn ein monatliches Schulgeld von zwölf Gulden war nicht leicht aufzubringen. Durch Subventionen verringerte sich das Schulgeld auf die Hälfte im Lauf der folgenden Jahre. Auf Grund des nun recht großen Zulaufs in das Mädchenlyzeum mussten schon bald neue Räumlichkeiten gefunden werden. 1876 zog die Schule in das Haus Sackstraße 18 (das heutige Stadtmuseum), wo sie bis 1938 beheimatet war.

1885 erhielt das Mädchenlyzeum Öffentlichkeitsrecht und stand unter städtischer Verwaltung. Die Absolventinnen des Mädchenlyzeums konnten nach kurzer zusätzlicher Studienzeit Prüfungen ablegen, die sie berechtigten, an Volks- und Bürgerschulen Sprachen zu unterrichten oder – ab 1897 – als außerordentliche Hörerinnen an einigen Fakultäten der Universität Graz zu inskribieren. Erst 1902 war es den Schülerinnen möglich, am Mädchenlyzeum zu maturieren (Lyzealmatura). 1912 erhielt das Mädchenlyzeum das „Normalstatut", das heißt ein ähnlich dem Knabengymnasium achtklassiges System mit Matura. Bis dahin mussten sie die Reifeprüfung als Externe in Knabengymnasien ablegen. Oktavia Rollett, die erste steirische

Roll Up, 2004

niedergelassene praktische Ärztin, soll stellvertretend für viele andere Absolventinnen des Mädchenlyzeums erwähnt werden.

Die Jahre des Ersten Weltkrieges waren auch für die Schule Krisenjahre – vor allem im Bereich der Finanzierung. Mit einem Ersuchen an die Regierung der Ersten Republik baten die Schulerhalter um Übernahme in die staatliche Verwaltung. Dies wurde nicht gewährt, da der Staat auf Grund der Finanznot in den 1920er Jahren die Schulerhaltung nicht vorsah. Obwohl das Schulgebäude längst viel zu klein war, war an eine Übersiedlung in den dreißiger Jahren nicht zu denken.

Unter den diktatorischen Regimes Österreichs von 1934 bis 1945 (Austrofaschismus, Nationalsozialismus) kam es zu Namens- und Lehrplanänderungen. 1938 wurde die Schule verstaatlicht – dies war zwar lange angestrebt worden, aber nun wurde es unter politischem Druck erzwungen. Das Gebäude in der Sackstraße (Stadtmuseum) wurde endgültig zu klein und die Schule übersiedelte in das Ursulinenkloster in der Leonhardstraße. Da das Ursulinenkloster in den Kriegsjahren zum Lazarett erklärt wurde, übersiedelte die Schule ins Sacre Coeur-Kloster in der Petersgasse. Auf Grund der zahlreichen Bombenangriffe wurde von März bis September 1945 kein Unterricht abgehalten.[2]

Von 1945 bis 1967 wurde in den Räumen des Lichtenfelsgymnasiums unterrichtet und ab 1967 wurde für die Schule ein Neubau in der Seebachergasse 11 errichtet (heute Seebachergymnasium).

Bis 1978/79 war dieses Gymnasium eine reine Mädchenschule, aber seit nunmehr fünfundzwanzig Jahren wird die Schule aufgrund einer Verordnung koedukativ geführt.

Mädchenbildung war auch ein großes Anliegen der Neuen Frauenbewegung. In Wien wurde die erste feministische Mädchenschule gegründet. Darüber hinaus bekam auch die außerschulische Mädchenbildung eine wichtige Bedeutung.

Ein Beispiel für außerschulische Mädchenbildung ist die Beratungsstelle Mafalda – Verein zur Förderung und Unterstützung von Mädchen und jungen Frauen[3], die es seit 1989 in Graz gibt. Die Beratungsstelle war bis Oktober 1994 in der Afritschgasse 35 untergebracht. Seit dieser Zeit befinden sich die Büro- und Kursräume in der Glacisstraße 9. Mafalda hat mittlerweile sechzehn Mitarbeiterinnen und zahlreiche Honorarkräfte.

In ganz Österreich gibt es zurzeit drei Mädchenberatungsstellen – Wien, Klagenfurt und Graz. Der Verein Mafalda ist heute Trägerin einer Beratungsstelle (psychosozialer Bereich), hat einen Schwerpunkt mit arbeitsmarktpolitischen Maßnahmen (arbeitsmarktspezifischer Bereich) und führt zudem eine Reihe von Projekten im Schul- und Bildungsbereich durch.

Im Jahr 2002 hatten über 3000 Mädchen und junge Frauen Kontakt mit Mafalda, sei es in Kursen, die im Rahmen des Zentrums für Ausbildungsmanagement durchgeführt wurden, sei es in Beratungsgesprächen oder bei diversen Workshops, die im außerschulischen Bildungsbereich angeboten werden.

Anmerkungen

1   Simon 1993, S. 6.
2   Vgl. dazu Simon 1993.
3   Siehe aktuelle Informationen des Vereins Mafalda auf der eigenen Website http://www.mafalda.at/; siehe weiters den Beitrag zum Projekt MAKE ä SIGN von Elke Murlasits, Wenn du glaubst, es geht nicht mehr …, in diesem Band.

Literatur

Simon Gertrud, „Vom ersten Mädchen-Lyzeum zur deutschen Oberschule", in: *Festschrift – 120 Jahre BG & BRG Seebachergasse*, Graz 1993, S. 6–10.
Simon Gertrud, *Hintertreppen zum Elfenbeinturm. Mädchenbildung in Österreich. Anfänge und Entwicklungen*, Wien 1993.

Ilse Wieser

Nicht bezahlte Arbeiten von Frauen

Die Bezahlung von Hausarbeit war eine heftig debattierte Forderung der Neuen Frauenbewegung in den 1970er und 1980er Jahren[1]. Ein Tabuthema wurde damit berührt: Hausarbeit quasi als „weibliches Geschlechtsmerkmal" wurde in Frage gestellt und die Befreiung vom Zwang der Hausarbeit als Notwendigkeit zur Emanzipation der Frauen beansprucht. Der Zwang zur Hausarbeit wurde als ein für alle Frauen gemeinsames Unterdrückungsmoment in der Gesellschaft angesehen[2]. Dazu wurde unter anderem die These aufgestellt, dass die Bezahlung der Hausarbeit Frauen in den Status einer Arbeiterin hebe und damit eine Befreiung stattfinde. Es wurde klar, dass die Berufstätigkeit der Frauen allein nicht die Befreiung bringt. Die bleibende Doppelbelastung der berufstätigen Frauen mit den „Pflichten der Haus- und Kinderarbeit" ist nach wie vor ein Ausdruck der Unterdrückung von Frauen.

Erstmals wurden Berechnungen angestellt, welch großen Anteil an erwirtschaftetem Volksvermögen die unbezahlte Arbeit von Frauen darstellt. Dagegen haben sie den weltweit geringsten Anteil an Besitz[3]. Diese Unverhältnismäßigkeit und Ungerechtigkeit führte zu einer Radikalisierung des feministischen Denkens und der politischen Forderungen der Neuen Frauenbewegung[4].

Wie kam es zur Spaltung in Erwerbsarbeit und Hausarbeit? Bis zur industriellen Revolution fand Arbeit im eigenen Haus statt. Bereiche und Kompetenzen waren getrennt, Hierarchien festgelegt. Die Frau hatte „Gehülfin des Mannes zu seyn"[5], Hausfrau und Mutter. Im Zuge der Industrialisierung kam es zur außerhäuslichen Arbeit, die von Anfang an für Frauen schlechtere Löhne und die untersten Hierarchien in der Berufswelt vorsah. Die Abhängigkeit vom Mann blieb, ob nun als Fabriksarbeiterin oder Dienstbotin.

> „Damals trat zum erstenmal das immer wiederkehrende Spiel der wirtschaftlich Mächtigen aus dem Hintergrund hervor. Bei Arbeitskräftemangel wurden die Frauen als ‚wirtschaftliche Reservearmee' eingesetzt und bei Arbeitskräfteüberschuß die moralische und gesellschaftlich notwendige Pflicht der Gattin, Hausfrau und Mutter betont."[6]

> „Die Verwobenheit von Arbeitsplatz, Haushalt und Familie schien die Konturen dieser Tätigkeiten als Erwerbsarbeit zu verwischen. Frauenlöhne wurden und werden […] niedriger gehalten. Sobald Frauen als Lohnempfängerinnen in dem ihnen als natürliche Berufung zugeschriebenen Ort des (re)produktiven Haushalts arbeiteten, entstand mit dem sozial konstruierten weiblichen Geschlechtscharakter ein ideologisch verbrämtes, ins Persönliche reichendes

‚Nichtarbeitsverhältnis', das mit den Bestimmungen für ‚moderne Arbeitsverhältnisse' nicht zu regeln wäre."[7]

Es galt als selbstverständlich, dass Ehefrauen ihre Hausarbeit durch den Lohn des Ehemannes abgegolten sahen. Die DienstbotInnen des Haushaltes wurden im neunzehnten Jahrhundert als Teil des Haushaltes gesehen, als Teil der Familie. Sie wurden dementsprechend kärglich entlohnt.

„Aufgrund der schlechten Wohnverhältnisse kann durchaus angenommen werden, dass gerade den Dienstboten – vor allem, wenn sie in kleinbürgerlichen Haushalten dienten – oftmals kein entsprechendes Nachtquartier im Hause des Dienstgebers zur Verfügung stand, sondern dass wahrscheinlich auch in Graz Abstellkammern, Dielen, Küchen oder Badezimmer [...] als ‚Schlafraum' dienten."[8]

„Ein Katalog von Verhaltensforderungen, die auch den Privat- und Intimbereich der Dienstboten nicht ausklammerten, wurde an sie gestellt, um sie bei der kleinsten (vermeintlichen) Abweichung dieser – von der bürgerlichen Gesellschaft aufgestellten – Normen als charakterlos und tugendlos und daher als sozial minder zu entlarven."[9]

Den Zugriffen der Herrschaft waren wenige Grenzen gesetzt, die durch den „privaten" Arbeitsbereich noch dazu verschleiert wurden.

Erstmals gab es 1787 eine „Stadtgesindeordnung" in Graz, um das Verhältnis zwischen ArbeitgeberInnen und DienstbotInnen vertraglich zu regeln. Die GegnerIn-

Weihnachtsfest im Hause des steirischen Fotografen Franz Josef Böhm, 1905

nen dieser Regelung beklagten, dass damit die Einbindung der DienstbotInnen in die „natürliche" Familienstruktur gefährdet sei. Ende des achtzehnten Jahrhunderts setzte im Zuge der Polarisierung der „weiblichen" und „männlichen" Arbeiten eine Verweiblichung des Dienstbotenberufs ein. Im ersten Viertel des neunzehnten Jahrhunderts betrug der Anteil der DienstbotInnen an der Bevölkerung Wien-Innenstadt 45 Prozent, davon fast 64 Prozent Frauen. Um 1900 sind hier schon 97 % der DienstbotInnen Frauen.[10] „Im Laufe der zweiten Hälfte des 19. Jahrhunderts entwickelte sich […] auch in Graz der Dienstbotenberuf zu einem reinen Frauenberuf."[11] Der Großteil der Frauen kam aus dem umliegenden ländlichen Bereich. Die Gesindeordnungen des neunzehnten Jahrhunderts behielten bis in die 1920er Jahre ihre Gültigkeit. Es gab keine Kranken- oder Altersversicherungen und bis 1910 existierte das Züchtigungsrecht des Hausherrn.

Sophie von Scherer (1817 – 1876), eine Grazer Bürgerliche, die das erste aus der Perspektive einer Frau verfasste pädagogische Werk der Monarchie zur Erziehung von Mädchen und Frauen schrieb[12], war eine Protagonistin der Wohltätigkeit für DienstbotInnen. Sie forderte „Menschenrecht" für sie, denn „sollen sie mehr leisten als wir?" Sie regte einen „Aussteuerbeitrag für wegen Heirat aus dem Dienst Scheidende" und eine „Spar- und Versorgungskassa" an, die aus einem Drittel des Lohnes bestehen sollte. Die von Hindernissen begleiteten Heiratsmöglichkeiten für untere Schichten bedeuteten für sie ein fundamentales soziales Problem, weshalb sie die Freigebung der Ehe für „sittliche, wenn auch sehr arme Menschen" vertrat. Davon versprach sie sich eine Reduzierung der hohen Zahl der unehelich geborenen Kinder[13].

Den bürgerlichen Frauen, den „Hausfrauen", blieb in den Bereichen des öffentlichen Engagements im Gegensatz zu den Männern nur ihr Einsatz in Form einer „sozialen Mutterschaft" für die Schwachen der Gesellschaft in Wohltätigkeits- und

Adelheid Popp, o. J.

Fürsorgevereinen. In den von ihnen gegründeten Heimen wurden neben Waisen und armen Kindern auch Dienstbotinnen untergebracht. Armut sollte mit Sittlichkeit und Arbeit bekämpft werden, nicht durch gesetzlichen Schutz und Rechtsgrundlagen.

Die erste und einzige „Dienstmädchen-Versammlung" als Ausdruck des Protestes von Dienstbotinnen der Monarchie fand in Wien im Revolutionsjahr 1848 statt[14]. Dabei blieb es lange Zeit.

Die erste politische Bewegung, die sich dieser Berufsgruppe annahm, war die ArbeiterInnenbewegung. Sie begriff die Dienstbotinnen als Arbeiterinnen, die einen außerhäuslichen Arbeitsplatz hatten und eine gesetzliche Regelung von Arbeits- und Freizeit brauchten. Schläge und Vergewaltigung, Verarmung und Elend sollten verhindert werden, indem Gesetze geschaffen wurden, die Schutz und Sanktionen garantierten[15].

Am 15. August 1892 wurde in der Steinfelder Bierhalle in der Schießstattgasse in Graz die erste Arbeiterinnenversammlung abgehalten – und von der Polizei ausnahmsweise nicht aufgelöst. Die Fabriksarbeiterin Adelheid Dworak (verh. Popp, 1869 – 1939), Nationalratsabgeordnete der Sozialdemokratischen Partei aus Wien, war die geladene Gastrednerin. Der Erfolg dieser Versammlung war so groß, dass in der Woche darauf von einer Frauenversammlung die Gründung eines Arbeiterinnenbildungsvereines beschlossen wurde. (Frauen hatten bis 1918 kein Recht auf politische Versammlungen, daher wurde auf Bildungsvereine ausgewichen.)

Martha Tausk war jene Grazer sozialdemokratische Politikerin der 1920er Jahre, die sich explizit für eine sozialversicherungsrechtliche Absicherung von Hausgehilfinnen einsetzte. Und sie war es auch, die forderte, dass Ehejahre wie Arbeitsjahre versicherungspflichtig sein sollten!

Die Hausgehilfinnen seien im Gegensatz zur Ansicht der Sozialdemokratinnen nicht als Arbeiterinnen zu sehen – das war die christlich-soziale Diktion. Die konservativen Politikerinnen im Parlament waren selbst oft Hausfrauen, also Dienstgeberinnen. Es bestanden größte Interessenskonflikte zwischen DienstgeberInnen und Dienstnehmerinnen. Durch den steilen materiellen Abstieg des Mittelstandes in den 1920er Jahren wurde deutlich, dass auch bürgerliche Ehefrauen ihren Haushalt selbst besorgen mussten. Die Dienstbotinnen wanderten, wenn es ihnen möglich war, in Arbeiterinnenberufe ab. Umso mehr wurde von konservativer Seite die sittliche Bedeutung der Arbeit im Haushalt betont und, dass dies zutiefst weibliche Arbeitsaufgaben seien. Dienen, Selbstverleugnung, ein Leben für andere, persönliche Abhängigkeitsverhältnisse wurden als weiblicher Sozialcharakter in Form dieses Berufs empfohlen. Auch die spezielle Vertrauensstellung von Dienstbotinnen in der Familie wurde als Argumentation gegen eine Gleichbehandlung mit Arbeiterinnen eingesetzt.

1922 entstand die Idee, weibliche Beamte für Arbeiten im Haushalt umzuschulen. Viele hatten ihre Arbeit zugunsten von männlichen Kriegsheimkehrern verloren. Den ehemaligen Beamtinnen konnte man aber die geringe Entlohnung der gewöhnlichen Hausgehilfinnen nicht wirklich zumuten. Hier geriet sogar die konservative Olga Rudel-Zeynek (1871 – 1948), erste christlich-soziale Landtagsabgeordnete in der Steiermark und später Nationalratsabgeordnete, in Zugzwang und forderte im Nationalrat eine finanzielle Besserstellung und Aufwertung des Berufs der Hausgehilfinnen.

Olga Rudel-Zeynek, o. J.

Denn „sonst könnten wir dazu kommen, dass man sagt, die Hausfrauen und die Haus-
töchter verlangen auch eine Entlohnung, und da wird es mit dem Achtstundentag
nicht gehen, da müssten die Männer ganz gewaltige Überstunden zahlen"[16]. Auf ihre
Äußerung hin gab es allgemeines Gelächter im Parlament, das fast ausschließlich von
Männern besetzt war[17].

In den 1920er Jahren verschärfte sich die Lage der Dienstbotinnen durch steigende
Arbeitslosigkeit. Umso mehr zeigte sich die Notwendigkeit einer Altersvorsorge.
Über zwei Drittel der Dienstbotinnen arbeiteten immer noch mehr als dreizehn
Stunden, mehr als die Hälfte länger als vierzehn Stunden. Die sozialdemokratischen
Parlamentspolitikerinnen verlauteten, dass sie so lange die Interessen der Hausge-
hilfinnen vertreten würden, bis sie nicht nur gegen Krankheit, sondern auch gegen
Arbeitslosigkeit, Alter und Invalidität versichert seien.

Erst in den 1960er Jahren gab es wieder eine Reform, die den Schutz der Privat-
sphäre – einen abschließbaren Raum –, besser geregelte Urlaubszeiten und höhere
Verdienste vorschrieb. Heute bestehen noch immer genug Missstände für Hausgehilfinnen: Oft wird das vorgeschriebene 14. Monatsgehalt nicht bezahlt, es gibt noch
immer keine 40-Stunden-Woche, keine gesetzliche Vertretung (die Frauen können
sich nur bei der Arbeiterkammer Beratung holen) und keinen Kollektivvertrag; oft
werden ältere Frauen vorzeitig entlassen, bevor sie das Pensionsalter erreichen. Für
Österreich werden derzeit um die 100.000 Arbeitende im Hausarbeitsbereich geschätzt. Die Zahl der illegal Beschäftigten, vor allem der ausländischen Frauen, steigt.
Ihre Arbeit ist schlecht bezahlt.[18]

Anmerkungen

1   Vgl. Wolf-Graaf 1981, S. 176 f.
2   Ebd., S. 181.
3   Siehe dazu auch den Beitrag von Ilse Wieser, „Grete Schurz – Erste Frauenbeauftragte der Stadt Graz", in diesem Band.
4   Siehe dazu auch den Beitrag von Ilse Wieser, „Frauenzentrum Bergmanngasse – Erstes Frauenzentrum der Steiermark", in diesem Band.
5   Hahn et al. 1982, S. 165.
6   Ebd., S. 167.
7   Hauch 1995, S. 142.
8   Reinprecht 1989, S. 129.
9   Ebd., S. 44.
10 Hauch 1990, S. 195.
11 Reinprecht 1989, S. 169.
12 Vgl. Scherer 1848.
13 Hauch 1990, S. 31.
14 Ebd., S. 198.
15 Vgl. Hauch 1995, S. 198.
16 Ebd., S. 150.
17 Vgl. Hauch 1988.
18 Vgl. Ohnemus, ORF Sendung, 18. Dezember 2000.

Literatur und Quellen

Hahn Georg et al., *Kinder, Küche, Kleider. Historische Texte zur Mädchenerziehung*, Wien 1982.

Hauch Gabriella, „Der diskrete Charme des Nebenwiderspruchs. Zur sozialdemokratischen Frauenbewegung vor 1918", in: Maderthaner Wolfgang, (Hg.), *Sozialdemokratie und Habsburgerstaat*, Wien 1988, S. 101–119.

Dies., *Frau Biedermeier auf den Barrikaden. Frauenleben in der Wiener Revolution 1848*, Wien 1990.

Dies., *Vom Frauenstandpunkt aus. Frauen im Parlament 1919 – 1933*, Wien 1995.

Ohnemus Elisabeth, *Hausgehilfinnen im 3. Jahrtausend: Zurück zur „Dienstbotenfrage"?*, ORF Sendung vom 18. Dezember 2000 im Rahmen von *Journal Panorama*.

Reinprecht Waltraud, *Die rechtliche und soziale Lage der häuslichen Dienstboten in Graz in der zweiten Hälfte des 19. Jahrhunderts*. Phil. Diss, Graz 1989, S. 129.

Scherer Sophie von, *Bildungs- und Erziehungs-Werk. Erfahrungen aus dem Frauenleben zum Selbststudium für Frauen, Mütter, Töchter*, Graz 1848.

Wolf-Graaf Anke, *Frauenarbeit im Abseits. Frauenbewegung und weibliches Arbeitsvermögen*, München 1981.

Olivia M. Lechner

Autonomes Frauenzentrum –
Hausbesetzung 1991

„Feuer und Flamme für das Matriarchat …"
Parole der Autonomen Frauenbewegung

Eine Wiese, verwildert mit vereinzelt wachsenden Bäumen – dicke alte Mauern, die sich um einen ganzen Block erstrecken und an einem Teil durch Eisengitter ersetzt worden sind.

Das Areal, das im hinteren Teil eine Ansammlung von Häusern birgt, scheint etwas zu missen. Doch nur noch wenige verblasste Schriftzüge wie „FASCHOS RAUS – FRAUENZENTRUM HER" (Parole der „autonomen Frauengruppe") an den Außenmauern des Grundstückes erinnern an das Geschehen von 1991, als das Haus in der Zimmerplatzgasse 15 weichen musste. Hier fand die erste und einzige Hausbesetzung durch Frauen in Graz statt.

Seit 1983 stand das ehemalige Tierambulatorium des Landes – das Tierspital – leer. Jetzt, im März 2002, steht nur mehr der Torbogen des 1834 errichteten Gebäudes.[1]

Acht Jahre lang war das Haus ungenutzt geblieben, war drauf und dran, dem Verfall preisgegeben zu werden – bis zum 19. März 1991, dem Josefitag, der Tag des steirischen Landespatrons. An diesem Tag, an dem keine Ämter geöffnet waren, begann eine Gruppe von ungefähr fünfzehn „autonomen Frauen" ab 11 Uhr Vormittag das Haus zu besetzen.

Mauerrest in der
Zimmerplatzgasse 15,
1995

Einige der Hausbesetzerinnen. Zeitungsausschnitt, April 1991

Dieses Haus wurde aus drei Gründen von den Frauen gewählt: Das Gebäude war relativ zentral gelegen und daher ein geeigneter Treffpunkt, es stand seit langem leer und war – laut Prüfung einer Architektin – durchaus noch bewohnbar.

Die Idee zur Besetzung entstand aus der Notwendigkeit heraus, ein „autonomes Zentrum" für Frauen aufzubauen, das keinerlei subventorischen Zwängen unterliegen sollte und sich dadurch ohne Fremdeinwirkungen durch Bund, Land oder andere hierarchisch strukturierte Instanzen selbst verwalten könnte. Denn, so lautete eine zweite Parole der „autonomen Frauengruppe", „[…] der größte Zuhälter ist der Staat".

Hier sollte ein Freiraum geschaffen werden, eine Ergänzung zu bereits bestehenden „frauen-bestimmten" Räumen.

Nach kurzer Zeit schon war das Haus in der Zimmerplatzgasse von vierzig Polizeibeamten und siebzehn Feuerwehrleuten umzingelt. Da es sich aber um eine Liegenschaft des Landes Steiermark handle, könne das Grundstück nicht ohne Bescheid der Landesregierung geräumt werden, dies gab die damalige Grünen-Abgeordnete Gundi Kammlander (1950 – 2002) zu bedenken. Da der zuständige Liegenschaftsverwalter nicht erreichbar war, musste der Räumungsbefehl durch den Einsatzleiter wieder zurückgezogen werden.

Im Vorfeld zu dieser Hausbesetzung hatten sich Frauen zusammengeschlossen, die aus unterschiedlichsten Teilen der damaligen Grazer autonomen Frauenszene kamen. Das Vorhaben konnte zu dieser Zeit nur durch Mundpropaganda verbreitet werden und musste angesichts der Illegalität sowohl geheim vor sich gehen als auch geheim gehalten werden.

Manche Frauen, die durchaus bereit gewesen wären, das Haus mitzubesetzen oder auf anderem Weg aktiv an der Besitznahme des Hauses teilzunehmen, hatten oft erst sehr spät davon erfahren. Dadurch fühlten sich viele Frauen vom Vorhaben ausgeschlossen und standen der Aktion folglich mit gemischten Gefühlen gegenüber. Auch die Bevölkerung war den Frauen weniger gut gesonnen, da die Medien ein verzerrtes Bild der Umstände und Tatsachen transportierten und die Hausbesetzerinnen oft als lächerlich oder kriminell darstellten.

Während der beinahe vier Wochen andauernden Hausbesetzung organisierten die Frauen Diskussionsabende, Veranstaltungen, Fahrrad-Reparatur- & Auto-Mechanikerinnen-Kurse und anderes mehr. Neben diesem Angebot, das ansatzweise bereits einen Teil des Programms des geforderten „autonomen Frauenzentrums" enthielt, sollte es auch Werkstätten, ein Café, eine Bibliothek und ein kleines Frauenhotel geben.

In diesen vier Wochen, in denen die Frauen trotz schlimmster sanitärer Umstände dem Land Steiermark Widerstand leisteten, bemühten sie sich auch um Termine mit der Liegenschaftsverwaltung. Einen Tag vor dem Termin mit der Liegenschaftsverwaltung, am 18. April, mussten die Hausbesetzerinnen das Haus unfreiwillig räumen. Sie wurden um 8.30 Uhr durch Bulldozer geweckt, die das denkmalgeschützte Haus, in dem sie sich aufhielten, abreißen sollten. Man gab den vier Frauen, die sich zu dieser Zeit im Haus befanden, eine Stunde Zeit, das Haus zu räumen. Unter herabfallenden Ziegelteilen verließen sie das Gebäude und bekamen im selben Atemzug Anzeigen unter anderem wegen Hausfriedensbruch oder Stromabzapfen. Da die Frauen nie beziehungsweise nur zum Teil vor Gericht erschienen, wurde schließlich das Verfahren eingestellt.

Obwohl es heutzutage in beinahe allen größeren Städten ein „autonomes Frauenzentrum" dieser Art gibt, ist es bisher noch nicht gelungen, eine derartige Einrichtung in Graz dauerhaft aufzubauen.

Anmerkung

1   Vgl. Schweigert 1979, S. 206.

Literatur und Quellen

Der Standard, Wien: 20. März 1991, 19. April 1991.
Kleine Zeitung, Graz: 20. März 1991, 12. April 1991, 13. April 1991, 19. April 1991.
Kronenzeitung, Graz: 19. April 1991, 20. April 1991.
Neue Zeit, Graz: 20. März 1991, 21. März 1991, 22. März 1991, 24. März 1991, 29. März 1991, 30. März 1991, 6. April 1991, 19. April 1991.
Schweigert Horst, *Graz. Die Kunstdenkmäler Österreichs* (Dehio-Handbuch), Wien 1979.
Vier Interviews mit damaligen Aktivistinnen.

Brigitte Dorfer

Erster Internationaler Frauentag in Graz 1911

Am 19. März 1911 wurde die erste Versammlung zum Internationalen Frauentag in Graz in den Räumen des Restaurants Annenhof (heute UCI Annenhofkino) abgehalten.

Ende des neunzehnten und Anfang des zwanzigsten Jahrhunderts hatten Arbeiterinnen (vor allem aus der Textilindustrie) zum Mittel des Streiks und der Demonstration gegriffen, um auf ihre schlechten Arbeitsbedingungen hinzuweisen. Bereits 1858 demonstrierten New Yorker Arbeiterinnen gegen unmenschliche Arbeitsbedingungen und für gleiche Löhne; 1908/09 gab es einen zweimonatigen (!) Streik von 20.000 Hemdennäherinnen in Manhattan, New York; 1912 fand ein Streik der Textilarbeiterinnen in Lawrence, Massachusetts, statt – ihr Leitmotiv war: „We need bread, and roses too".

Diese Streiks und Demonstrationen beeindruckten auch die europäischen Sozialdemokratinnen.

Der Internationale Frauentag geht auf eine Initiative von 98 Frauen aus 17 Ländern zurück, die im Jahr 1910 auf der II. Internationalen Sozialistischen Frauenkonferenz über die Durchführung eines jährlichen internationalen Frauentages abstimmten. Der Vorschlag wurde unter anderem von Clara Zetkin und Käthe Duncker eingebracht. Die Delegierten nahmen den Antrag einstimmig an und formulierten als zentrales Anliegen das Frauenwahlrecht.

Am Sonntag, dem 19. März 1911 wurde das erste Mal der Internationale Frauentag in Deutschland, der Schweiz, Dänemark, den USA und Österreich durchgeführt. Bis 1914 kamen Frankreich, Holland, Schweden, Russland und Böhmen hinzu. Begangen wurden die ersten Frauentage mit Veranstaltungen, Demonstrationen waren sehr selten. Es wurden Plakate geklebt und Flugblätter verteilt.

Die erste Frauenversammlung in Graz zum Internationalen Frauentag fand am 19. März 1911, um 13.30 Uhr im Restaurant Annenhof – das heutige Annenhofkino – in der Annenstraße 29 statt. Es war ein Kampftag der sozialdemokratischen Frauen. Als Rednerin trat Genossin Marie Koch auf. Für die Frauenorganisationen aus Eggenberg und Andritz waren eigene Treffpunkte vereinbart worden, sodass sie in Gruppen zum Annenhof kommen konnten – für die Eggenberger Frauen war es der „Konsumverein" und die Andritzer Frauen trafen sich in „Holzschusters Gasthaus".

Insgesamt fanden in der Steiermark 28 Veranstaltungen zum Internationalen Frauentag statt. Gefordert wurden die Gleichberechtigung der Frauen und das Wahlrecht in allen Gesetzgebungskörpern.

Im *Arbeiterwillen* wird ein ausführlicher Leitartikel mit sehr pathetischen Worten geschrieben: „Endlich brausen die Märzstürme durch die Seelen und die Geister der

Frauen, endlich beginnt es nicht nur zu tagen, das neue Morgenrot führt zur lebens-kräftigen Tat. Zum erstenmal nehmen die Frauen eine große Revolution selbst in die Hände […].“[1]

Die Sozialdemokraten betonten stets ihre Unterstützung für die Anliegen der Frauen, so erwähnten sie auch ihre Initiative zur Änderung des politischen Vereins-rechtes der Frauen und die Verhinderung des Nachtarbeitsverbotes. Aber eines war klar: „Die Frauen allein können wohl politische Rechte erringen, sie können aber nicht eine neue Gesellschaft erschaffen, wenn nicht die tatkräftige Hilfe des Proleta-riats die Wege ebnen hilft.“[2]

Die Veranstaltung im Annenhof in Graz war sehr gut besucht, um 14 Uhr war der Saal schon beängstigend voll und um viertel drei Uhr mussten alle Männer den Saal verlassen, damit die nachkommenden Frauen Platz fanden. Genossin Schefzik eröff-nete die erste Veranstaltung zum Internationalen Frauentag und bevor Marie Koch mit ihrem Referat begann, sang der Arbeiterchor noch das Lied: „Das Erwachen der Geister“. Während der Rede Marie Kochs „fielen so scharfe, leidenschaftliche Zwi-schenrufe, dass der Regierungsvertreter zweimal mit der Auflösung der Versamm-lung drohte“[3]. Das passierte jedoch nicht, die Versammlung wurde im Annenhof bis etwa 17 Uhr abgehalten. Anschließend zogen die Frauen zum Hauptplatz, wo Marie Koch am Sockel des Erzherzog-Johann-Denkmals noch einmal die Forderung nach dem Frauenwahlrecht verkündete.

Bis 1921 – als der Internationale Frauentag auf den 8. März festgelegt wurde – wur-de der Tag immer an einem Sonntag gefeiert, damit möglichst viele Arbeiterinnen daran teilnehmen konnten. Oft gab es jedoch Probleme, „da die Sorge um den Haus-halt und die Kinder es vielen unmöglich machte“[4], zu den Veranstaltungen zu kom-men. In Deutschland wurde der Internationale Frauentag in einzelnen Ländern zeit-weilig verboten (zum Beispiel 1921 und 1930 in Preußen).

> „In Österreich dagegen war der Frauentag selbstverständlich der Tag aller fort-schrittlichen Frauen, gleich welcher Gewerkschaft oder Partei sie angehörten. Im 2. Weltkrieg für die Frauen im Widerstand, im KZ, in der Emigration war der Frauentag eine Erinnerung an eine bessere Vergangenheit und Hoffnung auf die Zukunft.“[5]

In den 1950er Jahren wurde die Tradition des Frauentages fortgesetzt – Themen wa-ren unter anderem der Kampf gegen die Wiederaufrüstung, das Eintreten für inter-nationale Zusammenarbeit und für das Gleichberechtigungsgesetz. In den 1960er Jahren wurde der Frauentag in der Öffentlichkeit ein fast vergessener Tag. Erst in den 1970er Jahren wurde der Internationale Frauentag wieder zum Kampftag in Öster-reich (Themen: § 144, Frauenfriedensbewegung u. a. m.)

Auch in Graz wird der alljährliche Frauentag gefeiert, der in den letzten zwanzig Jahren in unterschiedlichen Aktionsformen und zu verschiedenen Themen durch-geführt wurde. Im Folgenden ist eine Auswahl der Forderungen zwischen 1984 und 2003 zusammengestellt:

1984: Forderung nach Frieden; nach höheren Löhnen und besseren Arbeitsbe-dingungen für Frauen; nach einer geschlechtneutralen Stellenausschreibung.

Internationaler Frauentag in Graz, 1984

1985 (Ende der UNO-Frauendekade): Forderung nach internationaler Solidarität; nach Ganztagsschulen und -kindergärten.

1986: Forderung nach der Einführung der 35-Stunden-Woche bei vollem Lohnausgleich; nach internationaler Solidarität; Recht auf Frieden und Selbstbestimmung; Recht auf Arbeit; es gibt eine Solidaritätsveranstaltung für Frauen in Südafrika.

1988: für das Recht auf Arbeit und soziale Sicherheit; für das Recht auf Selbstbestimmung; für Frieden und Abrüstung; es gibt eine Videovorführung von Elizabeth T. Spiras *Arbeite Frau – aber fordere nicht.*

1989 (Eva & Co präsentieren das Heft zum Thema „Macht"): für Frieden, Recht auf Arbeit und auf Selbstbestimmung; gegen Über- und Untergriffe am Arbeitsplatz; gegen EG-Beitritt – mit dem Hinweis auf die finanziell schlechte Situation der Frauen in der EG; für die Ausweitung der feministischen Forschung an den Universitäten; Stopp der Privatisierung in der Verstaatlichten und im Sozial- und Gesundheitswesen; für unschädliche Verhütungsmittel und für die Fristenlösung auf Krankenschein.

1990: „80 Jahre und kein bißchen leise" – Kundgebung zum 80. Frauentag: Präsentation verschiedener Epochen der Frauenbewegung; Recht auf Arbeit (unter anderem das Verbot aller Arbeitsverhältnisse ohne soziale Absicherung); Recht auf Selbstbestimmung (unter anderem die freie Wahl von Lebensformen und Sexualität).

1992: „Hürdenlauf durchs Herrenland" – gegen EG-Beitritt (22 Millionen Frauen in der EG leben unter der Armutsgrenze); „Stein des Anstoßes" – Denkmal-Verhüllung in der Ehrengalerie im Burggarten; Gedenken an bedeutende Frauen.

1993: gegen den Krieg in Jugoslawien; Alice Schwarzer ist zu Gast in Graz.

Internationaler Frauentag in Graz, 1990

Internationaler Frauentag in Graz, 2000

1997: „Alles was Recht ist!" – Aktionen und Diskussionen zum Frauenvolksbegehren.

1998: für die Erfüllung der Forderungen des Frauenvolksbegehrens; für Frieden und Neutralität; gegen Sozialabbau; ein Transparent wird am Zeughaus befestigt: „Die Waffen blieben, vergessen ist das Leid der Opfer. Der Krieg wird nicht erklärt, sondern fortgesetzt. Das Unerhörte ist alltäglich geworden." (Ingeborg Bachmann)

1999: „Bescheidenheit ist keine Zier"; eine Gedenktafel wird im Zeughaus angebracht (Text siehe 1998); „Der Weg zum Reichtum" (Würfelspiel zum Gewinnen und Verlieren) – gegen Sozialabbau.

2000: „Frauenpolitik unter neuen Vorzeichen" – Rahmenpolitik für eine Politik im Sinne von Frauen; für politische und gesetzliche Grundlagen für eine gerechte Verteilung von Arbeit und Einkommen; für eine Politik im Sinne von Humanität und Friedenssicherung; für ein Antidiskriminierungsgesetz.

2002: „Frauen – unMut tut gut!" Kritik an der Politik des Neoliberalismus und Auswirkungen auf Frauen; Hinweis auf das Sozialstaatsvolksbegehren.

2003: „Wir holen die Frauenpolitik aus dem Schatten" – Forderungen waren unter anderem: Einrichtung eines Frauenministeriums mit Kompetenzen, Schaffung von Rahmenbedingungen für eine existenzsichernde Vollbeschäftigung, Aufhebung der gesetzlichen Diskriminierung von ausländischen Frauen.

Anmerkungen

1   *Arbeiterwille*, 19. März 1911, S. 1.
2   Ebd., S. 2.
3   *Arbeiterwille*, 20. März 1911, S. 1.
4   Ebd.
5   DOKU A1-St1 0390/11 und DOKU A1-St1 0200/112

Literatur und Quellen

Arbeiterwille, 19. März 1911, S. 1 f.
Arbeiterwille, 20. März 1911, S. 1.
DOKU A1-St1 0390/11 und DOKU A1-St1 0200/112 (Archiv des DOKU GRAZ – Frauendokumentations-, Forschungs- und Bildungszentrum).

Brigitte Dorfer

Für Opfer und Überlebende
sexualisierter Gewalt

„Weltweit ist häusliche Gewalt einer der Hauptgründe für Verletzungen und Tod von Frauen. Von Regierungen wird diese Tatsache als ‚Privatangelegenheit‘ ignoriert oder sogar gebilligt."[1]

Ab 1975, nach der erfolgreichen Kampagne zur Legalisierung des Schwangerschaftsabbruchs setzte in Österreich der politische Kampf gegen Gewalt an Frauen ein. Eine der Initiatorinnen für ein Frauenhaus in Graz war Grete Schurz[2]. Mit der von ihr entwickelten Frauenrunde in der Urania Graz (Arbeitskreis Emanzipation konkret) und den Frauen des autonomen Frauenzentrums in der Bergmanngasse[3], die sich schon länger mit dem Thema „Gewalt gegen Frauen" beschäftigten, wurde intensiv am Projekt „Frauenhaus" gearbeitet.

Die erste Veranstaltung dazu war ein Vortrag am 9. Mai 1979 mit zwei Vertreterinnen des Wiener Frauenhauses, den etwa 100 Interessierte und zahlreiche PressevertreterInnen besuchten. Das Echo der Öffentlichkeit war sehr groß und Unterstützung kam von den Frauen der SPÖ und ÖVP sowie Vertreterinnen der Katholischen und Evangelischen Frauenbewegung und dem Österreichischen Gewerkschaftsbund. Zur Umsetzung des Projektes wurde der Verein Grazer Fraueninitiative – Soforthilfe für bedrohte und misshandelte Frauen gegründet. Zur ersten konstituierenden Sitzung des Vereins, die im Hörsaal A der Universität stattfand, kam als Festredner Justizminister Christian Broda.

Nach zähen Verhandlungen mit dem damaligen Bürgermeister der Stadt, Alexander Götz, und zahlreichen Drohungen der Vereinsvorsitzenden Grete Schurz – mit Frauendemonstrationen und ihrem Rücktritt – konnte am 12. Dezember 1981 das Frauenhaus in den Räumen des Hauses Albert-Schweitzer-Gasse 22 eröffnet werden. „Seit 1833 befindet sich dieses Haus bereits im Besitz der Stadtgemeinde, um die Jahrhundertwende fand es als Blatternspital Verwendung, nach dem Erlöschen der Blattern 1923 wurde es in ein Bürgerheim umgewandelt."[4]

Eine Woche nach der Eröffnung war das Haus voll, es war Platz für 30 Personen (Frauen und Kinder). Vor allem Hinweise in den Medien (Veröffentlichung der Telefonnummer), Berichte in Zeitungen und in den späteren Jahren „Mundpropaganda" sowie Zuweisungen durch Sozialämter und andere Einrichtungen waren ausschlaggebend für das Bekanntwerden des Frauenhauses.[5]

Eine wesentliche Prämisse des Frauenhauses war der Gedanke der Autonomie. Autonomie wurde 1972 beim Bundesfrauenkongress in Frankfurt folgendermaßen definiert: „[…] Frauen müssen sich autonom organisieren, um sich als selbständigen

Das erste Frauenhaus in der Albert-Schweitzer-Gasse 22, 1988

Machtfaktor zu etablieren und männliche Autoritätsstrukturen und Herrschaftsmechanismen abzubauen."[6] Im Falle des Grazer Frauenhauses war der Problembereich Autonomie versus Finanzierung, das heißt, dass eher auf Subventionen aus den Bezirken verzichtet wurde, als Namen und Daten von Bewohnerinnen aus diesen Bezirken bekannt zu geben und damit dem Prinzip der Anonymität zu widersprechen. Neben den inhaltlichen Grundsätzen der Offenheit, des Schutzes nach außen und der Selbstorganisation des Frauenhauses war von Beginn an die parteiunabhängige, überkonfessionelle Position des Vereins von großer Bedeutung.[7]

Im Jahr 1985 trat Grete Schurz als Obfrau des Vereins zurück und Irmgard Schwentner übernahm ihre Aufgaben. Am Siegmundstadl wurden 6 Übergangswohnungen für ehemalige Bewohnerinnen des Frauenhauses errichtet. 1992 kamen noch zwei Wohnungen in der Ägidygasse und in der Albert-Schweitzer-Gasse dazu.

1996 wurde Ingrid Enge Vereinsvorsitzende. Und im Jahr darauf wird das neue Haus bezogen, in dem Platz für 45 Personen (zu Spitzenzeiten stehen 56 Betten zur Verfügung) ist. Im selben Gebäude befinden sich 10 neue Übergangswohnungen. Leider müssen auch Frauen auf Wartelisten gesetzt werden.

In den ersten Jahren wurden rund 14.000 Frauen betreut (Aufnahme im Frauenhaus, telefonische oder ambulante Beratung). Laut einer Empfehlung der WHO sollen 120 Plätze für die gesamte Steiermark in Frauenhäusern zur Verfügung stehen, die Errichtung eines zusätzlichen Frauenhauses in der Obersteiermark wurde vom Frauenhaus Graz sehr unterstützt. Seit Juli 2003 ist eine Beratungsstelle in Kapfenberg eingerichtet und mit Ende 2004 soll das zweite steirische Frauenhaus eröffnet werden. Die Grundsätze sind, wie in Graz, folgende: Unbürokratische Soforthilfe – Anonymität – Autonomie – Offenheit – Selbstverwaltung – Hilfe zur Selbsthilfe – Frauen helfen Frauen – Parteilichkeit für Frauen und Kinder – Freiwilligkeit – Feministischer Ansatz.

Noch zwei Zahlen zur Mitarbeiterinnenstatistik: Im Jahr 2003 gibt es insgesamt 31 Mitarbeiterinnen (inklusive Mitarbeiterinnen mit freien Dienstverträgen), im Vergleich dazu: 1981 waren es nur 7 Mitarbeiterinnen gewesen.

Anmerkungen

1   Seager 1998, S. 26.
2   Siehe die Beiträge von Ilse Wieser, „Grete Schurz – erste Frauenbeauftragte der Stadt Graz", Grete Schurz, „Eine Gewürdigte spricht", und Manuela Brodtrager, „Frauen mit Auftrag. Über das Projekt plakativ! – Die Geschichte der Grazer Frauenbeauftragten in 20+03 Bildern", in diesem Band.
3   Siehe den Beitrag von Ilse Wieser, „Frauenzentrum Bergmanngasse. Erstes Frauenzentrum der Steiermark", in diesem Band.
4   Glettler 1990, S. 11.
5   Vgl. Stadler 1994, S. 74 f.
6   Glettler 1990, S. 12.
7   Vgl. *20 Jahre Frauenhaus Graz* 2001, S. 3.

Literatur

20 Jahre Frauenhaus Graz (Informationsmappe), Graz 2001.

Glettler Edeltraud, *Die Geschichte des Grazer Frauenhauses. Theorie über und Erfahrung mit Gewalt gegen Frauen* (Kummer-Institut Schriften 4), Graz 1990.

Seager Joni, *Der Fischer Frauen-Atlas. Daten, Fakten, Informationen*, Frankfurt/M. 1998.

Stadler Martha, Frauenhaus: Schicksal als Chance? *Eine Studie zur Entstehung von Gewaltbeziehungen und der Rolle von Frauenhäusern bei der Überwindung*, Graz 1994.

Elisabeth Gierlinger-Czerny

Kapelle Maria von Magdala –
Erster Sakralraum in der Steiermark,
der zur Gänze von einer Künstlerin
gestaltet wurde

Die Kapelle ist eingebettet in das Ausbildungszentrum für Sozialberufe der Caritas.[1] Sie dient unter anderem dazu, die Studierenden zu einem interaktiven Prozess einzuladen und mit den Prozessen von Marginalisierung vertraut zu machen, was in einer Ausbildung für soziale Berufe von besonderer Bedeutung ist, da Sozialarbeit immer auch Randgruppenarbeit ist.

Weiters werden Gruppen von außen eingeladen, die Kapelle zu nutzen. Einerseits kommen viele Schulklassen, andererseits feiern Frauengruppen in diesen Räumen. So hat am 8. März 2002 im Rahmen des Internationalen Frauentages ein „Politisches Nachtgebet" in der Kapelle stattgefunden. Damit wird sie auch zu einem politischen Ort. Die Initiatorin der Kapelle ist Elisabeth Gierlinger-Czerny, gestaltet wurde sie von der Künstlerin Minna Antova.

Bei der Kapelle handelt es sich um einen sakralen Raum, der konzeptionell und künstlerisch von einer Frau gestaltet worden ist. Das hat in der Tradition der Schaffung von Kirchen, Kapellen und sakralen Räumen eine besondere Bedeutung, da es in diesem Bereich für Frauen besonders schwer ist mitgestalten zu können, insbesondere in der katholischen Kirche, wo Frauen ja bis heute noch keinen Zutritt zum Amt haben. Inhaltlich ist die Kapelle der Maria von Magdala gewidmet und erinnert an jene Frau in der christlichen Tradition, die als erste Zeugin der Auferstehung bereits in der frühen Kirche den Titel einer „apostola apostolorum" (Apostolin der Apostel) zugesprochen bekommen hatte. Im Laufe der Kirchengeschichte wurde dieser Titel jedoch gänzlich verdrängt und in den Bildern und Schriften nicht mehr tradiert. Übrig blieb die Erinnerung an eine Frau, die durch Jesus von ihren Sünden befreit worden war. „Sünde" bedeutete in Bezug auf Frauen immer sexuelle Verfehlung und das hieß wiederum, gegen die patriarchale Ordnung verstoßen zu haben. Alle Bilder ab dem zwölften Jahrhundert, die Maria von Magdala darstellen, zeigen eine sinnliche, schöne Frau, die entweder als Büßerin in Zurückgezogenheit lebt oder in der bildlichen Darstellung noch stark an ihre Vergangenheit als Sünderin erinnert. Keine Spuren allerdings führen zur Apostolin. Die Kapelle nun erinnert an die frühe Geschichte dieser Gestalt und rezipiert ihren Ausschluss aus dem Amt gleich mit, indem dieser Prozess in der Freskenmalerei an den Kapellenwänden noch einmal nachvollzogen werden kann.

Kapelle Maria von Magdala,
Detail

Wir erleben eine Maria von Magdala, die uns zwar auch hier in einer Wandnische, aber doch ganz nahe bei dem auferstehenden Jesus stehend begegnet, während ihr gegenüber die gesamte Wand Petrus gewidmet ist. So ist ja nach dem traditionellen Verständnis unserer Kirche Petrus der Begründer, der das Amt verkörpert und der für die katholische Kirche auch das Argument für den Ausschluss der Frauen aus dem Amt liefert.

Eine weitere Besonderheit dieser Kapelle ist die Interaktivität. Über die Fresken sind bewegliche Glaselemente gelegt, die mit Texten aus der Bibel beschrieben sind und die jede Besucherin und jeder Besucher selbst immer wieder bewegen kann. Dabei erfährt sich der einzelne Mensch selbst aktiv und auch verantwortlich für das, was in das Blickfeld rückt, und für das, was verdeckt wird. Dort, wo etwas aufgedeckt wird, wird auf der anderen Seite etwas zugedeckt. Hier wird daran erinnert, dass Geschichte auch immer ein Prozess des Aufdeckens und des Zudeckens ist. So wie im historischen Prozess immer die herrschende Ordnung darüber wacht, was erzählt werden darf und was verschwiegen wird, werden in der Kapelle das Aufdecken und das Verdecken als bewusste Elemente eingesetzt und somit selbst zu Stilmitteln.

Anmerkung

1 Siehe auch den Beitrag von Michaela Kronthaler, „FrauenWEGE 2003 – Auf den Spuren religiös bewegter Frauen in Graz", in diesem Band.

Literatur

Gierlinger-Czerny Elisabeth, *Apostola Apostolorum, Maria-von-Magdala-Kapelle, gestaltet von Minna Antova*, Graz 2003.

Brigitte Dorfer

„Kirschenrummel" – Hungerrevolte von Frauen am 7. Juni 1920

In den Jahren nach dem Ersten Weltkrieg fanden in zahlreichen österreichischen Städten Hungerdemonstrationen statt, die in Graz ging als „Rummel" in die Geschichte ein.

Ausgangssituation

In den ersten Nachkriegsjahren häuften sich auch in der Steiermark die Probleme bei der Lebensmittelversorgung. Fast täglich kam es in den Städten zu Hungerdemonstrationen mit Verzweiflungsausbrüchen und Plünderungen. So auch in Graz. Im Juni 1920 gab es zahlreiche Beschwerden bei den Behörden bezüglich der zu hohen Lebensmittelpreise und Frauen kündigten Demonstrationen an, falls die Preise nicht gesenkt würden.

Am Montag, den 7. Juni kam es zu Ausschreitungen in Graz, die in den Medien als „Kirschenrummel" bezeichnet wurden. Mit einem „Rummel" nach heutigem Verständnis hatten diese Revolten wahrlich nichts gemeinsam, denn nach der Schießerei am Nachmittag waren 13 Tote zu beklagen.

Zum Verlauf des 7. Juni 1920

Kurz nach 8 Uhr früh bildeten sich am Kaiser-Josef-Platz Gruppen von Frauen, die sich gegen die hohen Lebensmittelpreise, vor allem aber gegen die hohen Kirschpreise (15 – 16 Kronen/Kilo) auflehnten – dieser Preis entsprach etwa dem Stundenlohn eines Facharbeiters in der Papierindustrie. Noch dazu war das Jahr 1920 ein ausgesprochen „gutes" Kirschenjahr, sodass keine Notwendigkeit gegeben war, die Preise derart hoch zu halten. Es drängten immer neue Frauen nach und bald konnte die Polizei die aufgebrachte Menge nicht mehr beruhigen.

Die Frauen zogen weiter zum Jakominiplatz, dort waren innerhalb kurzer Zeit fünf- bis sechshundert Personen versammelt. Die Frauen gingen von Stand zu Stand und forderten die Herabsetzung der Preise für Obst und Gemüse. Einige Händler kamen der Forderung nach und verkauften nun zum Beispiel Kirschen um 4 Kronen das Kilo. Diejenigen aber, die sich den Forderungen der Frauen nicht beugten, wurden angegriffen: Körbe lagen am Boden, Eier wurden zu Boden geschleudert und Gemüse herumgeworfen.

Der Grazer Jakominiplatz, Juni 1920

Auf verschiedenen Grazer Plätzen wurden Reden gegen die hohen Lebensmittelpreise gehalten. Lagerräume der Händler (zum Beispiel im Hotel Steirerhof am Jakominiplatz) wurden geplündert. Bis in die Mittagsstunden glich der Jakominiplatz
einem Trümmerhaufen – zerstörte Stände, Kisten, zerbrochenes Glas war überall ver-
streut.

Gegen 13 Uhr kam es zu ersten Zusammenstößen mit der Sicherheitswache. Die
Wache setzte Säbel und Stichwaffen gegen die DemonstrantInnen ein, was zu zahlreichen schweren Verletzungen führte. Aber auch die Polizei wurde angegriffen und
mit Fußtritten traktiert. Im Laufe der folgenden Stunden wurde die Zahl der DemonstrantInnen immer größer, jedoch hätten sich – so berichten die Zeitungen – jene Frauen aus dem kleinbürgerlichen und bürgerlichen Milieu zurückgezogen, die
in den Morgenstunden an den Märkten um niedrigere Preise gekämpft hatten.

Um 15.30 Uhr musste der Tramwayverkehr eingestellt werden, da die Straßenbahn-
züge in der Herrengasse immer wieder von den Demonstrierenden aufgehalten wurden. Am späteren Nachmittag ging der Demonstrationszug in die Annenstraße. Das
Grazer Morgenblatt schrieb, dass dies auf Grund des Aufrufes „auf zu den Juden in
die Annenstraße"[1] passierte. Beim Annenhofkino wurden Auslagen geplündert; die
Menschen drangen in das Kino ein, zerstörten das Buffet und die Einrichtung. Die
Menge rief: „Heraus mit den Juden aus dem Kino. Nieder mit den Schundfilmen."[2]
Angriffe, Beschuldigungen und Verleumdungen gegen Juden waren in diesen Jahren
massiv. Der Antisemitismus wurde vor allem auch von einigen Grazer Tageszeitun-
gen geschürt (*Grazer Morgen-, Tages-* und *Abendblatt*). Eine eindeutig andere Position vertrat der *Arbeiterwille*.

Gegen 16.30 Uhr wurde am Südtirolerplatz zwischen Griesgasse/Mariahilferstraße
und Hotel Elefant (heute Österreichischer Gewerkschaftsbund) ein Kordon aus Gendarmerie und Soldaten des Volkswehrbataillons gebildet, um die Demonstrierenden

davon abzuhalten, über die Murbrücke (heute Hauptbrücke) in die Innere Stadt vor-
zudringen. Dort wurde das Gebiet um das Amtshaus in der Schmiedgasse von der
Gendarmerie abgesperrt.

Am Abend versammelte sich die Menge vor dem Parteihaus der Sozialdemokraten in der Hans-Resel-Gasse. Die DemonstrantInnen erwarteten sich die Unterstützung von der Partei, jedoch wurden sie durch Wasserwerfer vertrieben. Gegen 18 Uhr
wurde die Menge auf den Südtirolerplatz gedrängt. Dort kam es auch um 19 Uhr zu
den ersten Schießereien. Ein Passant Adolf Grablowitz (Vertrauensmann der Sozialdemokratischen Partei) berichtet: „Ich wiederhole, dass sich während meines ganzen
Vorgehens [in Richtung Südtirolerplatz, B. D.] das Einzelfeuer ununterbrochen fort-
setzte, obwohl rechts und links schon die Toten lagen und auf dem Murplatz selbst
keine dicht gedrängte Menschenmenge mehr stand."[3]

Auch vom Balkon des Hotels Elefant am Südtirolerplatz wurde geschossen. In den
späten Abendstunden wurde das Einschalten der Straßenbeleuchtung in der Herrengasse und den angrenzenden Straßen verhindert, um die DemonstrantInnen in
die Irre zu führen.

Bei der Schießerei kamen 13 Menschen ums Leben (12 Männer, 1 Frau). Der Name der toten Frau war Leopoldine Schnepf, sie war ein Lehrmädchen in der Sporgasse gewesen.

40 Menschen wurden im Erhebungsprotokoll erfasst, darunter 4 Frauen und 36
Männer. Das Alter der erhobenen DemonstrantInnen lag zwischen 16 und 61 Jahren, 7 der Teilnehmenden waren beschäftigungslos, fast alle gehörten dem Arbei-
terInnenstand an. „Aufgrund dieser geringen Anzahl [von Frauen, B. D.] auf eine geringe Frauenbeteiligung zu schließen halte ich für falsch. Es entspricht eher der
patriarchalen Praxis, Männer zu Wort kommen zu lassen."[4]

Folgen

Im Laufe der folgenden Tage kam es immer wieder zu Vorsprachen von organisierten Frauen bei den Landesräten und im städtischen Ernährungsamt. Auf diese Bit-
ten hin wurde eine Kommission zur Preisregelung eingerichtet. In dieser Kommission waren sowohl VertreterInnen der Gärtner und Händler als auch VertreterInnen
der Hausfrauenorganisationen aller drei Parteien. Ab dem 12. Juni wurden die Preise auf den Märkten genau festgelegt und mussten eingehalten werden, im Falle der
Nicht-Einhaltung wurden Geldstrafen verhängt.

Eine weitere Folge war der Rücktritt des Bürgermeisters und der Stadträte von
Graz (im Oktober 1920 wurde neu gewählt).

Reaktionen

Alle politischen Parteien, Organisationen und Medien reagierten ablehnend auf die
Demonstration vom 7. Juni. Zwar zeigten alle Gruppierungen Verständnis für das
Anliegen – die Senkung der Lebensmittelpreise –, aber die DemonstrantInnen und

ihre Methoden wurden aufs Schärfste kritisiert. Die Katholische Frauenbewegung etwa „verurteilt, dass irregeleitete Frauen an diesen tief beklagenswerten Vorfällen teilgenommen hatten"[5].

Auch Martha Tausk, die im Landtag die Sozialdemokratische Partei vertrat, äußert sich vernichtend über die Revolte: „Es gesellten sich zu den randalierenden Hausfrauen die Passanten, die gewöhnlich um diese Zeit in der Herrengasse sind, Studenten, gewesene Offiziere, höchstens der eine oder andere Geschäftsdiener […]."[6] Martha Tausk vertrat wie ihre Partei die Meinung, dass an den Ausschreitungen sicher keine ArbeiterInnen beteiligt gewesen wären. Dies passte nicht in das Bild der Sozialdemokratie der 1920er Jahre, die sich als Nicht-Demonstrierer-Partei profilieren wollte.

Frauen, die namentlich bekannt waren, wurden in den Medien angeklagt. Eine dieser Frauen war eine „Zugereiste" und sie wurde von den Journalisten als Schuldige diffamiert:

> „Die Frau Zedwitz, eine obskure Galizianerin, fühlte das Bedürfnis ‚Volksführerin' zu spielen, wozu sie keine andere Fähigkeit besitzt als die Demagogie, und diese aufdringliche Person benützt, unterstützt von der berüchtigten Megäre Angleitner, die Lust der Frauen nach billigen Kirschen, um in dieser pulvergeschwängerten Zeit so lange herumzuzündeln, bis eine schwere Explosion erfolgte. […] Als dann der von der eitlen, krächzenden Galizianerin entfachte Brand sich durch die Straßen wälzte, erschienen all jene, denen Ordnung nicht wichtig ist. […] Der Plan dieser gewissenlosen Bande ist es Wirrwarr in die Reihen der Arbeiterschaft zu tragen."[7]

Anmerkungen

1 *Grazer Morgenblatt*, 8. Juni 1920, S. 3.
2 Ebd.
3 Berger 1994, S. 62.
4 Ebd., S. 73.
5 *Arbeiterwille*, 11. Juni 1920, S. 4.
6 *Arbeiterwille*, 10. Juni 1920, S. 3.
7 *Arbeiterwille*, 9. Juni 1920, S. 7.

Literatur und Quellen

Arbeiterwille, 9. Juni 1920, S. 5 und 7; 10. Juni 1920, S. 1 und 3; 11. Juni 1920, S. 4.
Berger Petra, *Frauen in Hunger- und Brotkrawallen am Beispiel des Grazer „Kirschenrummels"*. Dipl.-Arb., Graz 1994.
Grazer Morgenblatt, 8. Juni 1920, S. 3.

Erika Thümmel

Von Eros zu Thanatos – Gedanken zur Vergänglichkeit von Denkmälern

Dass der theoretische Anspruch „für die Ewigkeit" nicht sehr zielführend ist und besser nicht in den Mund genommen werden sollte, setze ich in diesem LeserInnenkreis voraus. Nichts hält ewig, und als ausgebildete Restauratorin sind mir alle Stadien des Verfalls wohlvertraut. Ich kenne aber auch das stille und unkommentierte Wegräumen von Denkmälern, das strategische und das unbedachte Zwischenlagern, welches oft in der unreflektierten Entsorgung durch Unwissende endet. Ja, ich wirke sogar mit am „Aufräumen" von Räumen, Plätzen und Fassaden und weiß das oft sogar als Wiederherstellung von mit vielfältigen Erinnerungen überfüllten Orten zu schätzen. Andererseits lässt sich die „Halbwertszeit der Dinge" aber durch den augenscheinlichsten Ausdruck der Wertschätzung, nämlich sorgfältigen Umgang, laufende Wartung, eventuelle Reparatur und Reinigung verlängern. Mein Lehrer Umberto Baldini am „Opificio delle Pietre Dure" sprach poetischer, als ich es kann, von den unterschiedlichen Wegen eines Kunstwerkes von „Eros" nach „Thanatos".

Aber wie lange soll, kann und darf ein Ding nun halten? Hinter dem Erhalten-bleiben-„Sollen" stecken weitreichende Fragen, wie die nach dem Zweck des Erhaltens, zum Beispiel die anzweifelbare Möglichkeit des „Lernens aus Vergangenem", das Mutschöpfen aus Vorbildern, eine touristisch vermarktbare Attraktion für ein paar Jahre oder weil Wertsysteme und Ideologien ihre Symbole in materiell überlieferten Zeugnissen finden. Das Erhalten-bleiben-„Sollen" setzt also einen Nutzen voraus, wobei es derzeit so aussieht, als ob immer mehr die Sachzwänge der volkswirtschaftlichen Umwegrentabilität Berücksichtigung finden.

Hinter dem Erhalten-bleiben-„Können" steckt Physik und Chemie. Wie schnell zerfällt ein Betonblock und in was spaltet er sich auf? Unter welchen Bedingungen hält ein Stück geformtes Holz oder wird zu fruchtbarer Erde? An diesem Punkt nimmt man nicht den Kampf gegen den Markt, sondern den gegen die Natur auf. Verfolgt plötzlich die Idee, entgegen der Forderung nach ökologisch sinnvoller Kreislaufwirtschaft und rascher Abbaubarkeit, ein gewisses Ding dem Kreislauf des Entstehens und Vergehens zu entreißen – nur weil irgendwer es für wichtig hält oder zu Kunst erklärt hat, was der Materie selbst, boshafterweise, völlig „wurscht" ist …

Hinter dem Erhalten-bleiben-„Dürfen" stecken öffentliche Budgetgewichtungen und Politik, hier spiegeln sich die stete Definitionsmacht und der Herrschaftsanspruch über die Dinge wider und somit auch das bewusste Zerstören der falschen Zeichen. Bemerkenswert ist, dass dabei wirtschaftliches Florieren keineswegs das Konservieren der Dinge fördert, sondern ganz im Gegenteil – es ist immer wieder Niedergang und Armut, die bewirken, dass Dinge zufällig oder aus Not die Jahrhunderte überdauern. Nicht mehr gegeben ist auch das bürgerliche Selbstverständnis für das Bewahren. Werner Kitlitschka bemerkt zum Beispiel, dass „das bislang weitgehend mit ungeteiltem Beifall bedachte Sammeln, wissenschaftliche Aufbereiten und Präsentieren überkommener gegenständlicher Kulturzeugnisse sich keinesfalls mehr in einem Klima allgemeinen gesellschaftlichen und kulturpolitischen Konsenses abspielt"[1]. Der Wissenschafter und Philosoph Vilém Flusser formuliert noch pointierter, „wonach uns die Vergangenheit nichts mehr angeht" oder mit der „Nichtigkeit des Geschichtsunterrichtes, der wir uns heimlich bewusst sind"[2]. Der Geist einer der unübersichtlichen Fülle von Kulturgütern überdrüssig gewordenen Politik, die mit populistischen Sparappellen agiert, zeigt sich auch in den Liberalisierungstendenzen des seit 1. Jänner 2000 gültigen Österreichischen Denkmalschutzgesetzes.

Dieser abgeklärten Einschätzung hinsichtlich Dauerhaftigkeit zum Trotz kann sich gerade aber im Denken in historischen Dimensionen auch das Gefühl entwickeln, die zeitliche Dimension, in der wir agieren (müssen), bewusst zu reflektieren. Bezogen auf die Würdigung von Frauen tue ich mir nämlich auch aus anderen Gründen schwer mit dem schweren – und bezogen auf den aktuellen Diskurs antiquiert wirkenden – Begriff „Denkmal". Lebendiger gelingt es, über die Gestaltung von möglichst öffentlichkeitswirksamen Ausstellungen Frauen in den wissenschaftlichen und künstlerischen Diskurs einzubeziehen und damit dem Verdrängungsprozess von der allgemeinen Bildfläche entgegenzusteuern. Damit verbundene Publikationen bzw. Kataloge stellen oft eine erste Veröffentlichung dar und ziehen, wie die aktuellen Würdigungen von Katharina Prato oder Norbertine Bresslern-Roth zeigen, immer wieder Folgeprojekte nach sich bzw. führen zu einer Steigerung der Wertschätzung für wahre Monumente der Alltagskultur, wie beispielsweise ein oftmals gestopfter Socken im „Berg der Erinnerungen".

Und doch – als von den kurzen Halbwertszeiten moderner Medien irritierte und von der allgemeinen Gehetztheit genervte Künstlerin – hat sich in mir das dem völlig entgegengesetzte Bedürfnis entwickelt, jetzt wirkende Frauen in einige Jahrhunderte haltbaren Techniken zu malen.

Anmerkungen

1   Zit. nach Thümmel 2002, o. S.
2   Zit. nach ebd., o. S.

Literatur

Thümmel Erika, „Die Halbwertszeit der Dinge – oder über den Qualitätsbegriff in der Restaurierung", in: *Mitteilungen des Österreichischen Restauratorenverbandes* 8 (2002) [Konservieren – Restaurieren], S. 21–28.

Eva Rossmann

Hängt sie hoch!

Natürlich hätte ich gerne eine Würdigungstafel für mich. Also, wer wird nicht gerne gewürdigt? Und noch dazu mit einer Tafel – das hat so etwas Bleibendes, etwas, das über ein Lob hinausweist. Es hinterlässt eine Spur. LeserInnen können den Faden aufnehmen, aufrollen, nachfragen: … wer war denn die? … wer ist denn die?

Allerdings: da gibt es eben diese Sache mit dem „war" und mit dem „ist". Gewürdigt werden bei uns am liebsten schon Verstorbene, da weiß man posthum etwas besser, wie man dran ist. Da kann mit der Würdigung kein Fehler passieren, etwa in der Art, dass sich da eine zwanzig, dreißig Jahre im Dienste des Allgemeinwohls (was immer als solches verstanden wird, liegt freilich in der Hand der oder des Würdigenden) aufgeopfert hat, um dann in späten Jahren eine Bank zu überfallen, eine Bank zu gründen, ein ehrenwertes Denkmal zu beschmieren oder nackt auf einem Tisch zu tanzen.

Aber es muss sich ja niemand durch eine Würdigungstafel tot kriegen lassen, quasi erstarrt vor der eigenen attestierten Würde. Man kann … auf die nächste Würdigungstafel hinarbeiten, oder besser, hinleben. Weil eben wahrgenommen und gewürdigt zu werden schon was ist. Du bist dann quasi wer, dokumentiert.

Es soll ja Bürgermeister geben, die ihr Gemeindeamt nur deswegen umbauen lassen, um danach auch auf der Denk- und Gedenktafel im Foyer zu stehen. Bedenke: Monate mit Staub und Schmutz und leere Gemeindekassen und „angefressene" GemeindebürgerInnen, die zwar nichts tun, aber desto Ausführlicheres über die neue Fassadenfarbe zu sagen wissen, aber dann: ein Foyer mit glänzendem Granitboden (der Architekt hat Marmor für zu herrschaftlich erklärt, es gehe um BürgerInnennähe und Bodenhaftung, also Granit, aber poliert – und außerdem: das sieht eh fast gleich aus wie der Marmor) und die Enthüllung der Tafel, auf der nach allen anderen Bürgermeistern, die das Gemeindeamt umgebaut oder ansonsten lokale Großtaten vollbracht haben, nun auch der Name des amtierenden Bürgermeisters in Kupfer herausgearbeitet oder in Stein gemeißelt zu lesen ist. „Verewigt" ist er, allein das Wort lässt kleine kapuzinergruftadäquate Schauer über den Rücken jagen.

Was ist heute schon noch für die Ewigkeit? Selbst Staubtücher gibt es schon, die nach dem Einmalgebrauch einfach weggeworfen werden. Und bekanntlich ist nichts so alt, wie das gestrige Fernsehprogramm. Eine Würdigungstafel aber … mit meinem Namen drauf … sogar irgendwo in Graz, wo manches ohnehin zeitlich losgelöst erscheint, man denke an gewisse Geschäfte in der Sporgasse, die, seitdem ich ein Kind war, die gleiche Auslage haben (obwohl, eines muss schon gesagt werden, es scheint irgendjemanden zu geben, der alle paar Jahre abstaubt, Graz ist eine saubere Stadt) …

Hingegen eine Fernsehsendung. Da sagen sie etwas über einen und man darf vielleicht sogar selbst ein paar Sekunden etwas sagen. Aufregung, ob man just die richtigsten aller Worte findet und sich schönstmöglich ins Bild setzt (weil es machen ja mehr die Bilder als die Worte, das weiß inzwischen wirklich jede). Und dann hocken auf der anderen Seite des Fernsehers welche, die gerade in diesen Sekunden aufstehen und aufs Klo gehen.

Natürlich, auch eine Würdigungstafel kann ignoriert werden. Aber sie ist trotzdem immer da. Sonnenbeschienen und auch im Nebel erzählt sie davon, dass es mich gibt – oder eben, dass es mich gegeben hat. Allemal besser als ein Grabstein, weil noch die Hoffnung bleiben kann, dass die, die da gewürdigt wurde, ja trotzdem noch lebt.

Am liebsten wär' mir eine Würdigungstafel aus Plastik, aber aus einem guten, einfach weil bekannt ist, dass die am längsten durchhält. Oder aus irgend so einem weltraumerprobten High-Tech-Material, mit dem sonst üblicherweise auf Haushaltsmessen und in schicken Katalogen geworben wird, um die Haltbarkeit von Pfannen oder Autos zu betonen.

Natürlich könnte ich mich auch bescheiden und noch dazu umweltbewusst geben und sagen, macht mir eine Tafel aus zu hundert Prozent verrottbarer Pappe, aber das tut die dann auch, sie verrottet, und keiner, der in hundert Tagen oder Jahren durch Graz spaziert, wird wissen, wie umweltbewusst ich gewesen bin, weil ja leider … eben, schon verrottet. Also wenn, dann wenigstens dauerhaft.

„Eva Rossmann" würde auf dieser Tafel stehen und … – und was dann? Wer entscheidet eigentlich, was sonst noch draufsteht? Und: macht diese Person damit mein Leben aus, quasi, so war die und nicht anders und auch nicht mehr als das? Für ewig und einen Tag festgeschrieben, wer ich bin – und damit auch, wie ich zu sein habe? Da hat die neuzeitlich ultimative Form der Würdigung, das Fernsehen, doch auch seine Vorteile. Da bin ich flüchtig und schon wieder weg, verpackt zwischen Kriegen und Literaten und Werbung für Schokolade, von der sogar richtige Männer essen wollen.

Na gut, Krimiautorin könnte auf der Tafel draufstehen, das wär' mir recht und wichtig, und natürlich auch etwas über mein frauenpolitisches Engagement, schon wegen des Vorbildes (so viel, um die BetrachterInnen ins Werten zu bringen, ob ich wirklich ein Vorbild bin, hat auf einer solchen Tafel ohnehin nicht Platz), und außerdem sollte ich noch als Köchin ins Zeitlose gesetzt werden, darauf wäre ich stolz, und vielleicht noch als …

Ach was, schreibt einfach drauf: „Eva Rossmann". Und alle, die vorbeigehen wollen und lesen und vielleicht sogar kurz stehen bleiben, sollen sich eine Geschichte ausdenken, wer die ist. Wer die gewesen sein kann. Und vielleicht mach' ich einen Teil dieser Geschichten auch noch wahr. Was weiß ich, wie ich morgen bin oder in zehn Jahren, in fünfzig? Und wer weiß, ob ich dann noch eine Würdigungstafel kriegen würde? Also gebt sie mir gleich, hängt sie so hoch, dass nicht jeder Köter hinpinkeln kann (und niemand solche Schweinereien lustvoll als gesellschaftspolitisches Statement zu interpretieren im Stande ist) und lasst den Rest offen …

Brigitte Dorfer

Vom Hören und Sehen:
Das Sichtbarmachen der Grazer Frauen

„In die Erinnerung drängt sich die Gegenwart ein und der heutige Tag ist schon der letzte Tag der Vergangenheit. So würden wir uns unaufhaltsam fremd werden ohne unser Gedächtnis an das, was wir getan haben, an das, was uns zugestoßen ist. Ohne unser Gedächtnis an uns selbst."[1]

Erinnerung ist ein wesentlicher Aspekt der FrauenStadtSpaziergänge, wobei die Etymologie des Wortes nicht unwesentlich zum Verständnis beiträgt. Im Mittelhochdeutschen hatte „erinnern" die Bedeutung von „machen, dass sich jemand einer Sache inne wird" und was mir „inne wird", kann mir nicht mehr fremd sein. Im Neuhochdeutschen wird „erinnern" verwendet als „sich ins Gedächtnis zurückrufen", „auf etwas aufmerksam machen", „mahnen".

Am 13. November 2003 beschließt der Grazer Gemeinderat, dass bei der Benennung von Straßen, Wegen, Plätzen und Parkanlagen in Zukunft „Namen von Frauen

Tafel zur Inge-Morath-Straße, 2004

Brigitte Dorfer im Martha-Tausk-Park,
28. Juli 2004

vorrangig zu verwenden sind"[2]. Bei einem Verhältnis von 796 männlichen gegenüber 29 weiblichen bei insgesamt 1592 Namensbezügen ein durchaus einsichtiger
Schritt. In der gleichen Sitzung wird beschlossen, dass der Park bei der Nordspan-
ge (im Bezirk Geidorf) nach Martha Tausk benannt wird und eine Straße in einem
anderen Stadtteil von Graz nach Inge Morath. Ein Meilenstein im Sichtbarmachen
von Frauen im öffentlichen Raum der Stadt. Soll das heißen, dass all das Bemühen,
das in den letzten Jahren zum Sichtbarmachen von und zur Erinnerung an Frauen
in der Stadt geleistet wurde, nun auch Ausdruck in politischen Entscheidungen findet?

Seit über einem Jahrzehnt gibt es die FrauenStadtSpaziergänge in Graz, bei denen
wir Erinnerungen an Frauen dieser Stadt wecken. Das Bedürfnis, Geschichten über
unsere Vorgängerinnen zu hören, ist groß. Manchmal hilft es uns, unsere eigenen Visionen zu hinterfragen, eigene Denkräume größer zu machen.[3] FrauenStadtSpaziergänge haben durchaus die Tendenz inne, Lebensbrüche zu glätten, Biografien als einfach erklärbar aufzuzeigen. Ich erlebe es als Balanceakt, einen Ausgleich zu finden
zwischen dem, was gehört und gesagt werden „will", und dem, wo es notwendig ist,
auch über Brüche zu sprechen. Was erzählt wird, ist aber auch abhängig von der Be-
reitschaft der ZuhörerInnen, Erzähltes wahrzunehmen und zu verarbeiten.

Dass aber nun auch Straßennamen in Graz nach Frauen benannt werden, hat
durchaus mit den FrauenStadtSpaziergängen zu tun und mit WOMENT!. Bettina
Behr hat mit ihrer Idee des Sichtbarmachens einen wesentlichen Schritt gesetzt. Das
Würdigen von Frauen im öffentlichen Raum, sie selbst und ihre Geschichte sichtbar
zu machen, ermöglicht uns – den BetrachterInnen –, uns die eigene Geschichte an-
zueignen, uns der eigenen Gegenwart und Bedeutung bewusst zu werden und die eigene Existenz gewissermaßen auch mit zeitlicher Tiefe zu versehen.

Die Würdigungstafeln haben meinen Zugang zu den FrauenStadtSpaziergängen wesentlich verändert. Eine Tafel ist, wie andere Denkmäler auch, ein Symbol. Dieses Netz von Symbolen, das die Stadt nun durchzieht, findet eine eigene Sprache, eine eigene Erinnerung bei den BetrachterInnen[4]. Bei den FrauenStadtSpaziergängen können wir diese Erinnerungen ergänzen, aber ein sichtbares Symbol bleibt viel stärker im Bewusstsein als „die Bilder im Kopf"[5], die wir bislang erzeugten.

Die Stadt prägt den Alltag der BewohnerInnen und Straßennamen sind nicht nur Orientierungshilfen, sondern prägen sich auch ins Bewusstsein der Menschen, indem sie an Häuserfronten gut lesbar angebracht sind. Auch Tafeln prägen sich in den Alltag ein, wir als Betrachterinnen verknüpfen sie mit Erinnerungen.

Ich wünsche mir, dass dieses Netz der Würdigungstafeln enger gespannt wird in Graz, dass diese Lücken im Wissen über Frauen geschlossen werden und nicht mehr folgende lapidare Erklärung als Rechtfertigung des Unsichtbarmachens von Frauen herangezogen wird:

> „Aus dem Grund, dass seinerzeit Frauen nicht so sehr in der Öffentlichkeit gestanden sind, lässt sich das [ungleiche Verhältnis in der Benennung der Straßen, B. D.] erklären. Um nun der heutigen gesellschaftlichen Entwicklung Rechnung zu tragen, soll bei einer Benennung nach Persönlichkeiten zukünftig eine Benennung nach Frauen vorrangig berücksichtigt werden."[6]

Die Recherchen zu den Würdigungstafeln ermöglichten es mir, Kontakt aufzunehmen mit Menschen, die sich von einer anderen Perspektive den Tafeln näherten, sei es als Gewürdigte, als Familie der Gewürdigten, als ZeitzeugInnen. Die Geschichten hinter den Tafeln sind vielfältig, zeigen die Unterschiedlichkeiten im Zugang. Da ist Inge Morath, die mit ihrer Würdigungstafel auch ihre Großmutter ehren will. Da ist die Familie von Marisa Mell, die die Tafel als Anlass nimmt, in sehr berührender Weise sich wieder mit der Kusine, Nichte, Großtante Marisa Mell zu beschäftigen. Und da ist Olga Neuwirth, deren Tafel dort nicht angebracht werden darf, wo wir sie gerne gehabt hätten, nämlich an der Kunstuniversität. Der Rektor lehnt dies – ohne die Möglichkeit zu einem Gespräch – ab.

Mit den Würdigungstafeln wurden Zeichen gesetzt, die im öffentlichen Raum sichtbar bleiben, die nicht wieder verschwinden und der Vergessenheit preisgegeben werden. Auch wenn die Tatsache, dass „Denkmäler [...] Auskunft über politische Absichten dieser geben, die sie erreicht haben, und nicht unbedingt über Schicksale jener, an die sie zu erinnern vorgeben"[7], so ist es ein überaus erfreuliches Zeichen, dass es ab nun in Graz 23 Tafeln gibt, die würdigen, was Frauen und Fraueninitiativen erreicht haben. Worte, die wir hören, so wie es bei den FrauenStadtSpaziergängen passiert, werden schneller vergessen, Worte, die wir lesen, werden in unserem Gedächtnis verankert bleiben und uns eventuell daran erinnern, was wir einmal dazu gehört haben.

Anmerkungen

1 Wolf 2000, S. 14.
2 Bericht an den Grazer Gemeinderat A 10/6-504/1-2003, S. 3.
3 Vgl. Dörr/Kaschuba/Maurer 2000.
4 Vgl. Csáky 2001, S. 258 ff.
5 Vgl. Dorfer 2003, S. 29.
6 Bericht an den Grazer Gemeinderat A 10/6-504/1-2003, S. 2.
7 Rath/Sommerauer/Verdorfer 2000, S. 9.

Literatur und Quellen

Bericht an den Grazer Gemeinderat A 10/6-504/1-2003.

Csáky Moritz, „Altes Universitätsviertel: Erinnerungsraum, Gedächtnisort", in: Ders. (Hg.), *Die Verortung von Gedächtnis*, Wien 2001, S. 257–277.

Dörr Bea, Kaschuba Gerrit, Maurer Susanne, „*Endlich habe ich einen Platz für meine Erinnerungen gefunden.*" *Kollektives Erinnern von Frauen in Erzählcafés zum Nationalsozialismus*, Pfaffenweiler 2000.

Dorfer Brigitte, „Die Bilder im Kopf oder Ehre wem Ehre gebührt", in: *Laufschritte* (2003) 1, S. 29.

Rath Gabriele, Sommerauer Andrea, Verdorfer Martha (Hg.), *Bozen Innsbruck. Zeitgeschichtliche Rundgänge*, Wien–Bozen 2000.

Wolf Christa, *Kindheitsmuster*, München 2000.

Ilse Wieser

Die Stadt und ihre Erzählungen

„Die Notwendigkeit von Geschichte ist tief in den psychischen Bedürfnissen der Menschen und im menschlichen Streben nach Gemeinschaft verwurzelt. Niemand kann diese Notwendigkeit besser bezeugen als Mitglieder von Gruppen, denen eine Vergangenheit, aus der sie Kraft beziehen können, vorenthalten worden ist. […]
Keine Gruppe von Menschen hat länger unter diesen Bedingungen gelebt als Frauen.“[1]

FrauenStadtSpaziergänge und FrauenStadtRundfahrten sind in Graz und in anderen Städten auf die Initiative von feministischen Historikerinnen seit den 1980ern zurückzuführen. Sie vermitteln ihre Forschungen an eine größere Öffentlichkeit – nicht nur um Frauen aus der Vergangenheit darzustellen und damit zu würdigen, sondern auch um einen – besonders gegenüber Sexismus und Unterdrückung – kritischen Blick auf die gesamte Geschichte zu werfen.

„Wir leben in einer Welt, in der nichts ohne die aktive Teilnahme von Männern und Frauen geschieht und dennoch hören wir ständig von einer vergangenen Welt, in der Männer als Handelnde und Frauen als die Erleidenden gesehen werden.“[2]

Durch die Benachteiligung der Frauen im Bildungswesen und durch den Mangel an Wissen über das Wirken der Vorfahrinnen mussten Frauen immer wieder ihre Geschichte neu entdecken und neu finden. Lange war es noch dazu ein Klassenprivileg, Zugang zu Überlieferung und später zu gedrucktem Wissen zu haben. Keine Generation konnte auf dem Wissen der vorigen aufbauen.

Historische FrauenStadtSpaziergänge sind ein Mittel, dem Vergessen entgegenzuwirken und das Leben, das Denken und die Kreativität von Frauen zu würdigen. Der Wert der Bildung für Frauen, die Bedeutung des Wissens um unsere Vergangenheit und der Lebensentwürfe von Frauen in ihrer Vielfältigkeit und Widerständigkeit gegen vorgefertigte Rollen – dafür möchten wir bei den FrauenStadtSpaziergängen Anregungen geben.

„Hier ist es also, dachte sie. Und. Du musst alles ganz genau ansehen. Schau alles genau an. Damit du dich erinnern kannst. Hier wird es gewesen sein. Hier. Immer wieder sagte sie sich das vor. Und sah hinaus. Starrte hinaus, sich alles zu merken. […] Du wirst es vergessen, wenn du nicht schaust, rief sie sich zu und starrte wieder auf die Scheiben.“[3]

Frauengeschichte will dem selektiven Vergessen, dem aktiven Akt des Schweigens, dem „Großen Vergessen" (Gerda Lerner) entgegentreten. Bis auf die letzten dreißig Jahre war sie durch eine typische Verzerrung gekennzeichnet: „Wir sahen sie durch die Linse der Wahrnehmungen von Männern und nochmals gebrochen durch die Wertvorstellungen, aus denen Männer ihre Maßstäbe beziehen."[4]

Frauengeschichte wird vor allem durch das Vorhandensein von schriftlichen Zeugnissen aus der Vergangenheit konstruiert. Vieles wurde vernichtet, vieles verstümmelt. Manchmal gibt es Andeutungen, kurze Sequenzen, die einen Teil eines Puzzles bilden können. Steingewordene Zeugnisse sind selten.

Als mich im Sommer 1997 Evelyn Fox Keller bei einem Spaziergang durch die Stadt fragte, wer nun die berühmten Frauen in Graz seien, wurde mir bewusst, dass es an der Zeit war, diese Frauen nicht nur zu finden, sondern auch dauerhaft sichtbar zu machen. Das Buch *Über den Dächern von Graz ist Liesl wahrhaftig*[5] war im Vorjahr erschienen – das war ein Anfang. Die Broschüre mit *Acht berühmten Frauen in, aus und um Graz*[6] erschien drei Jahre danach.

Mit dem Konzept der FrauenStadtSpaziergänge „Diskussion auf der Straße" seit dem Jahr 2000 laden wir Zeitzeuginnen und Expertinnen ein, zu erzählen und mit den Teilnehmerinnen zu diskutieren. Es erlaubt den direkten Kontakt mit Zeugin-

Titelblatt der Broschüre
„Frauen zu Graz", Graz 2000

FrauenStadtSpaziergang vor der Karl-Franzens-Universität Graz, 14. Juni 2003

nen der Gegenwart und der vergangenen Jahrzehnte. Das Interesse ist groß und die Begegnungen erwecken den Eindruck, dass etwas in Bewegung gebracht wird.

Seit die Würdigungstafeln angebracht sind und die Erzählung in Sichtweite der Tafeln stattfinden kann, gibt es einen neuen Bezugspunkt des Sehens. Es entstehen nicht nur Bilder aus der Schilderung, sondern es gibt nun einen Teil der Stadt, der sich selbst sichtbar macht. Das Erzählte erscheint als ein bezüglicher Teil der Tafel, als Teil einer Gesamtheit. Damit ist die Erzählung auch ein Teil der Stadt und ihres Gedächtnisses geworden.

Die Tafeln sind Zeichen einer Gedächtnisspur der Stadt, die neu gelegt wurde. Sie sind Zeichen, Hinweise. Sie stellen einen Teil der steingewordenen Stadt dar, sind wie Fenster in die Geschichte, deren Flügel durch die Erzählung immer wieder geöffnet werden können.

Die Tafeln sind nun Repräsentantinnen des Gedächtnisses der Stadt geworden und dort geht auch die Erzählung ein. Es ist für mich sehr deutlich erlebbar, dass durch die Würdigungstafeln und die Bezugnahme darauf das Gesagte Besitz der Stadt geworden ist. Die Tafeln sind aber auch selbst Zeugnis. Denn die WOMENT!-Produktion 20+03 ORTE und ihr Herstellungsprozess sind auch Inhalt der Schilderung. Die Erzählung also hält einen vielschichtigen Prozess der Erinnerung in Gang beziehungsweise bringt ihn immer wieder in Bewegung.

Die FrauenStadtSpaziergänge verstehe ich als feministische Basisarbeit in der Erwachsenenbildung. Die Erzählung als Zeugnis des Lebens, des Denkens und der Kreativität von Frauen steht im Mittelpunkt. Geschichte und Geschichten können Bilder entstehen lassen, die verändern. Nun sind einige davon dauerhaft sichtbar. Sie sind ein Schritt zur Wahrnehmung einer ungeteilten Vergangenheit.

Anmerkungen

1   Lerner 2002, S. 174.
2   Ebd.
3   Streeruwitz 2000, S. 76 f.
4   Lerner 2002, S. 89.
5   Unterholzer/Wieser 1996.
6   Dorfer/Wieser 2000.

Literatur

Dorfer Brigitte, Wieser Ilse (Hg.): *Frauen zu Graz. Acht berühmte Frauen in, aus und um Graz*, Graz 2000.

Lerner Gerda, *Zukunft braucht Vergangenheit. Warum Geschichte uns angeht*, Königstein 2002.

Streeruwitz Marlene, *Lisa's Liebe*, Frankfurt am Main 2000.

Unterholzer Carmen, Wieser Ilse (Hg.), *Über den Dächern ist Liesl wahrhaftig. Eine Stadtgeschichte der Grazer Frauen*, Wien 1996.

Die weiteren neun WOMENT!-Produktionen

Sabine Fauland

Stadtteilcafé Palaver –
der WOMENT!-INFOPOINT 2003

Im aufstrebenden Bezirk Gries, nahe dem spektakulären Grazer Kunsthaus, liegt das Stadtteilcafé Palaver, das dem Projekt WOMENT! im Jahr der Kulturhauptstadt 2003 als INFOPOINT diente. Die ausgebildete Sozialarbeiterin und Grüne-Gemeinderätin Lisa Rücker führt zusammen mit Conny Wallner seit 1999 das Palaver als Projekt des Grazer Frauenservice. Rücker sieht das Palaver als einen Ort, den Frauen selbst (mit)gestalten und an dem sie sich auch den Raum nehmen können: „Es ist wichtig, dass Frauen Orte haben, über die sie verfügen können."[1]

Vor dem Eingang demonstriert eine schön geschwungene Kreideschrift auf einer Tafel Eigenständigkeit: „Denk falsch, wenn du magst, aber denk um Gottes willen selber!" Das Palaver möchte zur „feministischen Bewusstseinsbildung" (Conny Wallner) beitragen, indem es „Veranstaltungen anbietet, in denen Meinungsbildung passiert, Diskussionen und Auseinandersetzungen zu Frauenthemen angeregt werden", so Lisa Rücker, die als erfahrene Sozialarbeiterin sehr genau um die Situation von

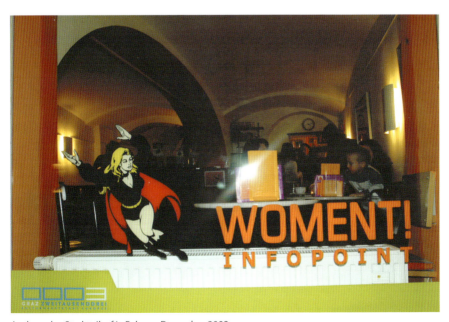

Auslage des Stadtteilcafés Palaver, Dezember 2002

Conny Wallner und Lisa Rücker vor dem Stadtteilcafé Palaver, 2002

Frauen Bescheid weiß, vor allem angesichts ihrer häufig schlechten sozialen Stellung. Besonders betroffen sind ältere Frauen, Frauen mit Kindern, Alleinerzieherinnen im Speziellen: „Frauen sollen öffentlich vorkommen, öffentlich präsent sein, wahrgenommen werden, das ist ein wichtiges Ziel", findet Rücker: „Radikale Forderungen sind die einzige Möglichkeit, Veränderungen überhaupt zu bewirken. Indem man die Grundlagen der Gesellschaft in Frage stellt, indem man auf die herrschenden (Miss-) Verhältnisse hinweist, und nicht sagt, wir wollen ein bisschen, wir wollen die Hälfte – wir wollen das Ganze!"

Ganz konkret unterstützt das Palaver Frauen mit seinem von Stadt, Land und vom Arbeitsmarktservice gestützten Beschäftigungsprogramm: Bis dato[2] konnte fünfundzwanzig Frauen als Transitmitarbeiterinnen der Wiedereinstieg ins Arbeitsleben ermöglicht werden. Die Zielgruppe des engagierten Programms sind Frauen mit erschwertem Zugang zum Arbeitsmarkt, vor allem langzeitarbeitslose Frauen, besonders ältere Frauen, Wiedereinsteigerinnen und Migrantinnen ohne (ausreichende) Qualifizierung, die häufig durch das sprichwörtliche soziale Netz fallen. Dem Café angeschlossen ist eine „Schreibstube", ausgestattet mit Computern mit Internetzugang, Druckern und Scannern, in der Frauen ihren bürokratischen Alltag bewältigen können, Informationen zugänglich gemacht werden und Hilfestellung angeboten wird, sei es für das Aufsetzen eines Bewerbungsschreibens oder durch das Aufzeigen von Möglichkeiten der Unterstützung. Die Zentralität des Palavers und vor allem die seit Jahren geleistete frauenspezifische Arbeit haben es zu einem idealen Ort der Informationsverbreitung und auch -aufbereitung gemacht. Es war über das Jahr 2003 Informationsdrehscheibe zu allen Aktivitäten des WOMENT!-Gesamtprojektes und zu Grazer frauen- und mädchenspezifischen Angeboten für alle interessierten Personen aus Graz, für Gäste, TouristInnen und MultiplikatorInnen.

Die Zeit der groß angelegten finanziellen Kürzungen hat leider auch das Palaver nicht verschont. Sein Bestehen ist zumindest (oder nur) bis September 2004 gesichert, wenn auch in eingeschränkter Form: Das Beschäftigungsprojekt, das befristete Arbeitsplätze für langzeitarbeitslose Frauen zur Verfügung stellte, fiel den Kürzungen zum Opfer. Stadt und Land sind gefordert! Weiterhin wird das Palaver für Veranstaltungen Raum haben und ein Ort sein, der Informationen und sozialberaterische Erstbetreuung anbietet, interkulturell und frauenspezifisch vermittelt und den WOMENT!-Gedanken verbreitet.

Lisa Rücker: „Ich hoffe, dass sich der WOMENT!-Gedanke auch in einer längerfristigen Förderungs- oder Kulturpolitik verankert. Es ist noch viel zu tun! WOMENT! hat einen wichtigen Schritt dazu beigetragen, eine Veränderung des Bewusstseins herbeizuführen."

Und das Palaver einen wichtigen Teil zur Verbreitung von WOMENT!

WOMENT!-INFOPOINT
Kontakt: Lisa Rücker, Conny Wallner
Netz-Partnerin: Stadtteilcafé Palaver
http://www.frauenservice.at/palaver

Anmerkungen

1   Die zitierten Aussagen stammen aus einem persönlichen Interview mit Lisa Rücker vom 27. August 2003 bzw. einem Interview via E-Mail mit Conny Wallner vom 11. September 2003.
2   Oktober 2003.

Magdalena Felice

Superfrau und ihre ersten 15 Jahre

8. März 2003, Eröffnungsfest des Projektes WOMENT! von Graz 2003 – Kultur-hauptstadt Europas. Es ist seit langem das erste wirklich breit angelegte Fest zum Internationalen Frauentag in Graz. Die unterschiedlichsten Frauen sind da. Das Forum Stadtpark ist voll.

Eine weibliche Figur, auf die ich erstmals Ende der 1980er Jahre auf einer Postkarte stieß, ist überall präsent. Sie ist blond, weiß und vollbusig, mit einem schwarzen Body, schwarzen, anliegenden Stiefeln und einem roten, flatternden Umhang bekleidet. Ihre Taille ist durch einen gelben Gürtel betont, ihren Hals schmückt ein schwarzes Band. Das lange, gewellte Haar liegt auf ihren Schultern und ihrem Rücken auf. Sie hebt ab, fliegt mit dynamisch gedrehtem Oberkörper und nach oben gestreckten Armen aufwärts und blickt dabei entschlossen und ernst zur Seite. Sie will hinauf und ganz hoch hinaus.

Es ist Superfrau! Eine Figur, die die Grazer Künstlerinnen Veronika Dreier und Eva Ursprung 1988 entwarfen und in die Öffentlichkeit lancierten, als sie Graz im Rahmen der feministischen Künstlerinnengruppe Eva & Co zum „Intergalaktischen Zentrum für Superfrauen" ernannten.

Auf so vielfältige Weise, auf so vielen verschiedenen Bildträgern ist sie mir jedoch noch nie begegnet: Am Weg flattert sie mir auf Fahnen über der beidseitig doppelspurigen Keplerstraße entgegen. Sie dient als Logo und Erkennungszeichen auf Einladungskarten und Broschüren, hebt als vier Meter hohe Hintergrundfigur von der Bühne ab, ziert blaue Luftballons, erscheint vor violett-rot-orangem Hintergrund auf Postkarten und Lesezeichen, verwandelt die gekochten, weiß strahlenden Eier der Sponsorfirma „Tonis Freilandeier" kurz vor Ostern durch ihr Abbild zu „Supereiern" und lädt zum Verspeisen von köstlichen Törtchen ein, auf die sie mittels Computerdruck auf den Zuckerguss aufgebracht ist – Eiweiß und Zucker als Kraftspender und die Superfrau zum Einverleiben! –, im durchsichtigen, mit Flüssigkeit gefüllten Teil von Kugelschreibern erhebt sie sich, wenn man die Spitze der Schreiber nach oben dreht, in die Lüfte über Graz, auf gleiche Höhe mit dem Grazer Wahrzeichen, dem Uhrturm am Schlossberg, der am statischen Hintergrundbild, umgeben von Ufos, zu sehen ist. Dreht man die Spitze nach unten, landet sie sanft am Grazer Hauptplatz.

Fünfzehn Jahre sind seit ihrer „Geburt" vergangen und sie ist seitdem immer wieder als weibliche Heldin und „Kraftspenderin" aufgetaucht. Sie ist zu einer „historischen Figur" geworden, die mit ihrer klischeehaften Erscheinung, die an Helden- und Heldinnendarstellungen in Comics der sechziger Jahre des zwanzigsten Jahrhunderts anknüpft, die noch immer Aufmerksamkeit auf sich zieht, irritiert und noch immer Aktualität besitzt. Aktuelle und historische Gründe ließen sie 2003 auch zum Erkennungszeichen von WOMENT! werden.

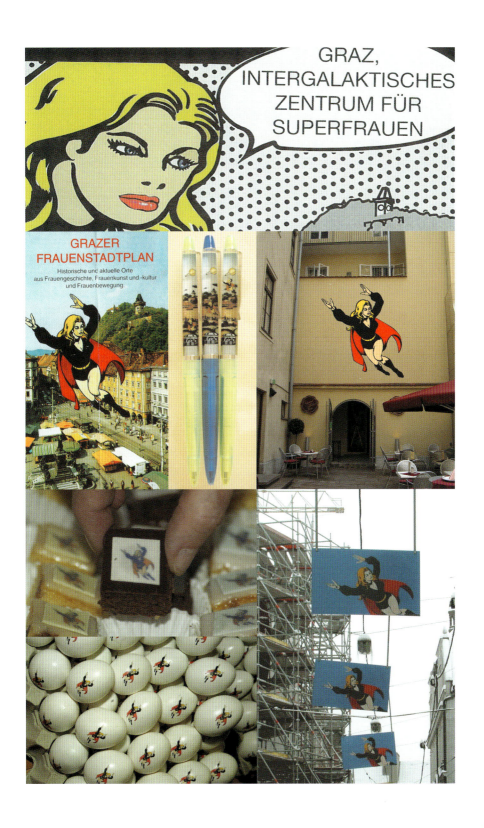

Wie ist es so weit gekommen? Wo und in welchen Zusammenhängen tauchte Superfrau bisher auf? Was wollten die Künstlerinnen Veronika Dreier und Eva Ursprung ursprünglich mit ihr?

Veronika Dreier und Eva Ursprung gehörten zu den Gründerinnen und Herausgeberinnen der ersten feministischen Kulturzeitschrift Europas, *Eva & Co*, die von 1982 bis 1992 in vierundzwanzig Hochglanzbänden in Graz erschien. Im Namen der gleichnamigen Künstlerinnengemeinschaft initiierten und beteiligten sie sich an zahlreichen Ausstellungen und künstlerischen Aktionen im In- und Ausland und förderten damit den Diskurs über feministisches Kunstschaffen in Graz, Österreich und weit darüber hinaus.

1988 entwickelten sie die Superfrau als Beitrag von Eva & Co zu dem Projekt der steirischen Kulturinitiative Ideen für Graz. Ein Kalenderblatt und die oben erwähnte Postkarte mit der weiblichen Superheldin wurden produziert. Die Künstlerinnen riefen Graz zum „Intergalaktischen Zentrum für Superfrauen" aus und banden ihre Superheldin in mehrere Aktionen ein. Es war eine Zeit, in der die Frauen in Graz sehr aktiv waren und Fraueninitiativen in ganz Österreich erstmals von politischer Seite Rückendeckung bekamen. Der Griff nach den Sternen schien legitim. Superfrau ist als Symbol und Identifikationsfigur ein Ausdruck davon. Der inhaltliche Hintergrund, das ursprüngliche Anliegen der Künstlerinnen, liegt aber tiefer und ist vielschichtiger als die oberflächliche Betrachtung vermuten lässt.

Bei der Ausstellung *Lebensraum Frau – Frauenräume* in der Galerie Im Atelier in Gleisdorf flog Superfrau vor dem Eingang. In den Räumen der Galerie waren 365 Fotos aus dem Alltag einer Hausfrau zu sehen. Nicht die Heldentaten einer „Überfrau" wurden ins Zentrum gerückt, sondern die tagtäglichen Arbeiten und Mühen von anonymen Frauen. Superfrau ist die „Heldin in jeder Frau", wie Veronika Dreier es ausdrückt. Und – sie taucht, wie auch ihr männliches Äquivalent, unerwartet auf, vollbringt ihre Tat und verschwindet dann wieder in der Anonymität.

Den Künstlerinnen ging es um das Sichtbarmachen der Anforderungen, die an Frauen gestellt werden, und gleichzeitig um die Formulierung eines Statements: Will eine Frau hoch hinaus, muss sie Übermenschliches vollbringen. Ihre Gestaltung wiederum weist einerseits auf mediale Zwänge, die dazu drängen, einem Ideal nachzustreben, und kann andererseits als Plädoyer für die ironische Nutzung und den spielerischen Umgang mit einer dabei üblichen Bildsprache gesehen werden.

Mit der Aktion „Supergirl" am Gleisdorfer Hauptplatz sollte mit Superfrau schließlich ein weit sichtbares Zeichen gesetzt werden. Sie sollte, acht Meter groß, mit Hilfe eines riesigen Ballons aufsteigen und damit Fiktion und Realität verschmelzen lassen, Kraft spenden und würdigen zugleich. Die Zeit schien aber doch noch nicht reif dafür gewesen zu sein. Der Ballon sauste ohne Heldin davon. Als Schutzherrin über einen Science-Fiction-Literaturwettbewerb von Eva & Co blieb Superfrau der Welt der Fiktion und der Träume mehr verbunden als der Realität.

Seitdem wurde Superfrau immer wieder hervorgeholt. In den 1990er Jahren verwendete sie die Frauenstadträtin und spätere österreichische Frauenministerin Helga Konrad für ein Plakat zu den Grazer Fraueninitiativen. Sie wurde in die Umschlaggestaltungen des Frauenstadtgeschichtebuchs *Über den Dächern von Graz ist Liesl wahrhaftig* und des *Frauenstadtplans* von Graz integriert. Dann wurde es ruhiger um sie.

192

Als Erkennungszeichen von WOMENT! tauchte die Superheldin nun Anfang 2003 wieder auf. Ihre werbewirksame Gestaltung machte sie geradezu prädestiniert dazu, dem feministischen Projekt des Kulturhauptstadtjahres 2003 Aufmerksamkeit zu verschaffen und ein positives Zeichen zu setzen. Bleibt zu hoffen, dass ihre inhaltliche Ebene dabei nicht zu kurz kommt und ihre massive Präsenz – die ihr und uns Frauen zugegebenermaßen sehr gut tut – sie nicht abnutzt. Es ist daher gut, dass sie nach 2003 wieder „abtauchen" wird, denn nur so kann sie in Zukunft wieder überraschend „auftauchen" und stark wirken – der Gewohnheit von Heldinnen und Helden entsprechend. Wir werden sie weiterhin brauchen.

WOMENT!-SUPERFRAU
Gestaltung: Veronika Dreier, Eva Ursprung
Netz-Partnerin: Kunstverein W.A.S.
http://mur.at/was

Doris Jauk-Hinz

Die WOMENT!-Website

Die Website[1] ist die Übertragung vernetzter frauenspezifischer Handlungsstrukturen ins Internet – ein weithin und weiterhin vernetzendes Medium.

Eine Grundlage dieses Mediums ist eine Technologie, an deren Entwicklung eine Frau maßgeblich beteiligt war: Der Vorläufer des heutigen Computers wurde von der englischen Mathematikerin Ada Lovelace (1815 – 1852) mitentwickelt, nach der später die Programmiersprache Ada benannt worden ist. Nach Sadie Plant basierte ihre Arbeit auf der Erfahrung von lochkartengesteuerten Webstühlen. Der Herstellungsprozess von Textilien durch Weben und Vernetzen findet sich in der Hypertextstruktur des Internets wieder.[2]

Frauen haben sich, wie anderer Technologien (zum Beispiel Film und Video), auch des Mediums Internet relativ früh bedient. Sie haben damit neue soziopolitische/künstlerische „Territorien" besetzt und mit der Nutzung horizontaler Systeme – zumindest in unserem kulturellen Gefüge allgemein leicht zugänglich – eine Alternative zu männlich kodierten Systemen gesetzt.

> „Der Cyberfeminismus steckt momentan noch in einem Anfangsstadium. Eine Avantgarde von Forscherinnen, Amazonen und ‚Unangepaßten' hat sich auf feindliches Territorium begeben und dort Neuland vorgefunden, das dringend entkolonialisiert werden muß."[3]

Heute existiert ein dichtes Netzwerk, das Informationsaustausch in frauenspezifischen Bereichen ermöglicht. Über virtuelle Vernetzung entsteht politischer Zusammenschluss. Ein Zusammenschluss, der auf der Wiederaufnahme zerrütteter Utopien entgegen populistisch-konservierender Haltungen basiert: Durch seinen ortlosen und damit „grenzüberschreitenden" Charakter führt das Internet kulturmonopolistische Herrschaftsansprüche ad absurdum.

WOMENT! ist eine Handlungsebene, die existente Arbeitsplattformen zu reflektorischer Arbeit über soziopolitische Beiträge von Frauen zum Grazer Kulturleben organisiert. Die Übertragung ins Internet ist die Übertragung einer realen Vernetzung in eine leichter handhabbare, vernetzte und vernetzende Struktur, mit der Hoffnung, in andauernde vernetzte Handlungsstrukturen überzuführen. Zugleich werden Real-Life-Handlungsstrukturen mit anderen real existenten Plattformen vernetzt.

Die WOMENT!-Website enthält die net-adäquate Aufbereitung des Gesamtprojektes[4]. Die Überblickseite (Sitemap) zeigt eine schematische Darstellung des Aufbaus und der Verknüpfungen innerhalb der Website sowie Verlinkungen nach außen.

Die Ausgangsbasis für die visuelle Gestaltung der Website ist die Projektfarbe Orange. Im Sinne einer sich vernetzenden, kollektiven Arbeitsweise sind das WOMENT!-

Startseite der WOMENT!-Website. Gestaltung: Doris Jauk-Hinz

Logo, die SUPERFRAU als WOMENT!-Werbeträgerin und die Gedenktafeln in der Gestaltung zusammengeführt.

WOMENT! vernetzt die zehn Produktionen der WOMENT!-Netz-Partnerinnen. Die Netz-Produktion 20+03 ORTE ist mittels Texten und Abbildungen in der Website umfangreich dokumentiert. Ein Überblick der 23 ORTE führt nach einer Darstellung der Auswahlkriterien zu den Gedenktafeln, den Inschrifttexten, den Recherchen über die gewürdigten Frauen und Frauengruppen sowie zu einem Plan mit Markierungen der örtlichen Verankerung der jeweiligen ORTE in Graz.

Eine Auswahl der Pressemeldungen aus den Jahren 2001 bis 2003 gibt einen Überblick über die mediale Präsenz von WOMENT!. Das sich ständig erweiternde WOMENT!-Lexikon umfasst historische und aktuelle Leistungen von Frauen und Frauengruppen in, aus und um Graz.

Die Arbeit von WOMENT! im Internet wird – nach ihrer Initiation – zu einem auf selbstorganisierenden Prozessen basierenden Netzwerk.

Anmerkungen

1 Seit 26. September 2002 im Netz.
2 Vgl. Plant 1998.
3 Wilding/Critical Art Ensemble 1998, S. 243.
4 Darüber hinaus ist die kurze Projektinformation in neun Sprachen (bulgarisch, englisch, französisch, griechisch, italienisch, kroatisch, slowenisch, spanisch, türkisch) übersetzt. Initiative und Organisation der Übersetzungen: Brigitte Dorfer.

Literatur

Plant Sadie, *Digitale Frauen und die Kultur der neuen Technologien*, Berlin 1998.
Wilding Faith, Critical Art Ensemble, „Notizen zum politischen Zustand des Cyber-feminismus", in: Baldauf Anette, Weingartner Katharina (Hg.), *Lips Tits Hits Power?*, Wien–Bozen 1998, S. 237–244.

WOMENT!-Website
http://woment.mur.at/
Webdesign: Doris Jauk-Hinz
Netz-Partnerin: Kunstverein W.A.S.
http://www.mur.at/was/

Michaela Kronthaler

FrauenWEGE 2003 – Auf den Spuren religiös bewegter Frauen in Graz

Wer die Kapelle Maria von Magdala[1] in der Wielandgasse 31 betritt, muss sich zunächst auf die Suche nach der Namensgeberin dieses sakralen Raumes begeben. Nur selten wird die *Apostola apostolorum*, wie Maria von Magdala durch das frühe Christentum ehrenvoll betitelt wurde, auf den ersten Blick wahrgenommen. Oft entdecken die Besucherinnen und Besucher dieses Ortes sie erst nach fachkundiger Anleitung in der von natürlichem Licht durchfluteten linken Fensternische seitlich der frontalen Hauptwand.

Die Kapelle Maria von Magdala des Caritas-Ausbildungszentrums für Sozialberufe in Graz ist einer der 20+03 ORTE von WOMENT!, der den „Prozess der Marginalisierung von Frauen im öffentlichen Raum" sichtbar macht.[2] Sie ist der erste und nach wie vor einzige sakrale Raum in Graz und der Steiermark, der zur Gänze von einer Künstlerin – nämlich Minna Antova – gestaltet wurde.

In den Hintergrund und auf Nebenschauplätze der Geschichtsschreibung verwiesene, in die Nischen des Vergessens gedrängte Frauen thematisiert auch das Pro-

FrauenWEG mit Michaela Kronthaler, 2003

jekt „FrauenWEGE 2003 – Auf den Spuren religiös bewegter Frauen in Graz". Es ist eine der zehn Netz-Produktionen der feministischen Gesamtinitiative WOMENT! und wurde von der Katholischen Frauenbewegung Steiermark in Kooperation mit mir als wissenschaftlicher Konzeptorin und Leiterin dieser Netz-Produktion initiiert. Unseren Beitrag haben wir in Form von drei Großveranstaltungen, die – über das Kulturhauptstadtjahr 2003 verteilt – am 8. März, 5. Juli und 11. Oktober stattfanden, und in Form von Rundgängen für angemeldete Gruppen, die von kompetenten Fachfrauen auf diesen FrauenWEGEn begleitet wurden, realisiert.

Die konfessionsübergreifend gestalteten FrauenWEGE machen den Teilnehmenden „vor Ort" religiös motiviertes Frauenleben in der Christentumsgeschichte der Stadt Graz erzählerisch bewusst. Der SR. MARIA KLARA FIETZ-WEG erschließt die Bedeutung weiblicher Spiritualität, von Frauenklöstern und Ordensgründerinnen in der Grazer Innenstadt. Ob Dominikanerinnen, die sich als der erste weibliche Ordenszweig in der Stadt niedergelassen haben, oder Klarissinnen, Elisabethinen oder Ursulinen: Viele Sozial-, Erziehungs- und Bildungseinrichtungen der Stadt Graz, der Caritas und Krankenpflege sind ohne die Beiträge weiblicher Orden nicht denkbar. Grazerinnen wie Leopoldine Gräfin Brandis oder Antonia Maria und Amalia Lampl haben Ordensgemeinschaften errichtet, deren Einrichtungen und Bedeutung sich über die Steiermark und Österreich hinaus erstrecken.

Der zweite FrauenWEG, benannt nach FRIEDA VON MIKOLA und SOPHIE VON SCHERER[3], führt zu den kirchlichen, gesellschafts- und (sozial-)politischen Leistungen. Frau/man trifft auf diesem Weg Frauen mit ausgeprägt politischer Begabung (so auch Marianne Millwisch-Kaufmann oder Olga Rudel-Zeynek), Reformerinnen, „Kirchenerbauerinnen" (wie Anna Gräfin von Saurau-Goëss) und Bekennerinnen (wie Margarete Hoffer) oder auf die Ursprünge der bewegten Geschichte der heutigen Katholischen Frauenbewegung (wie Helene Gräfin Waldstein-Wartenberg und die Ursprünge des weiblichen Vereinswesens in den Kirchen).

Der MARIA SCHUBER[4] – MARGRET BILGER-WEG erinnert an literarische und künstlerische Werke christlich motivierter Grazerinnen (wie Margarethe Weinhandel, Hilda Knobloch) und findet seinen Höhepunkt in der schon eingangs genannten interaktiven Kapelle Maria von Magdala.

Projektidee

Die Netz-Produktion FrauenWEGE 2003 macht Leistungen und Wirksamkeit beziehungsweise Orte religiös motivierter Frauen als (Mit-)Gestalterinnen des kirchlichen und kulturellen Lebens in der Stadt Graz bewusst und möchte sie so dem Vergessen beziehungsweise ihrem Schattendasein entreißen. Die historische Dokumentation von Frauen in der Christentumsgeschichte steht in einem deutlichen Missverhältnis zu dem, wie und was über männliche Protagonisten gesprochen und geschrieben wurde. Bis in die jüngste Zeit dominierte in der kirchenhistoriographischen Darstellung weitgehend der androzentrische Blickwinkel.

Für die Realisierung dieses Projektes wurden von mir drei Rundwege konzipiert, die bewusst konfessionsübergreifend[5] gestaltet sind und Frauen aus dem Raum der christlichen Kirchen zu ihren Subjekten haben. Die Wege sind nach einer oder zwei Grazer Frauen benannt, die wiederum für bestimmte Wirkungsfelder christlich motivierter Frauen stehen. Die FrauenWEGE 2003 konzentrieren sich aus Gründen der praktischen Umsetzung und zeitlichen Durchführbarkeit (rund neunzig Minuten) hauptsächlich auf den Innenstadtbereich der europäischen Kulturhauptstadt. Unter fachkundiger Begleitung wird den Wirkungsstätten dieser Frauen und Schauplätzen ihres Lebens nachgegangen. Von einigen haben wir nur wenige biografische Anhaltspunkte, ihr Leben kann nur „spuren-" und skizzenhaft nacherzählt werden. Ihre Lebensgeschichte ist eine bewegte Geschichte, gezeichnet von Kontinuitäten und Brüchen, von Erfolgen und Erfolglosigkeiten, von Höhen und Tiefen.

Für die Auswahl der auf den FrauenWEGEn behandelten Personen war entscheidend, dass sie entweder in Graz geboren wurden oder von auswärts nach Graz kamen, hier prägend wirkten und so in bemerkenswerter Weise zur kulturellen Entwicklung der Stadt Graz beitrugen. Nur wenige dieser Grazerinnen sind heute noch „bekannt". Die meisten von ihnen wurden im historischen Prozess marginalisiert, verdrängt, verschwiegen und auf diese Weise „namenlos" gemacht. Der geschichtliche Bogen spannt sich vom Mittelalter bis zur Gegenwart. Ausgesucht wurden jene Orte und Plätze, die in einem konkreten Bezug zu den exemplarisch ausgewählten historischen Frauen stehen.

Genese der Netz-Produktion – Konkretisierung und Gestaltung – Organisation

Maria Irnberger, Diözesansekretärin der Katholischen Frauenbewegung Steiermark, ersuchte mich im Frühjahr 2001 um eine Projektidee beziehungsweise um ein wissenschaftliches Konzept für einen Beitrag dieser kirchlichen Frauenorganisation im Rahmen des feministischen Gesamtprojektes WOMENT!. Wenige Monate zuvor war meine Publikation *Prägende Frauen der steirischen Kirchengeschichte*[6] erschienen. Darin werden erstmals in einer kompakten Form prägende Frauen der regionalen Kirchengeschichte vermittelt und so aus dem Schatten androzentrischer Geschichtsschreibung geholt.[7] Auf dieser Basis war der Gedanke leitend, in einer ähnlichen Variante christlich motivierte Grazerinnen und deren Wirken für Graz 2003 sichtbar zu machen: Frauen, die in vielfältiger Weise zur kulturellen Entwicklung der Stadt im kirchlichen, religiösen, politischen, sozialen, künstlerischen Bereich usw. beigetragen haben. Auch die Vorbereitungen zur Jubiläumsfeier „50 Jahre Katholische Frauenbewegung" am 22. September 2001 am Freiheitsplatz in Graz führten klar vor Augen, dass die Leistungen von Frauen nicht in entsprechender Weise in der kirchlichen und gesellschaftlichen Öffentlichkeit bewusst sind.[8]

Für die Umsetzung der Projektmethode wirkten die seit 1991 von Ilse Wieser[9] und Brigitte Dorfer durchgeführten FrauenStadtSpaziergänge im Rahmen des Frauenservice Graz impulsgebend, nämlich „vor Ort" die Forschungsergebnisse erzählerisch darzubieten.[10]

In vielen Besprechungen, E-Mails und Telefonaten zwischen Maria Irnberger und mir nahm das Projekt FrauenWEGE 2003 innerhalb von drei Jahren konkrete Gestalt an. Für den organisatorischen und bürokratischen Teil zeichnete Maria verantwortlich. Sie war in erster Linie die Ansprechpartnerin für Bettina Behr als WOMENT!-Initiatorin und Koordinatorin. Maria vertrat das Projekt in den häufigen Sitzungen mit den WOMENT!-Netz-Partnerinnen. Sie bemühte sich unter anderem um den Vertrag, die Zwischenberichte, die Sicherstellung der Projektfinanzierung. Projektidee, inhaltliche Gestaltung des Projektes, Erstellung des wissenschaftlichen Konzeptes, Form der Durchführung des Projektes – nämlich durch „Fachfrauen" als Multiplikatorinnen beziehungsweise Begleiterinnen der FrauenWEGE – und Text des Folders habe ich beigetragen. Unter Einbeziehung einschlägiger Publikationen[11] galt es, vielfach eigene Forschungsarbeit in diversen Archiven und Bibliotheken zu leisten, um die Lebensschauplätze religiös motivierter Grazer Frauen für dieses Projekt zu recherchieren und deren Geschichte zu erschließen.

Maria Irnberger und ich planten und organisierten die drei Präsentationsveranstaltungen. Anfragen und Anmeldungen zu geführten Gruppen nahm das Büro der Katholischen Frauenbewegung Steiermark am Bischofplatz 4 entgegen. Für die fachliche Begleitung der angemeldeten Personengruppen wurden von mir zwölf Theologinnen, Historikerinnen und Pädagoginnen in das Projekt eingeführt beziehungsweise für das Projekt ausgebildet. Anhand einer von mir erstellten Arbeitsmappe[12], die als Basisinformation diente, sowie in mehreren Arbeitsklausuren setzten sie sich mit dem Inhalt des Projektes auseinander. Sabine Klinger, Nina Kogler, Christina Kölbl, Isabella Kollmann, Livia Neureiter, Eva-Maria Prattes, Elisabeth Puntigam, Ulli Saringer, Andrea Schwarz, Evelyn Seufzer, Eva-Maria Wenig und Andrea Zwetti haben zusammen mit mir von März bis Dezember 2003 an die 1.500 Personen auf den FrauenWEGEn 2003 begleitet und Ergebnisse historisch-theologischer Frauenforschung vermittelt. Livia Neureiter koordinierte unter den Begleiterinnen die Termine für angemeldete Gruppen und versorgte diese mit aktuellen Informationen. Die Begleiterinnen wurden von uns (Maria, Livia und mir) zu einer Zwischen- und Abschlussreflexion im Juni und Dezember 2003 in das Institut für Kirchengeschichte und Kirchliche Zeitgeschichte zum Austausch von Erfahrungen eingeladen.

Als Treffpunkt für angemeldete Gruppen und Ausgangspunkt für alle drei Wege, die voneinander unabhängig oder auch in Form einer Kombination begangen werden konnten, wurde der verkehrstechnisch günstig erreichbare Tummelplatz (Richtung Burggasse) gewählt. An diesem Ort befindet sich heute das Akademische Gymnasium, von 1517 bis zur Aufhebung des Klosters durch Kaiser Joseph II. wirkten an dieser Stelle die Dominikanerinnen, der älteste kirchliche Frauenorden in der Stadt Graz. Im Eingangsbereich der Salzamtsgasse ist eine noch erhaltene spätgotische Kapellenfassade des Frauenklosters erkennbar.

Den Teilnehmenden auf den FrauenWEGEn 2003 wurden eine Zählkarte (in Form eines „Erinnerungs"-Lesezeichens) und ein Folder[13] mit den wichtigsten historischen Informationen ausgehändigt. Alle Publikationen des Projektes (Einladungen, Zählkarte, Folder und Plakate), deren ansprechendes Layout wir der Grafikerin Ursula Kothgasser verdanken, waren mit demselben Bildmotiv, dem Ausschnitt „Maria von Magdala" aus der Kapelle von Minna Antova, versehen. Für das Projekt wurde ein eigenes Logo entworfen, gestaltet von der Grazerin Silvia Koller. Dieses zeigt

frauenWEGE 2003

Auf den Spuren religiös bewegter Frauen in Graz

Zählkarte der FrauenWEGE

drei bewegte Linien, welche die drei Rundgänge symbolisieren, um das Frauensymbol und den Grazer Uhrturm.

Bei den angemeldeten und geführten Gruppen beteiligten sich hauptsächlich kirchliche Frauengruppen, pfarrliche MitarbeiterInnen, SchülerInnen und Studierende. Der größte Anteil der Gruppen kam aus der Steiermark, darüber hinaus konnten wir Gruppen aus dem Burgenland, Oberösterreich, Niederösterreich, Salzburg, Kärnten und Wien die Inhalte der FrauenWEGE vermitteln. Im Hinblick auf das Geschlechterverhältnis dominierte deutlich der Frauenanteil. Vor allem bei den Frauengruppen überwog der Anteil aus der mittleren und älteren Lebensphase.

In der „Euroso", der Summer University an der Karl-Franzens-Universität, habe ich das Projekt am 26. September 2003 zusammen mit Brigitte Dorfer in einem eigenen Workshop zum Programmpunkt „Graz 2003 und die Folgen" erörtert, Bettina Behr von WOMENT! beteiligte sich an der Podiumsdiskussion am Vortag. Aus Anlass des Studientages der Grazer Stadtkirchen in der Schutzengelpfarre am 3. Oktober 2003 stellte ich die FrauenWEGE 2003 in einer Podiumsdiskussion im Rahmen der kirchlichen Initiativen für Graz als Europäische Kulturhauptstadt vor; dabei wurden auch Strategien der Nachhaltigkeit erörtert.

Präsentationsveranstaltungen

Nicht nur eine einzige, sondern drei Großveranstaltungen während des Kulturhauptstadtjahres sollten die FrauenWEGE 2003 in der Öffentlichkeit „dauerhaft" präsent halten. Insgesamt fand die Netz-Produktion ein erfreuliches mediales Echo.[14] Das Präsentationskonzept der FrauenWEGE 2003 sah jeweils einen „theoretischen" einführenden (rund 45 Minuten) und einen „praktischen" Teil vor: die von Fachfrauen begleitete Begehung der FrauenWEGE in Form von Kleingruppen. Die Möglichkeit einer Reflexion beziehungsweise der persönliche Austausch der Teilnehmenden bei einem einfachen Buffet rundeten jeweils die Veranstaltungen ab. Die Präsentationen im Juli und Oktober wurden vom Jugendchor St. Ulrich im Greith, den Eva-Maria Prattes, eine der Begleiterinnen der FrauenWEGE, leitet, musikalisch umrahmt.

Schon die Eröffnungs- und erste Präsentationsveranstaltung am Samstag, dem 8. März 2003, übertraf die von den Projektgestalterinnen gesetzten Erwartungen im Hinblick auf die Beteiligung. Im Kontext des SR. KLARA FIETZ-WEGES wurde als Ort der Präsentation der Festsaal der namensgleichen Schule der Schulschwestern am Kaiser-Franz-Joseph-Kai 16 gewählt. Am ersten, dreistündigen (!) Veranstaltungsprogramm haben an die 200 Personen teilgenommen. Maria Irnberger gestaltete den Eröffnungspart, Grußadressen kamen von WOMENT!-Initiatorin Bettina Behr sowie Studiendekan Hans-Ferdinand Angel von der Katholisch-Theologischen Fakultät Graz. In einer Power-Point-Präsentation wurde das Konzept der FrauenWEGE 2003 vorgestellt. Nach der Begehung der FrauenWEGE in Form geführter Kleingruppen erläuterte Künstlerin Minna Antova den TeilnehmerInnen den von ihr geschaffenen Sakralraum in der Wielandgasse 31. Darauf folgte ein Gespräch zwischen ihr und Diözesanbischof Egon Kapellari. Es ist der Initiative von Sissy Gierlinger-Czerny zu verdanken – die an diesem Tag auch ihr Buch über das künstlerische und theologische Konzept dieser Kapelle präsentierte[15] –, dass Minna Antova als Gestalterin der Kapelle gewonnen werden konnte.

Am Samstag, dem 5. Juli 2003, wurde im Innenhof des Akademischen Gymnasiums der FRIEDA VON MIKOLA – SOPHIE VON SCHERER-WEG präsentiert, der das innerkirchliche und gesellschaftspolitische Engagement von christlich motivierten Frauen in Graz bewusst macht. Nach Grußworten von Gymnasialdirektor Josef Wilhelm, Bettina Behr für WOMENT!, Diözesanbischof Egon Kapellari und Frau Landeshauptmann Waltraud Klasnic wurden in einem Vortrag[16] die beiden Namensgeberinnen dieses Frauenweges und ihre Bedeutung für Kirche, Politik und Gesellschaft den TeilnehmerInnen erschlossen. Aus der Feder von Sophie Edle von Scherer (1817 – 1876), Mutter des bekannten Grazer und Wiener Kanonisten Rudolf Ritter von Scherer, stammt das dreibändige Erziehungs- und Bildungswerk *Erfahrungen aus dem Frauenleben* (1848). In ihrem *Offenen Sendschreiben* (1848) an die erste deutsche Bischofskonferenz in Würzburg brachte sie innerkirchliche Reformideen vor, die über hundert Jahre später auch das Zweite Vatikanische Konzil (1962 – 1965) teilweise realisiert hat. Aus dem (partei-)politischen Flügel der Katholischen Frauenorganisation heraus begründete Frieda Mikola (1881 – 1958) im Jahr 1945 die Österreichische Frauenbewegung. Die Vorsitzende der weiblichen katholischen Jugend auf Landes- und Bundesebene wies ausgeprägte (partei-)politische Begabung auf, kämpfte als christlichsoziale Landtagsabgeordnete (1920 – 1934) für die sozialen Rechte der Frauen, Familien und Jugend und für christliche Werte, als Nationalrätin (1945 – 1949) setzte sie sich für eine soziale Besserstellung der KleinrentnerInnen ein. Bei dieser Veranstaltung wurde von der Referentin auch die Benennung einer Straße oder eines Weges in Graz nach der bedeutenden Politikerin Frieda Mikola angeregt.

Der Veranstaltungsort „Festsaal der Heilandskirche/Martin Luther Haus" für die Präsentation des MARIA SCHUBER – MARGRET BILGER-WEGES am Samstag, dem 11. Oktober 2003, unterstrich die ökumenische Schwerpunktsetzung der Frauen-WEGE 2003. Nach Grußworten von Maria Irnberger, Bettina Behr als WOMENT!-Initiatorin, Senior-Pfarrerin Karin Engele von der evangelischen Kirche, Bischofsvikar Willibald Rodler von der katholischen Kirche und Gemeinderätin Sissy Potzinger in Vertretung des Bürgermeisters der Stadt Graz wurden in einem Vortrag[17] Gemeinsamkeiten der beiden Namensgeberinnen dieses Frauenweges herausgestellt: Mystik beziehungsweise Innerlichkeit, Ökumene, Pilger- beziehungsweise Wanderschaft. Die gebürtige Grazerin Margret Bilger (1904 – 1971) zählt zu den bedeutendsten österreichischen KünstlerInnen der Nachkriegszeit und war Gestalterin zahlreicher sakraler Räume (Malerin, Graphikerin, vor allem Schöpferin von Glasgemälden). Die Grazer Lehrerin Maria Schuber (1799 – 1881), die eine Privatschule für höhere Töchter unterhielt, war eine anerkannte Pädagogin und setzte sich vor allem für die Mädchenbildung am Beginn der 1820er Jahre ein. Mitte des neunzehnten Jahrhunderts brach sie allein zu einer Pilgerreise nach Jerusalem auf – eine für Frauen des damaligen Bürgertums beachtliche Leistung – und verfasste darüber einen 508 Seiten starken Bericht, der 1850 publiziert und zweimal (1854 und 1877) neu aufgelegt wurde.

Ergebnisse und Ausblick

Das Projekt FrauenWEGE 2003 genießt vor allem im kirchlich-katholischen Bereich einen hohen Bekanntheitsgrad. Die Rückmeldungen von Seiten der Teilnehmenden waren überaus positiv, verbunden mit dem Dank für die Sichtbar- und Bewusstmachung der Frauen- und Geschlechtergeschichte in der Kirche. Dem Wunsch nach einer Weiterführung des Projektes wird – wenn auch in stark reduzierter Form – durch zwei jährliche Veranstaltungstermine im Frühsommer und Herbst entsprochen, zu denen Interessierte zum Begehen der FrauenWEGE unter fachkundiger Begleitung eingeladen sind. Das Angebot für die Begleitung von interessierten Gruppen bleibt bestehen, vor allem Schulen sollen verstärkt beworben werden.

Anmerkungen

1   Zur Kapelle siehe den Beitrag von Elisabeth Gierlinger-Czerny, „Kapelle Maria von Magdala", in diesem Band sowie Gierlinger-Czerny 2003.
2   Behr 2003, S. 52.
3   Kronthaler 2001.
4   Kronthaler 2003a.

5 Meine ersten Überlegungen zu den FrauenWEGEn kreisten um ein „interreligiöses" Frauenprojekt. Aus verschiedenen Gründen, wie etwa, dass zur Geschichte der Frauen der nichtkatholischen, das heißt anderen christlichen Konfessionen, des Judentums und auch der anderen Religionen in der Stadt Graz kaum Forschungsarbeiten vorliegen, wurde daraus ein interkonfessionelles, ökumenisch ausgerichtetes Projekt, mit welchem Frauen der christlichen Konfessionen (des Katholizismus, Protestantismus, der Methodistischen Kirche, der Altkatholischen Kirche usw.) präsentiert werden.
6 Kronthaler 2000.
7 Von den adäquaten diözesangeschichtlichen Darstellungen in Mitteleuropa hat sich nur die steirische Publikation in einem eigenen Band der historisch-theologischen Frauenforschung angenommen.
8 Katholische Frauenbewegung Steiermark 2001.
9 Unterholzer/Wieser 1996.
10 Ihnen sei an dieser Stelle nochmals gedankt, dass sie den FrauenWEGEn 2003 als Ergebnis der historisch-theologischen Frauenforschung wohlwollend begegneten.
11 Siehe dazu u. a. die Literaturangaben in Kronthaler 2000, S. 8; weiters Kronthaler 1998; Ludwig 1996; Wagner 2002; Gradwohl-Schlacher 1996; Weiss 1996.
12 Kronthaler 2003b.
13 Kronthaler, 2003c.
14 Aus den vielen Presseberichten siehe z. B. Nina Popp, „Mehr als fromme Frauen", in: *UniZeit* 2 (2003), S. 18 f.; Ulrike Saringer, „Drei Wege durch Graz", in: *Die Furche*, 20. März 2003, Nr. 12; *kfb heute*, 41 (2002/2003) 5, März 2003, S. 4; Gabriele Neuwirth, „frauenWege 2003", in: *Wiener KirchenZeitung*, 20. Juli 2003, S. 24; Herbert Meßner, „Alles Frauen zu verdanken u. Von den Klarissinnen zum Einkaufszentrum. Stationen aus den FrauenWegen", in: *Sonntagsblatt*, 4. Mai 2003, S. 12 f.; Herbert Meßner, „Ihrer Zeit voraus", in: *Sonntagsblatt*, 13. Juli 2003, S. 4 und 7.
15 Gierlinger-Czerny 2003.
16 Michaela Kronthaler, „Mulieres fortes". Frieda von Mikola – Sophie von Scherer und ihre Bedeutung für Kirche, Gesellschaft und Politik.
17 Michaela Kronthaler, Maria Schuber und Margret Bilger – zwei außergewöhnliche Grazerinnen.

Literatur

Behr Bettina (Hg.), *WOMENT! 20 + 03 ORTE. Zur Würdigung von Frauen in, aus und um Graz*, Graz 2003.

Gierlinger-Czerny Elisabeth, *Apostola apostolorum. Maria-von-Magdala-Kapelle, gestaltet von Minna Antova*, Graz 2003.

Gradwohl-Schlacher Karin, „Schriftstellerin und Menschenfreundin. Zur Person und Werk Hilda Knoblochs", in: Unterholzer Carmen, Wieser Ilse (Hg.), *Über den Dächern von Graz ist Liesl wahrhaftig. Eine Stadtgeschichte der Grazer Frauen*, Wien 1996, S. 237–247.

Katholische Frauenbewegung Steiermark (Hg.), *Festbroschüre 50 Jahre Katholische Frauenbewegung* 1951 – 2001 (Kfb heute 1, September 2001), Graz 2001.

Kronthaler Michaela, *Von der Katholischen Frauenorganisation zur Katholischen Frauenbewegung Steiermark*, Graz 1998, unveröffentlichtes Manuskript.

Dies., *Prägende Frauen der steirischen Kirchengeschichte* (Christentum und Kirche in der Steiermark, 5. Heft), Kehl am Rhein 2000.

Dies., „Eine außergewöhnliche Vordenkerin. Zum 125. Todestag der katholischen Sozialreformerin Sophie von Scherer", in: *Sonntagsblatt für Steiermark*, 27. Mai 2001, S. 14.

Dies., „Leben für eine einzige Reise nach Jerusalem. Auf den Spuren der Grazer Pilgerin Maria Schuber (1799 – 1881)", in: *Sonntagsblatt*, 12. Oktober 2003, S. 16 (=2003a).

Dies., *FrauenWEGE. Auf den Spuren religiös bewegter Frauen*, Graz 2003, unveröffentlichtes Manuskript (=2003b).

Dies., *frauenWege 2003. Auf den Spuren religiös bewegter Frauen in Graz. Drei historische Rundwege durch die Grazer Innenstadt*, Graz 2003 [12 S.] (=2003c).

Ludwig Hartmut, „Wie ein Leuchtturm auf dunkler See", in: *Junge Kirche. Zeitschrift europäischer Christinnen und Christen* (1996), S. 470–476.

Unterholzer Carmen, Wieser Ilse (Hg.), *Über den Dächern von Graz ist Liesl wahrhaftig. Eine Stadtgeschichte der Grazer Frauen*, Wien 1996.

Wagner Brigitte, „Vom Abbild zur Gestalt. Zum Werk der Malerin Erika Reiser", in: *Campus F. Das Fürstenfelder Kulturmagazin* (Dezember 2002) 60, S. 4–11.

Weiss Sabine, *Die Österreicherin. Die Rolle der Frau in 1000 Jahren Geschichte*, Graz–Wien–Köln 1996.

FrauenWEGE
Wissenschaftliche Leitung: Michaela Kronthaler, Institut für Kirchengeschichte und Kirchliche Zeitgeschichte der Universität Graz
Projektleitung und -koordination: Maria Irnberger, Katholische Frauenbewegung Steiermark
Netz-Partnerin: Katholische Frauenbewegung Steiermark
http://www.graz-seckau.at/kfb

Constanze Binder, Sylvia Groth, Gerda Haage, Birgit Schörgi, Ines Strasser

Auf den Leib geschrieben.
KörperKult(ur):
Weibesfülle und Widerwille

Ein Versuch, die vier theatralen Szenen optisch
und sinngemäß erlebbar werden zu lassen.

1. Szene

Eine Eisverkäuferin bietet Eis an.

„Meine Damen und Herren! Treten Sie näher und kaufen Sie Eis. Was gibt es Besseres an einem heißen Tag als erfrischendes, köstliches Eis? Na, gnädige Frau? Sie können es sich ja leisten, bei Ihrer Figur. Aber auch für die Dickeren unter uns gibt es keinen Grund zu verzagen. Denn neueste Studien beweisen: Eis beschleunigt den Fettabbau im Körper, das heißt, je mehr Eis man isst, umso mehr nimmt man ab. Also auch nicht zu viel essen … kaufen Sie, kaufen Sie!"

Hat frau das Eis in der Hand, wird sie bestürmt.

2. Szene

Fotografin: „Meine Damen und Herren! Bleiben Sie, wo Sie sind, ich komme zu Ihnen! Heute im Angebot: Sofortbilder zum Mit-nachhause-Nehmen, gemacht für die Ewigkeit. Wer hat Lust? So jung wie heute sind Sie nie wieder. Na, wie wär's?"

Frauen treten näher und lassen sich auf einem Stuhl sitzend fotografieren. Das Foto wird mit Namen, Alter, Datum und Ort versehen und den Fotografierten zurückgegeben. Vier Frauen aus vier Lebensphasen denken über ihr Leben und ihre Zukunft nach.

manchmal denk ich, was wird kommen?

aber es ist nicht immer alles einfach

ausziehen, für mich selbst die welt entdecken

es hat schon zeiten gegeben, wo ich vor dem tod angst hatte

aber jetzt weiß ich, dass er kommt

sollte ja schon faltencreme verwenden

körperliche einschränkungen

aber ich hab' gute freunde, hab' zeit, reisen

frag mich wie das ist, wenn ich mal dreißig bin

schön, im wechsel zu sein

pubertät hinter mir

so frau sein, rund, weich, schön, wild

lass mir nicht so viel gefallen

muss nicht mehr - die freiheit des alters

ordne mich nicht mehr unter

kann essen, was ich will

sexuell weiß ich viel mehr

vor dem tod fürchte ich mich nicht.

ein schönes alter

mir steht alles offen

sehr autonom

gelebt hab ich lang und es war erfüllt

will leben spüren

bin für niemanden verantwortlich

bin zufrieden mit mir

es sterben viele leute um mich - in der älteren generation, die nächsten sind wir

freundschaften

leb jetzt allein, bin witwe, ist nicht einfach.

wie lange hält mein körper das aus

kann gehen lassen, wieder neu nehmen

schlafe wenig, bin leichter erschöpft als vorher

beruflich entschlossen

neue perspektiven

in unserer runde haben wir viel spaß

3. Szene

Apothekerin, Schaufensterpuppe: „Treten Sie näher. Ich möchte Ihnen meine Freundin Tussnelda vorstellen. Tussnelda ist ein Lebendexperiment. Sie hat meine wundervollen Schönheitspillen getestet und der Erfolg lässt sich wohl nicht übersehen. Sie wollen auch so gertenschlanke Beine wie meine Freundin hier? Na, dann probieren Sie von den rosa Pillen. Probleme mit Bein, Bauch, Po? Dann fällt Ihre Wahl sicher auf die roten. Zarter Teint – die weißen Pillen. Für gerade Zähne empfehlen wir die violetten. Probieren Sie doch und überzeugen Sie sich selbst."

4. Szene

Achselhaarverkäuferin: „Sensationen, Kuriositäten: Erstehen Sie das letzte weibliche naturgewachsene Achselhaar von Graz, in den Farben der Kulturhauptstadt. Unrasiert! Treten Sie näher und probieren Sie!"

Behaarungsrituale

Vier Frauen in einer Reihe geben rhythmisch Wortteile weiter:

„KOPF → ACHSEL → BEIN →← HAAR

SCHAM → BEIN → ACHSEL → KOPF

SCHAM ← HAAR

HAAR → HAAR"

„☻ CHARMEHAARE ☻ "

Vier Frauen improvisieren – abwechselnd singend, schreiend und flüsternd – Geschichten zu:

„Wissen Sie, der neueste Trend in Schamhaarfrisuren sind jetzt die Herzchen, ich hab's in der Sauna gesehen …"
„Ich lass mir jetzt die Achselhaare wachsen bis zur Hüfte …"
„Männer müssen sich jetzt auch rasieren …"
„Eigentlich ist es ja was ganz Sinnliches, wenn die Haare so auf meinem Unterarm wachsen …"
„Ahhh, das tut so weh, die Haare zu entfernen …"

Genussrasuren auf zarter Frauenhaut – einmal umgekehrt

Blaue und grüne Beine – auf die Achselhaare und die Augenbrauen werden die Farben der Kulturhauptstadt APPLIZIERT und dann wird „Cancan" getanzt!

Röcke fliegen, Beinhaar leuchtet, Achselhaar tropft, Augenbrauen strahlen …
Zum Abschluss ein Spagat gedreht aus Künstlerinnenhaar.

Das Projekt „Auf den Leib geschrieben. KörperKult(ur): Weibesfülle und Widerwille"

Unter dem Titel „Auf den Leib geschrieben. KörperKult(ur): Weibesfülle und Widerwille" erarbeiteten interessierte Frauen gemeinsam mit Inter*ACT* im Rahmen von WOMENT! und Graz 2003 Kulturhauptstadt Europas drei interaktive Aufführungen für die Straße, in denen sie Dimensionen des Körpererlebens von Frauen darstellten. In einem kreativ-theatralen Prozess wurden Wünsche und Interessen von Frauen in Bezug auf Körpererleben und Körperkult inszeniert und in öffentlichen Präsentationen zur Diskussion gestellt.

Anfänglich einundzwanzig Frauen begannen die gemeinsame Erarbeitung, die nach Proben an sieben Wochenenden und drei Abenden zu den Aufführungen führten. In glühender Sommerhitze gestalteten neun Schauspielerinnen mit den zwei Spielleiterinnen das Straßentheater, was je 40–60 ZuschauerInnen an drei Tagen Ende Juni 2003 auf dem Tummelplatz in Graz genossen. Anfragen für weitere Aufführungen erhielt die Gruppe gleich nach ihren Auftritten. Die Produktionen können über das Jahr 2003 hinaus angefordert werden.

Auf den Leib geschrieben. KörperKult(ur): Weibesfülle und Widerwille
Konzeption und Projektleitung: Sylvia Groth
Netz-Partnerin: Frauengesundheitszentrum Graz
http://www.fgz.co.at/
Künstlerische Leitung: Karin El-Monir und Gudrun Maier, Inter*ACT* – Werkstatt für Theater und Soziokultur

Elke Murlasits

Wenn du glaubst, es geht nicht mehr ...

„Und Action!" – bis der Startschuss zu MAKE ä SIGN, dem Video der Mädchenberatungsstelle Mafalda, Netz-Partnerin im Rahmen von WOMENT!, fallen konnte, mussten einige Hürden überwunden werden. Barbara Jezdik, Ideenspenderin und Koordinatorin, erzählt von der wechselhaften Geschichte dieses Projektes.[1]

Am Anfang stand die Idee: „Geplant war, etwas zur Beziehung Mädchen und Stadt beziehungsweise öffentlicher Raum zu machen. In unseren Überlegungen sind wir von einer breiten Definition von Kultur ausgegangen, die sich nicht unbedingt nur auf Kunst konzentriert. In unserer Definition bedeutet Kultur ganz einfach Leben."

Und Leben in Zeiten der (Kulturhaupt-)Städte definiere sich vor allem durch das Vorhandensein von Freiräumen. Barbara Jezdik und die Mafalda konnten dank ihrer langjährigen Arbeit mit Mädchen auf vielerlei Erfahrungen in diesem Bereich zurückgreifen. „Mädchen steht der öffentliche Raum nicht zu, da existieren unsichtbare Barrieren. Deshalb wollten wir sie mit einem großen Tusch sichtbar machen."

Wer darf schauen und wer wird beäugt?

Es ging quasi um eine Richtungsänderung: Nicht die Mädchen wurden als Objekte ins Blickfeld gerückt, sondern sie sollten den Blick auf die Stadt richten. Nicht nur den Blick, sondern auch eine „Lomo"[2]: „Wir wollten die Stadtansichten der Mädchen

Einladungskarte

212

präsentieren und sie dafür mit Lomos arbeiten lassen. Die Fotos wären dann in einer Ausstellung gezeigt worden. Plakate waren auch geplant, aus diesen Bildern, bei denen – wenn man weiter weggeht – das Mädchenzeichen sichtbar wird. Und einen ganz wichtigen Mädchenort in Graz, die Ursulinen[3], wollten wir mit so einem Transparent verhüllen. Daneben hätte es eine inhaltliche Auseinandersetzung im Rahmen von Zukunftswerkstätten gegeben."

Leider wurde nichts aus dem hehren Projekt. „Unsere finanziellen Ansprüche wurden nicht akzeptiert. Es hat aber auch Divergenzen in der Kunstauffassung zwischen uns und der Kulturhauptstadt gegeben. Und da sind wir wieder dort: Wer definiert, was Kunst ist? Und wer verweigert den öffentlichen Raum?"

Trotzdem beschließt die Mafalda mit Ingrid Erlacher als Projektleiterin von MAKE *ä* SIGN, weiterhin bei WOMENT! und somit bei Graz 2003 mitzumachen. Zusammengeschrumpft auf ein Zweierteam produzieren Barbara Jezdik und Astrid Becksteiner ein Video mit dem Titel MAKE *ä* SIGN. „Im Mittelpunkt steht der Stadtraum, der 2003 ein Jahr lang abgefeiert wird, und die Ausgrenzung der Mädchen davon. Übersetzt hat das die Astrid so, dass sie einen Spaziergang durch eine vermeintlich fremde Stadt zeigt. Die Spaziergängerin ist ein Mädchen, das wie durch Taucherbrillen die Stadt nur ganz verschwommen wahrnimmt, von ihr angezogen und abgestoßen wird. Ihre Beziehung zum Stadtraum wird bestimmt von einer gestörten Kommunikation."

Wieder ein Richtungsentscheid?

„Das ist eine Botschaft, die geht nicht an die Mädchen. Wir treten als Lobby auf und senden diese Botschaft in den Raum. An und für sich eine traurige Geschichte, weil das die Mädchen selbst machen müssten. Graz 2003 war dafür nicht der richtige Rahmen, das akzeptier' ich schon. Diese Botschaft geht in die Richtung, die glaubt, definieren zu können, wem öffentlicher Raum zusteht, was Kunst ist und wer Kultur macht. Wenn sie sich darauf einlassen würden, würden sie das auch verstehen."

MAKE *ä* SIGN
Projektleitung: Ingrid Erlacher
Idee: Barbara Jezdik
Videoproduktion: Astrid Becksteiner
Netz-Partnerin: Mafalda
http://www.mafalda.at/

Anmerkungen

1   Die Zitate stammen aus Interviews von Elke Murlasits mit Barbara Jezdik im Oktober 2003.
2   Fotoapparat russischer Herkunft mit Kultstatus, der eine eigene Fotokunst – die Lomografie – mit alltäglichen, unperfekten Momentaufnahmen hervorrief (Anm. d. Hg.).
3   Katholisches Mädchengymnasium in Graz.

Sabine Fauland

„Movements-Monuments" –
Eine Bestandsaufnahme[1]

Vom 15. bis 17. Mai 2003 fand das ehrgeizige Projekt der Koordinationsstelle für Geschlechterstudien, Frauenforschung und Frauenförderung der Karl-Franzens-Universität Graz statt: Eine Theoriewerkstatt, die auch als Reflexionsort für das Projekt WOMENT! dienen und über das Projekt hinausweisen sollte, indem sie versuchte, die vermeintlich richtigen oder sinnvollen Wege für eine feministisch orientierte Würdigung und Dokumentation der Leistungen von Frauen aufzuzeigen. An den großen Themenkomplex „Identität, Erinnerung, Gedenken, Gender" versuchten sich Wissenschafterinnen und Künstlerinnen anzunähern, im Zentrum der Vorträge und Diskussionen stand klar die Frage nach dem „Wie" des Umsetzens einer Würdigung von Frauen. Soll frau auf dem Weg der historischen Monumentaltradition fortschreiten oder eine Neuorientierung beschreiten? Oder wäre beides möglich? Oder einiges darüber hinaus?

Die Veranstalterin Barbara Hey hat das Programm des Workshops in drei Themenbereiche gegliedert: *Begehren nach Repräsentanz*, *Verschiebungen – Gegen das Gewicht der Inszenierung* und *Irritationen – Künstlerische Lösungsansätze*. Trotz Absagen infolge von Krankheiten und Terminkonflikten von eingeladenen Referentinnen – auf die Beiträge von Ursula Kubes-Hofmann, Heidemarie Uhl, Sigrid Schade und Gertrude Celedin musste leider verzichtet werden – konnte schließlich doch eine spannende, vielfältige Vortragsreihe angeboten werden. Karin Schmidlechner und Insa Eschebach konnten spontan die entstandenen Lücken füllen. Trotzdem blieb die TeilnehmerInnenzahl hinter den Erwartungen erheblich zurück. Dazu Barbara Hey: „Insbesondere kamen sehr wenige TeilnehmerInnen von den österreichischen Universitäten, obwohl gerade die Reaktionen dieser Gruppe bei Vorgesprächen und Vorankündigungen des Symposions auf großes Interesse hoffen ließ." Die geplante umfassende Dokumentation der Ergebnisse fiel leider Budgetkürzungen im Vorfeld zum Opfer.

Um einen Anreiz und einen Einblick zu geben, sind nachfolgend einige Zitate der Vortragenden aneinander gereiht, die nicht den Anspruch stellen, die umfassende Meinung der Vortragenden wiederzugeben, aber Gedankenstütze sein sollen für die Auseinandersetzung mit einem Thema, das seine Aktualität – leider – nicht so schnell verlieren wird …

Befunde und Befindlichkeiten – Subjektives und Fragmentarisches entnommen aus Notizen und Videomitschnitten des Workshops

Barbara Hey, Leiterin der Koordinationsstelle für Geschlechterstudien, Frauenforschung und Frauenförderung der Karl-Franzens-Universität Graz, *Einleitung, Fragestellungen, Konzeption*:

„Es ist notwendig und sinnvoll, Frauen zu würdigen, ihre Leistung aufzuzeigen und in der Stadtkultur zum Ausdruck zu bringen. Ein Angebot an Bedeutungsmustern, die Identität für Frauen erlauben, ist wichtig, ebenso wie Erinnerungskultur im öffentlichen Raum zu verankern, aber Rekonstruktion allein reicht nicht."
„Weiblichkeit oder Repräsentation von Weiblichkeit diente bestimmten zu transportierenden Inhalten, eine Umdeutung wird notwendig."

Karin Schmidlechner, Zeithistorikerin, *Von der Frauen- zur Geschlechtergeschichte*:

„Frauen wurden in von Männern festgesetzten Kategorien und Wertsystemen beurteilt."
„Die Geschichte soll nicht umgeschrieben werden, sondern neu geschrieben werden."
„‚Wir Frauen' gibt es nicht."
„Aufzeigen ist kein veralteter Ansatz, er ist erst dann veraltet, wenn kein Bedarf mehr existiert, weil alles aufgezeigt ist."

Insa Eschebach, Religionswissenschafterin, *Engendered Oblivion. Die Gedenkstätte Ravensbrück 1945 – 1995*:

„Der Einsatz von Geschlechterbildern dient gerade dem Zweck des Vergessens: ein Vorgang der Entnennung (nach Roland Barthes) wird deutlich. Bei dem Übergang vom Realen zu seiner Repräsentierung werden historische Phänomene entnannt, vergessen gemacht, zugunsten einer Darstellung von Allgemeingültigkeit beanspruchenden Prinzipien, mit denen eine Manifestation von Normen beabsichtigt ist, nach denen zukünftig gehandelt werden soll."
„Wie wurden Frauen denkmalfähig? Als weibliche Allegorien, die Staatstugenden, Nation repräsentieren, als Victoria, Athene, Minerva, Germania, Borussia, Marianne, als Mutter Heimat, das sind Prinzipien, die Zeichen einer Ordnung von Gleichen repräsentieren, nicht aber FRAU."

Ilse Wieser, Kulturvermittlerin, *Erzählen und Imaginieren. Über die Funktion von FrauenStadtSpaziergängen*:

„Geschichte ist Erinnerung und Quelle der Identität. FrauenStadtSpaziergänge sind ein Mittel, dem Vergessen entgegenzuwirken."
„Die WOMENT!-Würdigungstafeln sind Zeichen, keine Monumente, sie sind Zeichen einer Gedankenspur der Stadt, die neu gelegt wurde."

Brigitte Dorfer, Historikerin, *Im Gehen erinnern – am Beispiel der Grazer Frauen-StadtSpaziergänge*:

„Zuerst dachten wir durch die FrauenStadtSpaziergänge, den anderen die Welt neu zu erklären, aber das Erinnern und Sichtbarmachen veränderte auch die Welt der Beteiligten."
„Denkmäler geben Auskunft über politische Absichten dieser, die sie errichtet haben, und nicht unbedingt über Schicksale jener, an die zu erinnern sie vorgeben."
„Erinnern ist nicht nur ein Nicht-Vergessen, sondern ein neues Verständnis."

Bettina Behr, WOMENT!-Koordinatorin und Projektleitung der 20+03 WOMENT!-ORTE:

„Als Feministin ist es mir wichtig, Macht- und Herrschaftsverhältnisse aus der Geschlechterperspektive kritisch zu durchleuchten, mir zu überlegen, was ich – gemeinsam mit anderen – tun kann, um das, was ich für verbesserungswürdig halte, zu verändern und das auch tue, soweit das möglich ist. Das Projekt WOMENT! ist *eine* Möglichkeit der Würdigung von Frauen. WOMENT! wird – wie die Kulturhauptstadt selbst – in seiner Vielfalt in diesem Rahmen und in dieser Form ein Ende haben."

Minna Antova, Künstlerin, *n.n. flüchtig, versus monument, standhaft?*:

„Bewegte Erinnerungskultur verlangt in der formalen Auflösung sowohl eine permanente anamnetische Leistung wie auch Systeme, die in Kritik aufwerfen und in Frage stellen. Um Nachhaltigkeit in öffentlicher Re- und -Präsentation von feministischer Reflexion und Produktion zu erreichen, braucht es Projekte, die das Prozesshafte beinhalten und das auch in der Rezeption evozieren. Die Statik der Symbolik befindet sich in den Köpfen von potenziellen Auftraggebern."
„Ein realisiertes permanentes Kunstprojekt mit dezidierter Gender-Thematik dient bei potenziellen kommunalen Auftraggebern oft als Alibiprojekt. Andererseits werden von einem Teil der feministischen Theorieszene überhaupt permanente Projekte von Künstlerinnen kritisiert und in Frage gestellt. Es gibt die Idee, dass feministische Kunst ausschließlich temporär sein müsse."

Irene Nierhaus, Kunsthistorikerin, *Die Funktion von Repräsentations-Stereotypen im öffentlichen Raum im Rahmen politischer und ästhetischer Strategien*:

„Männliche Köpfe, einzeln oder in Gruppen, bilden in der städtischen Monumentalzone die Mitte des Staates. Sie zeigen Personen mit bestimmtem Auftrag, das heißt, sie sind Persönlichkeiten, deren politische, militärische, wissenschaftliche oder kulturelle Leistungen für eine Gesellschaft als wertadäquat angesehen wurden. Und sie erzählen natürlich von den Orten, an denen sie stehen."

„Nationale Repräsentation in Denkmälern setzt sich einerseits aus männlichen, vorbildhaften Personen und andererseits aus weiblichen Allegoriekörpern zusammen."

Silke Wenk, Kunstwissenschafterin, *Grenzen der Dekonstruktion heterosexueller/patriarchalischer Muster auf der Ebene der visuellen Repräsentation*:

„Die Bedingung der Repräsentation der ‚imagined community' (Benedict Anderson) durch Weiblichkeit war der Ausschluss von Frauen aus der Politik und auch aus staatlichen Institutionen der Republik."
„Weibliche Körper dienen der Umschreibung von Nation und ihre Grenzen sind als Grenzen um den Körper beschrieben, zu dessen Verteidigung ist Männlichkeit, militärische Männlichkeit, aufgerufen."

Anna Schober, Historikerin und Kunsthistorikerin, *Dauerhaft und intervenierend. Zur Spannung zwischen Kunst und Politik im öffentlichen Raum*:

„Das Öffnen des Vorhangs im Kino wurde Anfang der 1970er Jahre von Filmemacherinnen und Künstlerinnen verschiedenen Orts als Öffnen des Unterkleides verstanden. Die weibliche Scham, aber auch andere Körperteile, wie Hintern oder Brüste, wurden via Kino zu sehen gegeben."
„Bedeutung und Sinn sind heute mobil und ambivalent. Auf der einen Seite ist für uns Sinn präsent und sichtbar, auf der anderen Seite erscheint er uns als fehlend oder schwierig zu entschlüsseln, als hinter den Worten oder Dingen liegend und ungreifbar."
„Zeichen und Plätze in der Stadt können für uns zu bewegenden Agenden werden, also zu so genannten Bewegern des Realen."

Susanne Lanwerd, Kulturwissenschafterin, *Mnemosyne und ihre Töchter. Erinnerung und Geschichte als Thema aktueller künstlerischer Produktionen*:

„Die Methode der Spurensicherung von verborgener Geschichte und sozialem Gedächtnis ist, bedeutende Details und Nebensächlichkeiten aufzuspüren und in ihrem Aussagewert ernst zu nehmen."
„Durch die Thematisierung von Erinnerungsprozessen wird die Multiperspektivität auf Geschichte erzeugt."

Hildegard Kernmayer, Germanistin, *Der weibliche Name des Widerstands. Literaturwissenschaftliche Überlegungen zu einer Ästhetik*:

„Marie Therese Kerschbaumer restituiert in *Der weibliche Name des Widerstands* sieben Frauen ihren Namen, der ihnen im Laufe der Geschichte gleich zweimal geraubt wurde. So ging ihrer Ermordung meist der Entzug ihres Namens voraus. Aber auch eine patriarchalische Heldengeschichte, die die Namen der Widerstandskämpfer in die Annalen der Nachkriegsgeschichte einschrieb, machte den Verlust des Namens im Regelfall nicht rückgängig. Im Gegenteil: Im weitgehenden Verschweigen des Anteiles der Frauen am Widerstand gegen den Nationalsozialismus schienen die Namen nur noch ein zweites Mal verdrängt."

Valie Export, Künstlerin, *Der transparente Raum*:

„Die Identität, ihre Affirmation über die Differenzierung ihrer Räume von denen anderer Städte, ist eine Notwendigkeit geworden. Dies gilt gleichermaßen für Kunsträume einer Stadt."
„Transparente Produktion und Organisation, enthierarchisierte Besucherstrukturen erweisen sich besonders jetzt notwendig, da die Kunst auch durch das Thematisieren gesellschaftlich relevanter Fragestellung die Grenzen der Selbstreferenzialität überschritten hat und fester Bestandteil der Alltagsrealität geworden ist."

Elfriede Wiltschnigg, Kunsthistorikerin und Architektin, *Zeichen der Präsenz. Die Nanas von Niki de Saint Phalle*:

„Niki de Saint Phalle bevorzugte Materialien, die keine Tradition in der Entwicklung der Kunst haben, die also quasi noch frei sind von der Bearbeitung durch männliche Künstler. Stein und Bronze ordnete sie der Männerwelt zu und damit einer Tradition von Skulptur, in der die Auffassungen von Frauen keinen Spielraum finden können."

Veronika Dreier, Künstlerin:

„Ich setze mich in meiner künstlerischen Tätigkeit mit der immensen, subtilen, kulturellen Enteignung im öffentlichen Raum und der einseitigen Darstellung auseinander, mit der wir Frauen leben müssen."
„Geschichte wird nicht angezweifelt."

Barbara Edlinger, Künstlerin:

„Traditionelles Denken befindet sich auf traditionellen Orten. Neue Denkmuster an diesen Orten sind historisierende Kulisse, sind Denkfehler. Gedenktafeln sind veraltete Denkmuster."

Doris Jauk-Hinz, Künstlerin:

„Den statischen Monumenten möchte ich die Momente gegenüberstellen. Gewürdigt werden meist aus der Masse herausragende Leistungen, dies schafft ein Bewusstsein von Besonderem. Zweifellos steht diese Würdigung im Dienste des herrschenden Systems. Konforme Leistungen werden üblicherweise zum Monument erhoben und dies dient oftmals weniger der Person oder der Personengruppe, die auf den Sockel gestellt wird, als jenen Interessensgruppen, die dieses Hinaufstellen initiieren."

Erika Thümmel, Künstlerin:

„Wir müssen selbstkritisch sein. Es interessiert niemanden. Wen interessiert die Kunst? Schon fast niemanden. Wen interessieren Denkmäler? Ich bin selbst eine schlechte Konsumentin, ich weiß auch nicht, wer da alles herumsteht. Ich bezweifle insofern, ob diese Form von Denkmal irgendetwas bringt. Ich arbeite in der Denkmalpflege und ich bin ein häufiger Denkmalentsorger. Wie viele Tafeln, die von irgendwem irgendwann in den letzten dreißig oder vierzig Jahren aufgehängt wurden, werden bei Renovierungen demontiert? Die landen zuerst in der Abstellkammer und dann zehn Jahre später im Sperrmüll. In den öffentlichen Diskurs eingehen tut so ein Denkmal nicht."

Sabina Hörtner, Künstlerin:

„Ich glaube, dass beim ersten kräftigen Schritt in dieser Richtung, und zwar der Würdigung von Frauen, Frauenorganisationen und -belangen, diese einfache Sichtbarmachung einer Position mittels Würdigungstafeln legitim ist, weil ich auch davon ausgehe, dass hierarchisches Denken fällt, ab dem Moment, wenn Tafeln an der Wand sind."

Elisabeth List, Philosophin:

„Dieser Workshop hat dazu beigetragen, uns in Bewegung zu halten. Es geht mehr um Bewegung als Monumente. Diese Veranstaltung ist eine Phase in einem Prozess, den weiterzutreiben unsere gemeinsame Sache in nächster Zeit sein wird."

„Movements-Monuments"
Konzeption und Projektleitung: Barbara Hey
Mitarbeit: Magdalena Felice
Netz-Partnerin: Koordinationsstelle für Geschlechterstudien, Frauenforschung und Frauenförderung der Karl-Franzens-Universität Graz
http://www.uni-graz.ac.at/kffwww

Anmerkung

1   Die ursprünglich für diesen Beitrag eingeladene Autorin musste aus terminlichen Gründen leider absagen. Sabine Fauland übernahm dankenswerterweise die Dokumentation der Tagung. Für das Verfassen ihres Beitrages – für den sie überdies sechzehn Stunden Videomaterial sichtete – hatte sie allerdings nur wenige Tage Zeit. Daher entschied sie sich für die Form der Zitatensammlung. Die Statements sind nach der Reihenfolge der Vortragenden dokumentiert (Anm. d. Hg.).

Manuela Brodtrager

Frauen mit Auftrag. Über das Projekt plakativ! – Die Geschichte der Grazer Frauenbeauftragten in 20+03 Bildern

Seit der Gründung des DOKU GRAZ – Frauendokumentations-, Forschungs- und Bildungszentrum – im Jahr 1989 werden im Archiv Dokumente der Zweiten Frauenbewegung zusammengetragen. Flugblätter, Einladungen, Aussendungen, Plakate, Fotos, Audio- und Videoaufnahmen dokumentieren die Arbeit und das Engagement von Frauen in Graz, die sich für Gleichstellung und gegen Diskriminierung von Frauen in verschiedensten Lebenszusammenhängen einsetzen. Frauen arbeiten in Beratungsstellen, Bildungseinrichtungen, autonomen Gruppen, in Kirchen und Parteien und manchmal, wie im Fall der Frauenbeauftragten, in einer eigens für sie geschaffenen Stelle.

Die Frauenbeauftragte der Stadt Graz[1] nimmt von ihren Aufgaben her eine zentrale Position in der Grazer Frauenpolitik ein. Sie schafft im Frauenrat ein Forum für verschiedenste Fraueneinrichtungen, -organisationen und -initiativen, um miteinander in Kontakt zu kommen und sich zu vernetzen. Der Grazer Frauenrat als überparteiliches und überkonfessionelles Gremium mit siebzig Mitgliedsorganisationen

Die ersten vier Grazer Frauenbeauftragten, v. l. n. r.: Daniela Jauk, Grete Schurz, Doris Kirschner, Barbara Kasper

Broschüre plakativ!, Cover, 2003

hat sich gerade in den letzten Jahren wieder zu einer mächtigen Lobby für Frauen-
anliegen entwickelt. Die Frauenbeauftragte ist Ansprechperson für alle Grazerinnen.
Expertinnen in ihrem Büro leisten Beratung zu juristischen und psychotherapeuti-
schen Fragen sowie zum Thema Behinderung. Aus dieser zentralen Stellung resul-
tierten über die Jahre zahlreiche Kooperationen mit anderen Fraueneinrichtungen
im Bemühen um die Verwirklichung sozialer, kultureller und politischer Anliegen
von Frauen. Die Verbindung des DOKU GRAZ zur Frauenbeauftragten war immer
eine besondere. Das DOKU GRAZ ist seit 1995 Trägerverein der Unabhängigen Frauenbeauftragten und erhielt im Gegenzug von den einzelnen Frauenbeauftragten stets
Unterstützung und Anregung.

Seit der Gründung des DOKU GRAZ als feministische Dokumentationseinrich-
tung ist im Laufe der Jahre die Sammlung kontinuierlich größer geworden und
gleichzeitig der Wunsch gewachsen, mit den Beständen verstärkt nach außen zu gehen und Dokumente und Materialien nicht nur zu sammeln und zu ordnen, sondern
auch wissenschaftliche Auseinandersetzung anzuregen. Aufgrund knapper werdender finanzieller Ressourcen kann dies innerhalb des Vereins kaum geleistet werden.
Im Rahmen von WOMENT! ist es möglich geworden, ein solches Projekt zu verwirklichen.

In der Vorbereitung für Graz 2003 entstand die Idee zu „plakativ! – die Geschichte der Frauenbeauftragten in 20+03 Bildern". Basierend auf den vorhandenen Archiv-
materialien, wurde eine virtuelle Ausstellung gestaltet, die die Arbeit der Frauenbeauftragten zum Hauptinhalt hat. Davon ausgehend wurde versucht, Verbindungslinien
zu anderen Einrichtungen und Initiativen nachzuzeichnen. Zugrunde liegt dieser Aus-

stellung die wissenschaftliche Aufarbeitung der Geschichte der Frauenbeauftragten im Spannungsfeld frauenpolitischer Entwicklungen in Graz.

Die Entstehungsgeschichte der Frauenbeauftragtenstelle und die Arbeit der vier Frauenbeauftragten Grete Schurz (1986 – 1994), Barbara Kasper (1995 – 1997), Doris Kirschner (1998 – 2002) und Daniela Jauk (seit 2002)[2] wurden als zentrale Themenstellung herausgegriffen. Die Aktivitäten und Leistungen der vier Frauenbeauftragten wurden in einen frauenpolitischen Kontext gestellt und ihre Errungenschaften gewürdigt. Dabei ergaben sich interessante Bezüge zur Gegenwart. Neben den Erfolgen und Errungenschaften haben bestimmte Themen bedauerlicherweise nichts an Aktualität verloren und fordern die derzeitige Frauenbeauftragte ebenso wie vor siebzehn Jahren schon Grete Schurz. Exemplarisch herausgegriffen seien hier nur die zähe und langwierige Auseinandersetzung um Kassenstellen für Gynäkologinnen oder jene um die sexistische Werbung in den Medien.

Die Basis für die virtuelle Ausstellung plakativ! bildet die jahrelange dokumentarische Tätigkeit des DOKU GRAZ. Das reichlich vorhandene Quellenmaterial wurde in den Mittelpunkt der Aufarbeitung gestellt. Als Medium für die Veröffentlichung wurde das Internet gewählt. Dabei geht es darum, Barrieren zu sprengen und die Ergebnisse der Recherchearbeit überregional zugänglich zu machen. Wie die Arbeit des kontinuierlichen Sammelns sollte auch die Aufarbeitung der Materialien laufend weitergeführt werden. Die virtuelle Ausstellung ist stets erweiterbar und ausbaufähig. Besonders in Zeiten ständig knapper werdender finanzieller Mittel ermöglicht das Medium Internet, sich von Druckkosten unabhängig zu machen.

Initiiert wurde das Projekt im DOKU GRAZ von Angela Resch-Reisinger, die erste Kontakte zur Arbeitsgruppe „Frauen bei Graz 2003" knüpfte. Das laufende Projekt wurde von Manuela Brodtrager koordiniert und von Beatrix Grazer geleitet. Die Recherchen wurden von Heike Irlinger durchgeführt, die auch ihre Diplomarbeit über die Frauenbeauftragten der Stadt Graz geschrieben hat.[3] Die gestalterische Umsetzung des Projekts stammt von Karin Rosner und Eva Murauer.

Das Konzept wurde bereits 1999 ausgearbeitet. Im Herbst 2002 begann die inhaltliche Erarbeitung des Themas und plakativ! wurde in das WOMENT!-Netzwerk eingefügt. Im Zuge der Recherchen wurden umfangreiche Quellenmaterialien ausgewertet, Bildmaterialien – im Wesentlichen Plakate und Fotos – wurden gesichtet und ausgewählt. Im Laufe der Vorarbeiten kamen auch mit den einzelnen Frauenbeauftragten Kontakte zustande und ihre Rückmeldungen wurden eingeholt. Im Anschluss daran wurde die Website konzipiert und realisiert. Historische Fakten wurden mit Bildern, Fotos und Plakaten unterlegt. Die virtuelle Ausstellung beschreibt die Entstehung der Frauenbeauftragtenstelle und stellt die vier Frauenbeauftragten mit ihrem Werdegang und ihren Initiativen vor. Weiters wurden Aktivitäten, Initiativen und Veranstaltungen der Frauenbeauftragten ausgewählt und anhand von Materialien dargestellt. Neben diesen inhaltlichen Schwerpunkten konnten Teile der Website auch virtuell weitergetragen werden. Plakate, die schon einmal für Fraueneinrichtungen und deren Veranstaltungen geworben haben, können dies wieder tun, indem sie als digitale Postkarten über die Grenzen hinweg Frauenkulturgeschichte verbreiten und vermitteln. In einem Gästebuch war es BesucherInnen der Website möglich, Rückmeldungen, Anmerkungen und persönliche Erinnerungen zu hinterlassen.

Vorgestellt wurde die Website unter großem Publikumsinteresse im Rahmen einer Auftaktveranstaltung am 8. März 2003 im Stadtteilcafé Palaver. Die Frauenbeauftragten Grete Schurz, Barbara Kasper, Doris Kirschner und Daniela Jauk waren anwesend und zeigten, dass die Arbeit als Frauenbeauftragte durchaus auch erheiternde Seiten haben kann – wenn auch nicht immer freiwillig und vielleicht auch nur aus einiger Distanz betrachtet. Diese Präsentationsveranstaltung machte die Energie und das große Engagement deutlich, das die einzelnen Frauen auch über ihre Tätigkeit in der Funktion der Frauenbeauftragten hinaus weitertragen. Es sind Frauen, die sich immer zu Wort melden, wenn kritische feministische Stellungnahmen notwendig sind, und die sich dabei ihren Humor bewahrt haben. Für diese sympathischen Frauen, die ihre Einsatzbereitschaft immer wieder unter Beweis gestellt haben und auch in ihren weiteren persönlichen und beruflichen Werdegängen fortsetzen, soll plakativ! ein Denkmal sein.

Mit dem Ende des Kulturhauptstadtjahres ist zwar das Projekt plakativ! abgeschlossen, die dokumentarische Arbeit aber geht weiter. Die Ergebnisse werden weiterhin zugänglich sein. Die Website wird auch über 2003 hinaus bestehen bleiben und weiterentwickelt werden. Dank der finanziellen Unterstützung von Graz 2003 und der Frauenbeauftragten der Stadt Graz wird es zum Ende des Kulturhauptstadtjahres auch eine Broschüre mit den wichtigsten Ergebnissen des Projektes geben. Gleichzeitig soll die virtuelle Ausstellung im Frühjahr 2004 auch real umgesetzt und ausgestellt werden. Mit plakativ!, der Geschichte der Grazer Frauenbeauftragten, wurde von Seiten des DOKU GRAZ ein Anfang gesetzt, mit der Dokumentation von frauenpolitischen Leistungen nach außen zu gehen – ein erfolgreiches Dokumentationsprojekt, dem weitere folgen sollen.

Anmerkungen

1 Siehe dazu auch die Beiträge von Ilse Wieser, „Grete Schurz – Erste Frauenbeauftragte der Stadt Graz", und Grete Schurz, „Eine Gewürdigte spricht", in diesem Band.
2 Daniela Jauk war bis 31. März 2004 im Amt; seit 1. Mai 2004 ist Brigitte Hinteregger Grazer Frauenbeauftragte.
3 Vgl. Irlinger 2003.

Literatur

Irlinger, Heike, *Die Geschichte der Frauenbeauftragten der Stadt Graz im Spannungsfeld frauen- und bildungspolitischer Entwicklungen*, Dipl.-Arb., Graz 2003.

plakativ!
Projektleitung: Beatrix Grazer
Koordination: Manuela Brodtrager
Recherchen: Heike Irlinger
Web-Design: Karin Rosner
Netz-Partnerin: DOKU GRAZ
http://www.doku.at/

Kunstverein W.A.S. (Womyn's Art Support)

„Restaurant à la Prato"

Das „Restaurant à la Prato" war ursprünglich Teil eines größeren, modulhaft aufgebauten Konzepts. Unsere Intention war es, im Kulturhauptstadtjahr die ganze Stadt mit Kunst von Frauen zu durchsetzen – „Aktionsherde" zu definieren, zu finden und zu besetzen, die in verschiedenste Alltagsbereiche intervenieren:

Die von Doris Jauk-Hinz konzipierte Autobuslinie ROUTE 03 sollte neue Strecken durch die Stadt legen, eine Kunststrecke, deren Fahrtroute durch neu zu bestimmende Kunstorte festgelegt würde. Dem Gesamtprojekt lag ein Netzwerkgedanke zugrunde, der sowohl neue Knoten schafft als auch die fluide Topographie innerhalb des Netzes reflektiert.

Nach dem Konzept von Gertrude Moser-Wagner sollten „Duos", bestehend aus Grazer Künstlerinnen sowie KünstlerInnen aus den europäischen Partnerstädten, mit gemeinsamen Installationen im öffentlichen Raum in dieses Projekt eingebunden werden.

Stationen dieser Route wären neben etablierten wie auch alternativen Kunstorten und den Interventionen/Installationen der Duos zwei weitere Projekte von W.A.S. gewesen: Eva Ursprung plante ein „Hotel" in Form einer Wohnwagensiedlung für durchreisende Künstlerinnen, mit Internetanbindung und Infrastruktur für verschiedenste Veranstaltungen. Veronika Dreier und Erika Thümmel konzipierten ein von Künstlerinnen gestaltetes, von Frauen geführtes und mit Veranstaltungen zum Thema Essen bespieltes „Restaurant à la Prato", das gleichzeitig als Kunstprojekt im sozialen Raum arbeitslosen Frauen die Möglichkeit geben sollte, sich mit der Gründung eines neuen Betriebes selbstständig zu machen.

Die subversive Kraft der Küche

Die Vorstellung von Frauen in der Küche war den 2003-Programmverantwortlichen am sympathischsten (die subversive Kraft der Küche wird nach wie vor unterschätzt). Wir hatten das Projekt bereits zurückgezogen, da uns die Durchführung nur dieses einen Moduls nicht sinnvoll erschien – bis Bettina Behr ihre WOMENT!-Idee vorstellte. Da sich hier sowohl der Vernetzungsgedanke als auch die Idee der Frauendenkmäler trafen, beschlossen wir einen Neustart in diesem Kontext.

Das „Restaurant à la Prato" war als Fortsetzung der bereits von der ehemaligen Frauenbeauftragten Grete Schurz begonnenen „Frauendenkmäler" der Stadt Graz geplant.

Im Rahmen eines von ihr ausgeschriebenen öffentlichen Wettbewerbes zum Thema „Frauen sehen ihre Stadt" hatte die Künstlerin Veronika Dreier 1990 eine Untersuchung durchgeführt und war zur Erkenntnis gekommen, dass von 193 Gedenkta-feln, Denkmälern und Plastiken insgesamt nur vier Frauen gewidmet waren! Bei den Straßennamen ist es ähnlich: Karl Kubinzky und Astrid Wentner, HerausgeberInnen des Buches *Grazer Straßennamen*, wunderten sich, dass mehr Straßen nach Vogel-namen als nach Frauen benannt sind.[1]

Straßennamen, Gedenktafeln, Denkmäler aus Stein oder Bronze sind eine Sache. Was uns interessierte, war ein lebendiges Denkmal, ein Denkmal, das das Lebens-werk der Gewürdigten fortführt.

Die Grazerin Katharina Prato (1818 – 1897) gilt als die erfolgreichste Kochbuch-autorin des „süddeutschen" Raumes. Sie sammelte auf ihren zahlreichen Reisen Koch-rezepte, die sie nahezu wissenschaftlich systematisierte, selbst erprobte oder durch „praktische Hausfrauen" ausprobieren ließ.

Die Erstauflage der *Prato* erschien 1858 und umfasste 348 Seiten, bei der 77. Auf-lage hatte das Buch 1048 Seiten. Bis 1938 waren 471.000 Bücher verkauft. Dieses Kochbuch erlebte somit die größte Auflage, die je ein Buch des Verlagshauses Styria in Graz erzielte.[2] Nach dem Zweiten Weltkrieg wurde die *Süddeutsche Küche* unter dem Titel *Die große Prato* als *Kochbuch der österreichischen, französischen, italieni-schen, serbischen und ungarischen Nationalspeisen* herausgegeben. Die Speisen aus ihrer Sammlung kennt bei uns beinahe jede/r, von Hausmannskost bis zur gepfleg-ten Küche, vom „Restlessen" bis zur Gourmetküche, die Autorin selbst, die diese Spei-sen vor dem Vergessen bewahrt hat, war bislang nahezu unbekannt.

Auch ihr Haushaltbuch fand weite Verbreitung, wurde aber nur 15.000 Mal ver-kauft. Dies dürfte daran liegen, dass zwar die Frauen aller Stände für die Familie ko-chen mussten, aber eben nur „gewisse Stände" es sich leisten konnten, einen „Haus-halt" zu führen. Da es üblich war, dass junge Mädchen aus einfacheren Familien, ehe sie heirateten, einige Jahre „in den Dienst" gingen, breiteten sich die Kenntnisse in alle Stände aus.

Das Haushaltsbuch behandelt für ihre Zeit äußerst fortschrittliche Hygienemaß-nahmen, es ging um Nahrungsmittelchemie, Vitamine, Mineralstoffe … Vieles er-scheint uns heute bizarr, ihre Auseinandersetzung mit der ernährungswissenschaft-lichen Seite der Kochkunst war für die Hausfrauen der damaligen Zeit jedoch neu. Wichtige Abschnitte des Buches behandeln Tischmanieren und die hohe Kunst, eine feine Tafel zu gestalten – die Tafel als Ort des kultivierten sinnlichen Vergnügens für Auge, Geist und Ohr, mit „gepflogener" Tischkonversation, stimmiger Musik und geistreichen Tischreden.

So sollte auch unser Restaurant ein Ort des Genießens und der Muße und Anre-gung zur geistigen, „gepflogenen" Diskussion werden – ein lebendiges Denkmal mit gepflegter, gut-bürgerlicher Küche und exzellenten Rezepten, in dem im Sinne Pra-tos gekocht und gespeist wird. Eine begehbare, genießbare, mit allen Sinnen erleb-bare Skulptur.

Es war nicht einfach, ein Restaurant zu finden, das den Anforderungen eines sol-chen Projektes entsprach: feine Küche, ein gepflegtes Ambiente und vor allem auch Freude an der Kunst und am Experiment. Nach der Besichtigung unzähliger Lokale in Graz fanden wir schließlich im restaurant.mayers die idealen PartnerInnen: Mar-tina Reisinger, Johann Mayer und die Köche Mario Ebster, Gernot Wolf und Tihomir

227

Mudnic unterstützten unser Unterfangen vorbehaltslos und schreckten vor nichts zurück. Wir möchten uns hiermit bei ihnen bedanken! Dass die Wahl gut war, bestätigte nicht zuletzt die Haube, die Mario Ebster als jüngster Haubenkoch Österreichs 2002 bekommen hat – kurz nach unseren ersten Vorgesprächen –, und zwar unter der Matronanz von Sandra Bergling, nach deren Rezepten im mayers abseits der Prato normalerweise gekocht wird.

Für jede Veranstaltung wurde eine bildende Künstlerin gebeten, das Environment für geistige Genüsse, dargeboten von Literatinnen oder Wissenschafterinnen, zu gestalten: Am 6. Juni 2003 gab es zum Beispiel *Kopfwurst und Luftstrudel*, eine delikate Lesung von Margret Kreidl und Karin Ivancsics im Gedeck von Sarah Godthart, mit Musik von Astrid Pietruszka. Am 7. November „servierte" die Kulturanthropologin Ute Ritschel assistiert von Irmi Horn-Fontana und Franciska Stiger *Appetitlich, geographisch, performativ … – Collagen auf Toast* und zum Ausklang des Jahres wurde am 5. Dezember unter dem Motto *Falsche Melone und Prophetentorte* um die Nahrung der Zukunft diskutiert. Die Soziologin Lisbeth N. Trallori diskutierte mit der Ernährungswissenschafterin und KonsumentInnenschützerin Petra Lehner um Gentechnologie, Lebensmittelchemie und Functional Food, und Colette Schmidt las aus Science-Fiction-Romanen Kulinarisches aus verschiedensten Teilen der Galaxis. Die junge Medienkünstlerin Tana Zacharovska aus Bratislava gestaltete den Tisch und projizierte ihre ironisch-charmante Flash-Animation über geschlechtsspezifische Unterschiede in der Esskultur. Anschließend fischte das DJane-Duo Parisinilevin Sound aus dem minimalhouseelectro-Fundus des globalen Musikbazars und sang dazu live eigene Texte.

Kapaun und Paradiesäpfel

Zur Eröffnung stand nicht das Essen im Mittelpunkt, vielmehr eine symbolische „Hexenküche". „Gekocht" wurde ausschließlich Feuer, die Akteurinnen Veronika Dreier, Doris Jauk-Hinz und Eva Ursprung wogen als futuristisch hochgestylte Kunstfiguren auf einer alten Apothekerwaage Äpfel, im Wechseltakt dazu stand das Verrichten monotoner, sisyphusartiger Tätigkeiten wie das Aufkleben von Gummibären auf die Fensterscheibe zum Restaurant. Bettina Fabian ließ die Szenerie in Flammen aufgehen und Garfield wachte als Brandwart über das Geschehen. Im Innenraum begleiteten Musikerinnen verschiedenster Genres das Ritual: zwei Opernsängerinnen (Maria Konrad, Sabine Krois) sangen eine Arie mit Rezepten aus dem Kochbuch Pratos, die Komponistin elektronischer E-Musik Se-Lien Weixler-Chuang komponierte Kulinarisches, und Annette Giesriegel improvisierte mit Stimme und Effekten. Die Konditorin und Eat Art-Künstlerin Lilli Philipp lieferte „Sweet objects".

Von Kuheutern, Wildschweinköpfen und Kalbsohren

Am 6. September gab es die große Tafel „à la Prato": ein achtgängiges Menü extraordinärer Köstlichkeiten aus der Küche Katharina Pratos. Erika Thümmel zelebrierte als Tischrednerin und ausschließlich theoretische Köchin Esskultur und brachte den Gästen Lebensgefühl aus der Zeit Pratos nahe:

„Bei Tische soll die Hausfrau sich anscheinend nur der Unterhaltung ihrer Gäste widmen und darf höchstens von ihrem Platz aus in ganz unauffälliger Weise die servierenden Personen ein wenig überwachen oder ihnen im Notfall mit den Augen einen Wink geben."

Den praktischen Teil erledigte „Soulfood" (Daniela Andersen), die eine Woche nach Zutaten gefahndet hatte und es wagte, Dinge zuzubereiten, die weder sie noch wir bisher probiert haben. Ein gemeinsames Experiment, bei dem die Gäste bisweilen den ungesicherten Boden neuer Erfahrungen betraten. Das Menü des hohen Festmahles enthielt Raritäten wie Wildschweinbackerln geschmort in Rotwein, Grütze mit Safran, weiße Lammnieren im Steinpilzsafterl mit Thymian, gepökelte Schweinsohren (fein aufgeschnitten und angeröstet) auf Sterz (Polenta), Wachtelei mit Petersilie oder Entenkot.

Einige dieser Speisen klingen harmloser, als es die tatsächlichen Zutaten sind – hinter den „weißen Nieren" verbergen sich zum Beispiel Hoden, ein Klassiker der erotischen Küchenphantasien – zumindest seit George Bataille uns seine erregende Beschreibung von unter dem Rock versteckten Stierhoden lieferte, auf denen sitzend junge Damen einen tödlich endenden Stierkampf in einer spanischen Arena verfolgen. Der „Entenkot" ist dafür nicht ganz das, was der Name verspricht – es handelt sich dabei um klein gehackte Innereien. Kot gibt es übrigens von vielen Tieren und wir wollten erst Schnepfenkot servieren, aber Schnepfen hätten wir zu viele gebraucht. Thümmel: „Ich empfinde es aber auch als Respekt vor dem geopferten Tier, alles zu verwerten – das Fell oder das Leder zur Verstärkung der eigenen dünnen Haut. Ich finde, man muss das Schlachten aushalten, wenn man Fleisch essen will. Aber wer kann heute noch einem Tier eine innere oder äußere Haut abziehen, die Haare oder Federn ausreißen oder den Kopf abtrennen? Ist nicht, nur mehr Schnitzerl zu essen, die Form Fleisch zu essen für Menschen, die verdrängen: reines gleichmäßiges Muskelfleisch und das noch vollkommen versteckt, vielleicht sogar schon paniert gekauft, damit man ja nichts Rotes sieht."

Außer den heute noch gebräuchlichen Geflügelsorten finden sich bei der Prato Rezepte für Birkhähne, Wildenten, Rohrhühner, Rebhühner, Schneehühner, Auerhähne, Wachteln, Schnepfen und Fischreiher. Zahlreich sind die Rezepte für die Zubereitung von Krebsen, deren es noch viele in unseren heimischen Gewässern gab. Auch die Verwendung von Schildkröten – und wie man sie möglichst „human" tötet – oder acht verschiedene Zubereitungsarten für Froschschenkel werden noch als ganz selbstverständlich erwähnt.

Unter den Fleischsorten findet sich noch Fischotter oder Biber, als Festtagsbraten mit viel Gewürz und Limonensaft serviert.

Aber auch die Kompliziertheit der Rezepte aus seltenen Tieren und die Unzahl der Zutaten flößen höchste Achtung ein: dreißig Krebse kochen, dann die Zangen und den Schwanz entfernen, die Eingeweide ausnehmen, den Rest zerstoßen, diese Masse mit Butter dünsten, aufkochen lassen, durch ein Leintuch pressen, dann noch einmal aufkochen und neuerlich durch ein Tuch pressen, um dann die fertige Krebsbutter zum Füllen verschiedener Speisen zu verwenden.

Bestandteile, die heute nur noch in der Tiernahrung Verwendung finden, wie Kuheuter, Ochsengaumen, Wildschweinkopf oder Kalbsohren wurden noch selbstverständlich verkocht.

Sie sind heute zum Teil nicht mehr erhältlich und die Zutaten für einige Speisen dürfen heute gar nicht mehr verkauft werden.

Resümee

Die Veranstaltungsreihe rund ums Essen war ein genießerischer Exkurs durch unsere abendländische Kulturgeschichte, eine ernährungswissenschaftliche Reise durch Vergangenheit und Zukunft, ein Schwelgen in verbalen und musikalischen Leckerbissen, ein Gaumen-, Augen- und Ohrenschmaus. Von der Kunst des Essens und der Kunst ums Essen bis zur Kunst des sinnlichen Genusses. Das Konzept hat sich sehr bewährt und wäre durchaus ausbaufähig, auf jeden Fall wäre das Experiment es wert, weitergeführt zu werden. Die Themen rund ums Essen sind vielfältig, politisch und unerschöpflich.

Anmerkungen

1   Kubinzky Karl A., Wentner Astrid M., *Grazer Straßennamen. Herkunft und Bedeutung*, Graz 1998, zit. nach Behr 2001, S. 25.
2   Weitere Angaben zur außerordentlichen Verbreitung der *Prato* in Thümmel 1996, S. 64 f.; siehe auch den Beitrag von Ilse Wieser, „Katharina Prato. Kochbuchautorin", in diesem Band.

Literatur

Behr Bettina, „WOMENT! Geschichte von Frauen in Graz wird sichtbar", in: *Laufschritte* (2001) 4, S. 25–26.
Thümmel Erika, „Von Kuheutern, Wildschweinköpfen und Kalbsohren. Die ‚schriftstellernde Kochkünstlerin' Katharina Prato und ihre ‚Süddeutsche Küche', in: Unterholzer Carmen, Ilse Wieser (Hg.): *Über den Dächern von Graz ist Liesl wahrhaftig. Eine Stadtgeschichte der Grazer Frauen*, Wien 1996, S. 54–74.

„Restaurant à la Prato"
Projektleitung/Gestaltung/Programm: Veronika Dreier, Eva Ursprung
Netz-Partnerin: Kunstverein W.A.S.
http://mur.at/was
In Zusammenarbeit mit restaurant.mayers – http://www.mayers.cc

Mit Dank an Bettina Behr, Kathi Hofmann-Sewera, Grete Schurz, Wolfgang Croce, Bernd Adamer (Frisuren W.A.S.-Performance), MILCH (Cloed P. Baumgartner, Outfit W.A.S.-Performance), Walter Rossacher (Neue Galerie), FemiVin, s:monk, Elmar Gubisch, Andreas Weixler, Karl Grünling, Reinfried Horn, Irmi Horn-Fontana, Elisabeth Harnik und allen oben erwähnten AkteurInnen und Beteiligten. Wir danken der Frauenbeauftragten Dani Jauk für ihre selbst gebrannten „feministischen Destillate" – biologische Schnäpse aus Isabellatrauben („Isabel Allende"), Zwetschken („Clara Zetkin") und Birnen („Josephine Baker") –, die mit ihrem SUPERFRAU-Label für beflügelte Tischgespräche sorgten.

Text: Eva Ursprung
gemeinsam mit Erika Thümmel, Veronika Dreier, Doris Jauk-Hinz

Itta Olaj

Entenkot zum Abendbrot

Freitag, 18.45, Supermarkt. Ratlosigkeit vor der Fleischtheke. Meine Standardideen für das einmal am Wochenende obligate Fleischgericht, nämlich thailändisches Chicken Curry oder mexikanische Fajitas, kommen in Ermangelung abgepackter Hühnerfilets nicht in Frage. Was nun? Nur nicht schon wieder Spaghetti! Beiried vom Jungstier, Rindsgusto und Schweinsschopf konkurrieren um meine Aufmerksamkeit. Aber was nehmen, und vor allem, was draus machen? Die nette Lady mit den Plastikhandschuhen wartet auf Operationsanweisungen. „Geben Sie mir bitte zwei nicht zu große Steaks", sage ich, fantasielos resignierend. „Und bitte marinieren."

Szenenwechsel. Freitag 20.00, „Restaurant à la Katharina Prato". Das lebendige Denkmal für die erfolgreiche Grazer Kochbuchautorin (1818 – 1897) ist eine der WOMENT!-Netz-Produktionen im Rahmen von Graz 2003 und im restaurant.mayers in der Sackstraße beheimatet.

Das Kochen und Speisen nach Pratos Rezepten steht diesmal unter dem Motto „Von Kuheutern, Wildschweinköpfen und Kalbsohren". Bei mir mischen sich Neugier, Skepsis und Sympathie: Diese tierischen Ingredienzien haben mir wenigstens noch nie im Supermarkt die Auswahl erschwert! Also bin ich fest entschlossen, mich von Kopf bis Fuß durch die Viecherl durchzukosten.

Zum Einstieg wird uns, einer in jeder Hinsicht bunt gemischten ungefähr 40-köpfigen Runde, etwas recht Vertrautes serviert, das auch heute noch in der gutbürgerlichen Küche seinen Platz hat: „Einen Dank an unsere Mütter", nennt Tischrednerin Erika Thümmel die Hendl-Einmachsuppe mit Bröselknödeln. Doch schon beim nächsten Gang verlassen die anderen Gäste und ich das noch bekannte Terrain der Kindertage, wir begeben uns auf kulinarisches Neuland. Ganz eindeutig ließ man zu Pratos Zeiten erstens viel mehr verschiedene Tiere und zweitens auch noch viel mehr von ihnen als heute üblich in den Kochtopf wandern.

„Soulfood", die Köchin des Abends, soll eine Woche lang in der ganzen Steiermark unterwegs gewesen sein, um die fleischlichen Zutaten rezeptgetreu zusammenzubekommen. Die von ihr in Rotwein geschmorten würzigen Wildschweinbackerl von Gang zwei zum Beispiel. Oder die knorpelig-knackigen Schweinsohren, die als fünftes Gericht mit Sterz serviert werden. Oder die an der Seite von Steinpilzsafterl gereichten delikat-zarten „weißen Nierndln" vom Lamm, eine Bezeichnung, die als Deckname für etwas ganz anderes als Nieren steht. Wie zu unser aller Erleichterung auch der „Entenkot", der im achten Gang gebratene Entenbrustscheiben zierte und sich als Mischung klein gehackter Innereien entpuppte. „Wohl bekomm' Ihnen die *ganze* Ente", wünscht uns unsere Tischrednerin. Und sie bekommt uns tatsächlich ausgezeichnet.

Aber was auf sie folgt, ist, wie sich beim ersten Mokkalöfferl herausstellt, der Himmel auf Erden: ein Kastanienauflauf mit Schokoglasur, bei dem man sich wünscht, keiner hätte je die schädlichen Auswirkungen größerer Mengen von Fett und tierischem Eiweiß entdeckt.

Satt und um so manche kulinarische Erfahrung reicher mache ich mich später auf den Heimweg. Als ich noch einmal zum „Restaurant à la Katharina Prato" hochblicke, sehe ich, dass dort ein besonderer Ehrengast Quartier bezogen hat: Die SUPERFRAU blickt von ihrem neuen Stammplatz an der Fassade auf mich herab. Sie hat sicher schon längst gewusst, wieso frau früher Pratos umfangreiches wie auflagenstarkes Kochbuch *Die süddeutsche Küche* gründlich studierte und bei der Gestaltung ihres Speiseplans ganz ohne Chicken Curry auskommen konnte. Ach ja, die Lektüre des Kapitels „Kenntnis der Fleischstücke zu Einkauf und Verwendung" würde auch mir nicht schaden …

Outro: << Innensichten >> Außensichten

Daniela Jauk

Interviews mit Ligia Pfusterer, Maria Slovakova und Pauline Riesel-Soumaré

Während AusländerInnen als KünstlerInnen im Rahmen der Kulturhauptstadt Sichtbarkeit und Gehör erlangten, werden die Stimmen von Nicht-ÖsterreicherInnen in Graz insofern dünner, als sich ihr Anteil an der Grazer Wohnbevölkerung in den letzten beiden Jahren verringert hat[1]. Drei Frauen aus drei Ländern (Brasilien, Slowakei, Senegal) erzählten der Unabhängigen Frauenbeauftragten, wie sie WOMENT!, die Kulturhauptstadt Graz 2003 und Frauen in Graz wahrnehmen und erleben.

Ligia Pfusterer – Buchhalterin – BRAS/A[2]

WOMENT!
„Die Tafeln sind überall sichtbar und in der Farbe so schön, dass sie gleich auffallen! Auch das Café Palaver und die WOMENT!-Homepage habe ich oft besucht. In den *Laufschritten* – der Zeitung vom Frauenservice – habe ich wieder zwei Frauen-StadtSpaziergänge gesehen, einen davon mache ich mit. Und dieses Mafalda-Video MAKE *ä* SIGN ist auch wichtig und interessant. Ich habe zwei Töchter und merke, dass sich die Mädchen total verdrängen lassen. Wenn du zwei Computer hast in einer Schulklasse, dann hocken da die Buben und die Mädchen trauen sich nicht und lassen sich einreden, dass sie es nicht können. Und zu Hause dürfen sie zum Computer, wenn der Bruder ihn nicht braucht. Es ist wirklich ungerecht und schlimm.“

Ligia Pfusterer

Graz 2003

„Ich habe eigentlich nicht gewusst, was 2003 kommt. Man hat gehört ‚Kunsthaus, Kunsthaus!' und gesehen hat man nur Baustelle. Das Kunsthaus ist jetzt schön von draußen, aber ich habe schon gehört, dass es drinnen total dunkel sein soll. Da werde ich selber schauen gehen. Im Sommer habe ich ‚La Strada' genossen, aber das war ja nicht 2003. Was war eigentlich 2003? Außer WOMENT!? Ist die Stadthalle 2003?"

Frauen in Graz

„Das mit den Mädchen siehst du auch, wenn du durch die Stadt gehst oder mit der Straßenbahn fährst. Überall sind Buben auf den Plätzen, der öffentliche Raum wird eher von den Männern eingenommen und die Frauen werden von klein auf an einen anderen Platz hingestellt; quasi:‚da störst du nicht',‚da darfst du'. Manchmal fühle ich mich auch als Ausländerin, so ein bisschen störend. Ich habe gelernt, in der Straßenbahn so ruhig wie möglich zu sein und aufzupassen, dass die Kinder nicht so laut sind. Weil ich falle sowieso schon auf und manchmal – selten aber doch – habe ich schlechte Erfahrungen gemacht."

Maria Slovakova – Künstlerin – SK/NL/USA/A[3]

WOMENT!

„I saw the sticker. I put it on my phone the first time I saw it. I did not know anything about it, I had no idea what it was. I cut off the letters and I put the Superwoman on my phone.

   Then someone said to me, that it is Eva Ursprung's art. And when I met her I showed her my phone and she laughed. I never researched much about WOMENT! but whoever was in charge of the PR, well done!"

Graz 2003

„I never spent time anywhere, where there was a Cultural Capital. I like the idea. If it would be up to me, I'd keep it up for all the time. It's a dream to see art everywhere I

Maria Slovakova

look. I know that it was in Prague few years ago. I did not experience it, but I know that it gave my friends opportunity to organise events with real budget in scale that was not really possible before. Also. It seems to cover all scenes and not only the ‚chosen and acceptable ones‘."

Womyn in Graz
„The situation seems to be in female hands in Graz. Women artists are visibly active and well rooted. I keep on being complained to about female discrimination in visual arts places I go to and I think Graz can be looked up to in the matter of simple action towards the better future.

It is really nice here. There is no feel of male majority in arts and there is a strong network among female artists welcoming others. For example Eva Ursprung or Angelika Thon or you. You all gave me much space and nice support to present what I do. Merci!"

Pauline Riesel-Soumaré – Interkulturelle Pädagogin – SEN/A[4]

WOMENT!
„Das Projekt WOMENT! und die SUPERFRAU habe ich am Anfang plötzlich in der Stadt wahrgenommen. Dann besuchte ich an einem Samstag die FrauenStadtSpaziergänge. Und da habe ich zum ersten Mal mehr darüber erfahren: Die Gedenktafeln von den tapferen Frauen und Künstlerinnen, wie zum Beispiel Inge Morath, sind toll! Ich hatte meinen Sohn mit und alle haben gelacht: der einzige Mann in der Runde! Ich war von der Idee total begeistert, weil das ein Teil österreichischer Geschichte ist. Und ich finde es super, dass dieses Projekt zustande gekommen ist."

Graz 2003
„Ich habe die ganzen Vorbereitungen schon mitbekommen und auch einige Sehenswürdigkeiten angeschaut. Der Uhrturm hat mir ohne den Schatten besser gefallen. Aber die Murinsel ist eine Supersache, man kann da so lässig durchgehen und et-

Pauline Riesel-Soumaré

was trinken. Im Großen und Ganzen bekommt man viel davon mit, weil man auch in den Medien viel hört und liest oder wenn man einfach durch die Stadt geht und ein bisschen mit den Leuten redet, erzählt jede/r so manches; und durch die vielen TouristInnen, die da sind, weiß man gleich: Aha! Kulturhauptstadt. Einmal etwas anderes!"

Frauen in Graz

„Frauen sieht man! Das ist für mich wichtig. Es ist nur jetzt die Frage, welche Frauen man sieht. Karrierefrauen, wichtige Frauen, Politikerinnen, Frauen, die unsere Geschichte prägen. Deshalb ist das Projekt wichtig, weil dadurch ein großes Stück sichtbar geworden ist. Ich würde es super finden, wenn das irgendwie weitergehen würde. Junge Mädchen wissen vielleicht überhaupt gar nicht so viel von der Geschichte ihrer Vorgängerinnen! Ich bin seit zwölf Jahren da und merke auch einen wunden Punkt, über den die ausländischen Frauen hier sehr viel diskutieren. Migrantinnen sind in Graz im Hintergrund. Ich persönlich kenne sehr viele, die sich nur zu Hause bei ihren Kindern aufhalten und deswegen leider unsichtbar bleiben."

Anmerkungen

1 http://www.graz.at/politik/ab-neu-layout-neu/aktuelles/Statistik.pdf.
2 Ligia Pfusterer ist Mitarbeiterin des Vereins Danaida – http://www.danaida.at/.
3 http://maria-slovakova.net.
4 Pauline Riesel-Soumaré arbeitet als Referentin für Interkulturelle Pädagogik im AAI (Afro-Asiatisches Institut) Graz – http://www.aai-graz.at/.

Katharina Hofmann-Sewera

WOMENT! und Graz 2003

Kultur als (Über)lebensmittel einer Gesellschaft lautete schon 1999 eine der Leitlinien des Intendanten für Graz als Kulturhauptstadt Europas im Jahr 2003. Ein erweiterter Kulturbegriff bildete seither die Basis für die lokalen, nationalen und internationalen Projekteinreichungen/-ideen, die schlussendlich das – wie sich im letzten Drittel des Kulturhauptstadtjahres anhand Besucherreaktionen, Tourismuszahlen und Medienberichten sagen lässt – äußerst erfolgreiche Gesamtprojekt Graz 2003 ausmachten. Die Bandbreite des Programms wurde auch durch die „Bandbreite" der PartnerInnen bestimmt und wiederholt durch die Tatsache, dass sich VertreterInnen von in der Stadt aktiven Institutionen mit ähnlichen Zielsetzungen erstmalig an einen Tisch setzten und kooperierten.

Das Projekt WOMENT! darf in diesem Sinne als Musterbeispiel genannt werden: Wie aus einer Einzelinitiative in den letzten drei Jahren durch den Einsatz (und auch Kampfgeist) vieler Partnerinnen ein überaus starkes, viel beachtetes Netzwerk entstand, das weit über Graz hinaus für Aufmerksamkeit sorgte und auch weiterhin sorgen wird.

Anno dazumal, an einem der ersten „runden" Tische hätte wohl keine der Beteiligten vorausgesehen, welche Wirkung WOMENT! schließlich in der Stadt und in den Köpfen derjenigen, die sich in welcher Art auch immer mit dem Projekt befassten, haben würde.

Eher verunsichert saßen damals Vertreterinnen der Kirche, des DOKU GRAZ, des Frauengesundheitszentrums, von Mafalda und viele mehr zusammen, mit dem Ziel, einen Impact aus feministischer Sicht im magischen Jahr 2003 zu liefern – unklar vorerst der gemeinsame Weg dahin. Quasi als *Dea ex machina* erschien dann Bettina Behr und vereinte unter dem Schirmdach der 20+03 ORTE nicht nur alle Protagonistinnen, sondern übernahm auch gleich die wahrlich nicht einfache Koordination der unterschiedlichen Beiträge – angefangen vom Theaterstück, über das äußerst erfolgreiche „Restaurant à la Prato" bis hin zur Installierung einer eigenen WOMENT!-Zentrale.

Nicht nur die Überzeugungsarbeit in Richtung HausbesitzerInnen im Falle der Anbringung der 20+03 Tafeln erwies sich als mühsamer Eiertanz – auch in punkto interner Kooperation mit dem Graz 2003-Team gab es für beide Seiten einen gelinde gesagt ganz beachtlichen Lernbedarf. Schlussendlich aber drückten Bettina Behr und WOMENT! der Kulturhauptstadt Graz ihren Stempel auf: Sabina Hörtners Tafeln prägen selbstbewusst die ihnen zugeordneten Gebäudewände, die Superwoman ziert prominent ein Domenig-Gebäude der Innenstadt, Intendant und Geschäftsführer präsentieren sich in Unisex!-WOMENT!-T-Shirts und kaum eine/r fragt heute noch, was WOMENT! eigentlich bedeute …

Bettina Behr, Wolfgang Lorenz und Katharina Hofmann-Sewera vor der Würdigungstafel für „Mädchenbildung", 26. April 2003

WOMENT! ist es seit dem 8. März 2003 trotz seiner betont feministischen Ausrichtung gelungen, konstant verschiedenste, quantitativ beachtliche Zielgruppen (bis hin zu Kindern in einer eigenen Führung[1]) zu erfassen, was einerseits an der professionellen Aufbereitung der Thematik, der sorgfältigen, gut durchdachten und somit spannenden Auswahl der Persönlichkeiten der 20+03 ORTE liegt; andererseits in dem Esprit und der Dynamik, die die Protagonistinnen und – öffentlich nachvollziehbar – die von Sabina Hörtner gestalteten, auffälligen Gedenktafeln ausstrahlen. Angesichts dieser Dynamik und Kraft, die WOMENT! unter seiner Projektleiterin Bettina Behr entwickelte, scheint es auch logisch, dass WOMENT! sich nicht als kulturhauptstädtische „Einjahresfliege" versteht, sondern als eine weit über das eigentliche Jahr 2003 und Graz als Ort hinausreichende Initiative – dieses Buch ist ein Schritt, eine Erweiterung der Tafeln (wie im künstlerischen Konzept intendiert) wäre ein weiterer. Dass ähnliche Aktivitäten in anderen (Kulturhaupt-)Städten folgen werden, kündigen bereits die zahlreichen Einladungen zum Know-how-Transfer an die Projektleiterin an. Aus der Sicht des zu Ende gehenden Kulturhauptstadtjahres Graz 2003 dürfen wir also mit WOMENT! stolz sein, erstmalig in der Geschichte der Kulturhauptstädte ein feministisches Projekt auf die Beine gestellt zu haben.

Anmerkung

1 Siehe das Kinderprogramm MINICOSMOS 03 – Kulturhauptstadt für die Jüngsten (http://www.graz03.at/).

Tatjana Kaltenbeck-Michl[1]

Die verlorene Geschichte der Frauen

Geschichte wird von Männern geschrieben, Geschichte
stellt Ereignisse aus männlicher Sicht dar

Vergessen, verschwiegen, vorenthalten bleibt der Beitrag von Frauen. Verschüttet sind in der männlichen Geschichtsdarstellung die Leistungen, das Wissen, das Können von Frauen.

Vergessen, verschwiegen, vorenthalten bleibt aber auch, wie sich historische Ereignisse auf Frauenleben ausgewirkt haben.

Geschichte, wie sie von Männern dargestellt wird, ist vor allem eine Geschichte der Kriege, Eroberungen, Helden.

Wer aber sind die Helden und Heldinnen des Alltags? Der Mann, der an der Front kämpft, oder die Frau, die das Überleben ihrer Kinder während des Krieges sichert und danach als „Trümmerfrau" den Wiederaufbau leistet? Ist Töten historisch bedeutsamer als Leben zu erhalten?

Vergessen, verschwiegen, vorenthalten.

Was wissen wir heute noch über das heilende Wissen von Frauen? Wie viele Künstlerinnen haben unter Pseudonym gearbeitet?

Die Geschichte der Frauen ist auch immer eine Geschichte der Männer, denen von Frauen der Rücken freigehalten wurde.

Vergessen, verschwiegen, vorenthalten.

Die Geschichte der Frauen ist auch eine Geschichte der Brüche von Frauenleben. Welche Frau ist trotz aller Stolpersteine berühmt geworden – und um welchen Preis?

Vergessen, verschwiegen, vorenthalten.

Nein! Nicht mehr! WOMENT! hat Spuren gelegt. Auf diesen Spuren wandeln und durch sie Mut schöpfen, den Aufbruch wagen – das ist der Verdienst von Bettina Behr, Ilse Wieser und Brigitte Dorfer.

Aus weiblicher Sicht wird definiert, wer die Heldinnen des Alltags waren. WOMENT! macht den Beitrag der Frauen zum Fortschritt sichtbar. WOMENT! baut kollektives Selbstbewusstsein auf. WOMENT! ist eine Initiative wider das Vergessen.

Anmerkung

1   Tatjana Kaltenbeck-Michl war Schirmherrin, Förderin und Mitglied der Jury des Künstlerinnen-Wettbewerbs zur Gestaltung der Würdigungstafeln.

Wolfgang Lorenz

Zur Eva-luierung von Graz

Wenn einem Mann wie mir vorgeschlagen wird, ein Frauenprojekt zu realisieren, stellt sich zunächst Gänsehaut ein, verbunden mit dem Mentalreflex, in der Stunde der Wahrheit möglichst zu lügen. Nicht anders erging es mir, als Bettina Behr und ihre Partnerinnen bei mir auftauchten, um für 2003 den Schwerpunkt WOMENT! zu implantieren. Also heuchelte ich echtes Interesse und erhoffte Erlösung durch dritte Mächte, während ich die Eva-luierung der Idee empfahl. So ungefähr war das im Jahre 2000.

Natürlich hat sich alles ganz anders entwickelt, natürlich hat sich innerhalb kürzester Zeit herausgestellt, dass dieses Netzwerk hoch professionell ist, natürlich wurden da Inhalte angeboten, die unserem Gesamtprogramm ein neues, unverhofftes Zentrum gaben, natürlich waren sehr bald nicht nur die Damen im 2003-Team begeistert, weil rasch klar war, dieses Projekt ist nicht nur in sich so notwendig wie stimmig; es hilft auch mit, das zu artikulieren, wozu wir angetreten sind.

Das wäre: einerseits Stadtentwicklung, andererseits Gesellschaftsentwicklung. Projekte wie WOMENT! haben den zweiten Leitstrang mit ausgebildet, uns also dahin geführt, ausgetretene Kunstpfade im Programm 2003 möglichst zu meiden und vielmehr die Gesellschaft dort zu berühren, wo Alltagskultur gelebt wird. Vergangenheit, Gegenwart und hoffentlich auch Zukunft sollten dabei bedacht werden: Wie ist es unseren Großmüttern ergangen, wie lebten und leben unsere Mütter, wie ist es um das Frauenbild, um die gesellschaftliche Situation der Frauen von heute bestellt? Wie kann man mit diesen Themen so umgehen, dass außer political correctness sonst noch was herauskommt, dass möglichst sinnlich ein sinnvolles Programm, ein feministischer Leitstrang durch das Jahr entstehen kann?

Die Antwort lässt sich heute geben: Bettina Behr und ihre Partnerinnen haben WOMENT! so glänzend gedacht wie performed und so ist daraus ein international beachtetes Prachtstück intelligenter programmatischer Arbeit geworden.

So rasch wie 2003 ist wohl noch kaum ein Jahr Grazer Stadtgeschichte verstrichen. Und vieles stand mit vielem in unmittelbarer Konkurrenz, lief sich wohl manchmal gegenseitig den Rang ab. Darum wäre es unendlich wichtig, die Arbeit des WOMENT!-Netzwerkes in die Zukunft zu verlängern, ihm Chancen einzuräumen, weiterarbeiten zu können. Jahrhunderte der Unterdrückung und der Ignoranz können nicht im Durchlauferhitzer eines Ausnahmejahres egalisiert werden. Die stadtverantwortlichen Damen und Herren mögen nun für Kontinuität sorgen, diese Werkstatt geöffnet halten. Aus Gespür, was eine Gesellschaft braucht, nicht aus tranigem Pflichtgefühl. Das hatten wir schon gestern, heute war 2003 und morgen ist Zukunft.

Petra Prascsaics

Die Leistungen der Frauen
sind in unserem Land spürbar

Interview mit Landeshauptmann[1] Waltraud Klasnic
über WOMENT! und die Stellung der Frauen in der Geschichte

Das 2003-Projekt WOMENT! hat nicht nur Errungenschaften Grazer Frauen aus den verschiedensten Epochen an Hand von Gedenktafeln und Veranstaltungen sichtbar gemacht. Sie, Frau Landeshauptmann, gehören zu den Unterstützerinnen dieses Buches. Welche Erwartungen setzen Sie in diese Initiative, was soll sich damit ändern?

Zu Beginn möchte ich betonen, es freut mich sehr, dass es in Graz gelungen ist, im Rahmen des europäischen Kulturhauptstadtjahres ein eigenes Frauenprojekt zu realisieren. Dies ist in der langen Geschichte der Kulturhauptstädte bisher noch einzigartig, aber vielleicht gerade der richtige Ansporn für weitere Initiativen solcher Art. Wenn dies in vielen anderen Städten gelingt, dann hat sich hier im Bewusstsein der Öffentlichkeit doch einiges bewegt.

WOMENT! hat auch aufgezeigt, dass verdiente Frauen in der Öffentlichkeit zu wenig Würdigung erfahren. Zeichen der Erinnerungen im öffentlichen Bereich wie Denkmäler oder Straßennamen sind selten. Hat auch die Politik zu oft versäumt, an die Verdienste der Frauen zu denken?

Viele Frauen engagieren sich – sei es in der Politik, im Umfeld der Politik, aber auch in ganz anderen Bereichen. Im öffentlichen Bewusstsein ist dies sicherlich noch nicht dementsprechend sichtbar. Dazu passend fällt mir ein Satz von Margret Thatcher ein, der diesen Umstand vielleicht sehr treffend beschreibt: „Wenn du etwas gesagt haben willst, dann wende dich an einen Mann – wenn du aber etwas getan haben willst, dann wende dich an eine Frau."

23 Gedenktafeln, die an berühmte Grazerinnen und Frauengruppen erinnern, wurden im Zuge des Kulturhauptstadtjahres in der Stadt Graz angebracht. Gibt es auch auf Landesebene die Absicht, die Errungenschaften steirischer Frauen künftig sichtbarer zu machen?

Die Errungenschaften von Frauen mögen zwar nicht auf den ersten Blick sichtbar sein, aber sind in unserem Land auf jeden Fall spürbar. So stellt ja gerade diese Initiative einen ersten Auftakt dar, in Zukunft noch vieles erkennbarer zu gestalten, und darum werden wir uns bemühen.

Die Statistik belegt, dass Männer für ihre Verdienste – im Gegensatz zu Frauen – sehr viel öfter geehrt werden. Woran liegt das? Ist nur die Leistung von Männern wertvoll genug, um sie auch entsprechend zu würdigen?

Die Leistungen sowohl von Frauen als auch von Männern sind beeindruckend und sehr wertvoll für unser Land, dementsprechend müssen sie auch unterstrichen und deutlich gemacht werden – da ist in erster Linie der Mensch zu sehen, ganz egal welchen Geschlechts.

Die Initiatorinnen von WOMENT! haben sich bei ihrem Projekt das Ziel gesetzt, die Verdienste der Frauen stärker in den Vordergrund zu stellen. Welchen Beitrag kann die Politik leisten, um den in Graz eingeschlagenen Diskurs über die Stadtgrenzen hinaus zu tragen und ihn am Laufen zu halten?

Die Politik erarbeitet entsprechende Rahmenbedingungen. Die Landeshauptleutekonferenz hat sich kürzlich zum Gender Mainstreaming als Methode in der Politik und Verwaltung bekannt. Gender Mainstreaming integriert in alle Aktivitäten und Maßnahmen eine geschlechtssensible Perspektive. Das bedeutet, alle Maßnahmen sollen so gestaltet werden, dass sie die Chancengleichheit von Frauen und Männern fördern. Diese Strategie ist auch Teil des Vertrages von Amsterdam aus dem Jahr 1999 und europarechtlich verbindlich festgelegt. Somit ist ein breiter Diskurs weit über die Grenzen der Steiermark hinaus gewährleistet.

Anmerkung

1   Interview vom Oktober 2003. Die Bezeichnung „Landeshauptfrau" wird von Seiten der Beamten des Landes Steiermark als „pejorativ" gewertet und verweigert.

Ursula Kubes-Hofmann

Ehret Frauen,
die nicht weben und flechten!

Die Sprache ist das mächtigste Medium. Sprache macht Geschichte. Sie bildet das Be-
wusstsein der Individuen ab und generiert die Handlungsmuster und -strategien. Über
Form und Inhalt. Und – wer spricht?

Sprache ist unter anderem das Bauprinzip des öffentlichen Raumes. Der öffentliche
Raum ist eine maskuline (Ästhetik), patriarchale (Ökonomie) und kollektive (Politik)
Unternehmung. Ihre Repräsentanten besitzen darüber die Definitions- und Gestal-
tungsmacht. Sie beruht auf dem Opfer „Frau". Eine Feministin ist eine Frau, die im Lei-
den keinen Sinn erblicken kann. Sie entzieht sich daher eigenmächtig und nicht schick-
salhaft den großen und kleinen Narrationen ihrer kleinen und großen Erzähler und
bleibt arm. Ihr Reichtum besteht darin, dass sie an jedem Ort und in jeder Zeit auf-
tauchen und wieder verschwinden kann. Sie ist daher immer da.

Bettina Behr hat mich eingeladen, für diese Dokumentation einen Beitrag zu schreiben. Ursprünglich sollte ich auf Einladung von Barbara Hey, der Leiterin der Inter-
universitären Koordinationsstelle für Frauen- und Geschlechterforschung Graz, als
Vortragende am Symposium „Movements-Monuments", eine der zehn WOMENT!-
Produktionen, vom 15. bis 17. Mai 2003 teilnehmen. Schlussendlich war ich dann jedoch wegen Krankheit verhindert. Ich folge nun der Einladung, einen Beitrag für die
daraus entstandene Publikation zu schreiben, außerordentlich gerne.

Spuren aus meinem Gedächtnisarchiv

Die feministischen MOVEments vieler Frauen in Graz seit den letzten fünfundzwanzig Jahren spielen in meiner persönlichen Erinnerung und Geschichte/schrei-
bung eine herausragende Rolle. In meinem Gedächtnisarchiv taucht kein vergleichbarer Ort in Österreich auf, wo sich die Leistungen von Frauen, die sich selbst als
Feministinnen verstehen, so zu einer gelungenen Verbindung zwischen Kultur und
Arbeit verdichten wie in Graz.

Diese aus meiner Sicht gelungene Verbindung zwischen Arbeit und Kultur ist die
unabdingbare Voraussetzung zur Schaffung von Bindungspotenzialen zwischen
Frauengenerationen. Insbesondere im Kontext öffentlicher Artikulation von politischen und künstlerischen Anliegen. Sie entspringen den Reflexionen über die jeweiligen Begrenzungen/Grenzen und Spielräume kultureller, politischer Wandlungs-
prozesse und stellen den selbstreferenziellen Bezugsrahmen her, der seine jeweiligen

Gegenstände entwirft und hervorbringt. Diese Gegenstände entfalten in jeder Zeit ihre Wirkungsästhetik/en. Diese Wirkungsästhetik/en und ihre Medien sind entscheidend dafür, wo und wie sie ihre Spuren in einer Stadt hinterlassen, sie einprägen, auslöschen, durchkreuzen oder unsichtbar bleiben.

Doch wenn, wie Albert Camus 1953 im Jahr meiner Geburt in *Brot und Freiheit*[1] schrieb, im „Europa der Feudalherren […] die Gemeinden das Salz der Freiheit bewahrt" haben, dann haben viele Feministinnen aus Graz diesen Gedanken an das „Salz der Freiheit" bewusst oder unbewusst für ihre Kämpfe und Errungenschaften in Anspruch genommen oder tun es noch. Beim Freiheitsbegriff von Albert Camus geht es um ein Streben nach Autonomie, das aus der Bewusstwerdung der Unterdrückung resultieren kann. Diese Bewusstwerdung liegt dem Gedanken an das „Salz der Freiheit" näher und beruht auf Sinneserfahrungen, die einer Kultur und Politik der Chimären, der „multiplen Selbste" gänzlich fremd ist. Ihr Ringen und ihr Kampf gilt im besten Fall dem der „bürgerlichen Freiheiten" in aller Ausdifferenzierung, da selbst diese heute auf dem Spiel stehen.

Cover von *Eva & Co*, „FEMMAGE À …", Heft 20, 1991

Dieser Gedanke an das „Salz der Freiheit" erlangt Bedeutung erst im Kontext seines Umfeldes, in dem er steht und entsteht: Hinter den Fassaden einer „Kulturhauptstadt 2003" und eines von der UNESCO erklärten „Weltkulturerbes" verbergen sich patriarchale, klerikale und faschistische Provinz und die Milieus repressiver Toleranz.

Wenn eines auf Graz zutrifft, so ist das nicht nur im Buchtitel der ersten Stadtgeschichte der Grazer Frauen verbrieft, sondern hat seinen Grund auch im Untergrund: *Über den Dächern von Graz ist Liesl wahrhaftig*[2]. Und nur in Graz konnte zu Beginn der 1980er Jahre die feministische Kunst- und Kulturzeitschrift *Eva & Co*[3] entstehen, die in Europa durch ihre Vernetzung mit Künstlerinnen und Wissenschafterinnen in der ganzen Welt ihresgleichen suchte, 1992 jedoch eingestellt wurde. Sie war aus dem Phantasiereichtum, aus der Liebe zur Freiheit und aus der ökonomischen Armut ihrer Protagonistinnen entstanden.

Noch schwebt die SUPERFRAU[4] von Veronika Dreier und Eva Ursprung bei Verfassen dieses Artikels (14. Oktober 2003) in welcher Gestalt auch immer über Graz und wölbt sich wie der Abglanz einer längst vergangenen Ironie und List der Geschichte dem schlechten Witz der steirischen Arnie-Manie entgegen.

Und nur in Graz konnte im Zuge der Vorbereitungen zur Kulturhauptstadt 2003 im Jahr 2002 neben einem Projekt der Alltagsgeschichte „Berg der Erinnerungen" das gänzlich anders erdachte Projekt WOMENT! mit zehn Produktionen als nachhaltiger *Einspruch* im öffentlichen Raum konzeptionell entstehen, erkämpft und realisiert werden. Mit einem Bruchteil an finanziellen Mitteln, die anderen Projekten vergleichbarer Größenordnung für die „Performance" einer Kulturhauptstadt 2003 zugestanden wurden.

Damit hat nun die Erfinderin des multimedialen Projekts WOMENT! und Koordinatorin Bettina Behr, ausgebildete Bühnenbildnerin und Absolventin des Lehrgangs mit universitärem Charakter „Feministisches Grundstudium", entgegen einer „Barbarei der Missachtung" (Susan Sontag anlässlich der Verleihung des Friedenspreises 2003 des deutschen Buchhandels) und entgegen der „Tyrannei der Norm" (Rosa Mayreder), eine Setzung und öffentlichkeitswirksame Vernetzung zahlreicher Grazer Frauenprojekte im Stadtbild von Graz mit Hoffnung auf bleibende Wirkung erzielt. Und sei es im Gedächtnis aller daran aktiv Beteiligten.

Bleibende Wirkung ganz anderer Art gilt insbesondere für die Produktion 20+03 ORTE: Sabina Hörtner schaffte mit ihrem ästhetischen Konzept 23 Gedenktafeln in Erinnerung an Frauen und feministische Orte, die sich als Wegmarkierungen für die FrauenStadtSpaziergänge durch die Kulturhauptstadt über das Jahr 2003 hinaus erweisen werden.

Ich betrachte daher 20+03 ORTE als *erkämpfte Affirmation im öffentlichen Raum* jener Pionierinnenarbeit auf dem Gebiete der FrauenStadtSpaziergänge in Österreich, die ich mit den Namen der feministischen Historikerinnen Ilse Wieser und Brigitte Dorfer verbinde. Sie boten sie zum ersten Mal 1991 in Graz an.

Zu Recht weist Ilse Wieser darauf hin, dass „erst seit 30 Jahren feministische Wissenschafterinnen Geschichte mit neuen Maßstäben zu schreiben" begonnen haben:

„Es ist das Verdienst des konsequenten feministischen Denkens, Konstruktionen der patriarchalen Geschichtsschreibung aufzudecken. Der Ausschluss der Frauen

Würdigungstafel für
Herta Frauneder-Rottleuthner
vor der Technischen Universität Graz,
Rechbauerstraße 12

als Denkende und Handelnde hatte [und hat, U. K.-H.] Methode und erscheint oft noch immer als weißer Fleck. Nun gilt es nicht nur, weiße Flecken zu füllen, sondern die gesamte Geschichtsschreibung neu zu sehen und zu beurteilen.“[5]

Relektüren und Reflexionen darüber

Zur Untermauerung dieses Statements von Wieser scheinen mir zwei bereits lang zurückliegende Erkenntnisse wichtig zu sein. Zum einen die Erkenntnis, die Gerda Lerner in ihrem Aufsatz *Die Mehrheit findet ihre Vergangenheit* (Mai 1976) dargelegt und differenziert hat:

„[…] das Drängen nach Frauenemanzipation aus einer patriarchal determinierten Unterordnung heraus, bedeutet mehr als das Streben nach Gleichstellung und Rechten. Es kann am treffendsten als Streben nach Autonomie bezeichnet werden. Autonomie bedeutet, dass Frauen sich selbst und die Werte, nach denen sie leben wollen, definieren und dass sie nach institutionellen Regelungen streben, die ihre Lebensumstände ihren Bedürfnissen gemäß ordnen. […] Autonomie bedeutet, selbstbewusst in eine Welt hinauszutreten, in der die weibliche Vergangenheit Bedeutung hat und in der Frauen das Wissen darüber und die Möglichkeit haben, eigenverantwortlich zu handeln und die Zukunft selbstbestimmt zu gestalten. […] Frauen sind mindestens die Hälfte und oft die Mehrheit in den Bevölkerungen und über alle Klassen und Schichten in den jeweiligen Gesellschaften verteilt. Ihre Geschichte reflektiert unweigerlich Unterschiede, je nachdem, welcher ökonomischen Klasse, welcher Rasse, Religion und ethnischer Gruppe eine Frau angehört."[6]

Diese Zeugnisse feministischer Geschichtsschreibung haben zweifellos Eingang in den Kanon moderner Geschichtswissenschaften gefunden. Entscheidend dabei ist, dass die Quellen, auf die sich Gerda Lerner hauptsächlich bezog, Quellen schriftlicher Hinterlassenschaften von Frauen waren. Entstehungs- und Interpretationskontext bleibt an das Wissen (der Autorin) selbst gebunden. Neuinterpretation und Rezeption dieser Quellen stammen ebenfalls von Frauen, da nur so feministische Öffentlichkeit entstehen kann.

All dies erscheint jedoch gerade in diesem wissenschaftlichen Kontext heute als obsolet, weil es ausschließlich um die Definitionsmacht von Frauen geht. Denn diese erste Erkenntnis wurde von einer anderen Erkenntnis moderner Geschichtswissenschaft letztlich konterkariert: dass die klassische Historiographie (als Schriften einer politischen und militärischen Geschichte und Geschichte struktureller Gewalt) nicht mehr von jenem zeitlichen Kontinuum zu trennen ist, das wir in der Alltagssprache „Geschichte" nennen[7].

Diese Geschichte mit Eigensinn oder das Genre der Alltagsgeschichte/n erweist sich jedoch als Widerspiegelung hierarchisch organisierter Geschlechterverhältnisse, die sich auf der Repräsentationsebene noch einmal abbildet: Die dafür vorgesehenen Öffentlichkeiten bleiben weiterhin männlichen Autoren und ihren Rezipienten (multimedial) vorbehalten, die Autorin und Rezipientin bleibt Nebenerscheinung, Alibifigur oder Randerscheinung. Ja viel mehr: Selbst die wissenschaftlichen Diskurse und theoretischen Fundierungen zu Biografie- und Alltagsforschung, wie sie seit den letzten fünfzig Jahren entstanden sind, bleiben ideengeschichtliches, männerbestimmtes Reservoir, aus dem „geschlechtsneutral" geschöpft wird. Und in diesen Teil- und Fachöffentlichkeiten bleiben Geschlechterverhältnisse nach wie vor hierarchisch organisierte Produktionsverhältnisse unter dem Verdikt einer heterosexuellen Matrix, die übrigens alle in bunter Vielfalt integrativer Pluralität betrifft.

Kaum eine Veranstaltung, die gewiss der „Küss-die-Hand-Kultur" unverdächtig ist, kommt heute ohne Zeugnisse schwuler Geschichtsschreibung aus. Diese an sich nicht unerfreuliche Tatsache im Kontext klerikalfaschistischer Traditionsbildungen österreichischer Wissenschaftsgeschichte ändert jedoch nichts daran, dass es allzu oft nach wie vor die Frau bleibt, die in der Gemeinde/Community zu schweigen hat und nicht deshalb, weil sie nichts zu sagen hätte, ob sie nun lesbisch ist oder nicht. Auch in der „Kulturhauptstadt" Graz.

Weshalb ich daher das WOMENT!-Projekt als wichtige Intervention im öffentlichen Raum betrachte, möchte ich folgendermaßen begründen:

Der Subjektbegriff, der sich aus den historisch gewachsenen Prämissen der Rechtspersönlichkeit herleitet, steht heute in unauflösbarem Widerspruch zu einem vermeintlich „multiplen Selbst".

Diesem unauflösbaren Widerspruch liegen unter anderem die gesellschaftspolitischen Folgen eines postfordistischen, neoliberalen Arbeitsbegriffes zu Grunde, der unser aller Leben heute bestimmt. Arbeit stellt daher keine Gebrauchswert schaffende und identitätsstiftende Größe mehr dar, sondern ist „Dienst" – am Kunden. Aus diesem Grund ist heute nichts mehr so politisch relevant geworden wie das Private und seine Formen der Reproduktion. Und damit ist die Enteignung aller Leistungen von Frauen zu einem Absolutum des Möglichen geworden.

Dieses Faktum einer von Menschen gemachten Zivilisationstatsache ohne Geheimnis ist nicht nur bestimmend für die politischen Rahmenbedingungen von Wissenschaft, Bildung und Kultur, sondern auch für die Forschungsfragen, die zur Produktion „neuen" Wissens beitragen sollen. Diese Forschungsfragen werden von einem mehr und mehr geschichtslosen „multiplen Selbst" gestellt, das seine Selbstbestimmtheit „eigenverantwortlich" entwirft. Dessen Name und Adresse ist am „Ende des Tages" gänzlich unerheblich, weil es doch bereits in der Nacht an einem anderen Ort, um sich im Morgengrauen des kommenden Tages als gänzlich überflüssig in auferlegter Eigenverantwortung und durch gewissenhaftes „Selbstmanagement" zu definieren. Es repräsentiert die sich selbst überflüssig gemacht habende Figur in der Erzählung *Die Bibliothek von Babel* von Jorge Luis Borges[8], die das gesamte Wissen der Welt enthält. Sie enthält nichts, was nicht mit Hilfe analytischer und kombinatorischer Fähigkeiten vorhersehbar wäre, denn das Wissen schreibt sich ohne Autor/innenschaft fort und wird bloß verwaltet.

Es ist daher nicht verwunderlich, dass solch einem „multiplen Selbst" heute nichts so wichtig erscheint, wie „Familienbande" ohne jeden Beigeschmack in Frage gestellter Wahrheit. Und wenn diese „Familienbande" nicht existieren, tröstet es sich wohl damit, in einem „virtuellen Vinzidorf" zu landen. Es kann vorkommen, dass dieses „multiple Selbst" zufällig eine Frau aus Fleisch und Blut ist, die als modernes „multiples Selbst" begonnen hat, sich ihren Lebensunterhalt selbst zu verdienen, und aufgrund der politischen Umstände, die sie mitbestimmt hat, den Wechsel zur traditionsbewussten Mutter ihrer Kinder ohne eigenes Einkommen vollziehen wird.

Unbestritten ist, dass gesellschaftliche Übergangszeiten, die immer mit dem Wandel der Begriffe „Arbeit" und „Kultur" zu tun haben, zur Beschleunigung der Auflösung traditioneller gesellschaftlicher Bindungspotenziale beitragen. Doch je mehr Menschen überflüssig gemacht werden, umso weniger entsteht etwas Neues, weil auch das auf Prozessen von Bindungspotenzialen beruht, um Bestand zu haben. Es wird daher entscheidend darauf ankommen, wie *politisch im öffentlichen Raum* interveniert wird.

Frauenräume jetzt und einst

Eine Rolle auf „Expertinnenebene" kommt hierbei vor allem Architektinnen und Technikerinnen zu. Ihr Anteil in dieser Berufssparte ist im Steigen begriffen.

Im Folgenden möchte ich eine Interviewpassage mit Christine Erlemann, die als wissenschaftliche Mitarbeiterin im Projektverbund „Chancengleichheit für Frauen" an der Technischen Fachhochschule Berlin arbeitet und sich mit feministischen Strategien im Ausbildungssektor befasst, zitieren. Auf die Frage: „Was sagen Sie zur Entwicklung der feministischen Planungsdebatte im Allgemeinen" (in der Architektur, U. K.-H.), antwortet Christine Erlemann:

„Von der feministischen Planung bin ich etwas enttäuscht. Die Kritik an der Kleinfamilie, die am Anfang stand, hat sich oft kanalisiert in ein familienfreundliches oder kinderfreundliches Wohnen. Das ist natürlich unglaublich verengt, hat aber damit zu tun, dass der gemeinsame Nenner ‚Frau' schon lange nicht mehr trägt; der taugte im Grunde nur für den anfänglichen Überraschungseffekt. Heute geht es darum, die Konstruktion der Zweigeschlechtlichkeit auch in der Planungstheorie und Planungspraxis zu hinterfragen, das heißt, das Hauptaugenmerk auf Frauen zu richten, die unabhängig von Männern leben. Solche Lebensformen gelten immer noch nicht als vollwertig und förderungswürdig; ihre bauliche Umsetzung kann jedoch eine Ahnung davon vermitteln, wie gemeinschaftliches Wohnen aussehen kann, wenn es nicht durch das hierarchische Geschlechterverhältnis geprägt ist."[9]

In der Geschichte österreichischer Frauenbewegungen findet sich dazu ein Lösungsvorschlag bereits an der Wende vom neunzehnten zum zwanzigsten Jahrhundert. Interessant erscheint mir dabei, welchen Weg dieser Lösungsvorschlag und seine Umsetzung im Sinne der Urheberin, der Gründerin des Allgemeinen Österreichischen Frauenvereins, Auguste Fickert[10], schließlich genommen hat.

Das ursprünglich durchgesetzte Projekt Auguste Fickerts, nämlich die praktische Verwirklichung des Einküchenhauses im „Heimhof" für *allein stehende* berufstätige Frauen im 19. Wiener Gemeindebezirk Döbling wurde im Jahr 1926 (die Zeit des „Roten Wiens" der Zwischenkriegszeit), sechzehn Jahre nach ihrem Tod und anlässlich der Forderung nach einem Denkmal für sie erst dann öffentlich gewürdigt, als es längst zum „Familien-Heimhof" umgedeutet worden war.

Olly Schwarz[11], unter anderem Gründerin der ersten Handelsakademie für Mädchen in Wien und des „Vereins für höhere kommerzielle Frauenbildung", schreibt in der Ausgabe Nr. 2 der 1926 im 26. Jahrgang erschienenen *Mitteilungen der Vereinigung der arbeitenden Frauen*:

„*Ein Denkmal für Auguste Fickert*
Sechzehn Jahre nach dem Tode Auguste Fickerts soll ein lang gehegter Wunsch ihrer Freunde und Anhänger in Erfüllung gehen und der großen Führerin und Vorkämpferin ein Denkmal errichtet werden.
Der äußere Anlass dazu ist der Ausbau des im XV. Bezirk bestehenden ‚Heimhof', der ersten Einrichtung des Einküchensystems für Familien, welcher nunmehr durch die Gemeinde Wien übernommen und baulich erweitert werden soll. Auguste Fickert war es, welcher die praktische Verwirklichung des Einküchenhauses in dem ‚Heimhof' für alleinstehende berufstätige Frauen in Döbling zu verdanken ist, aus dem dann später der Familien-Heimhof hervorging. Der Schöpferin dieses sozialen Werkes soll nun in den inneren Gartenanlagen ein Denkmal erstehen, zur bleibenden Erinnerung an das Wirken dieser Frau.

Jenen, denen die Gestalt Auguste Fickerts schon entrückt ist, soll noch einmal ihr Lebensbild – Kämpfe, Taten, Persönlichkeit – entrollt werden. […]
Trotz vielfacher Arbeitsleistungen als Lehrerin und als Führerin der radikalen bürgerlichen Frauenbewegung fand Auguste Fickert auch Zeit, für die Arbeiterinnen-Bildung zu wirken. Als im Jahre 1900 der Arbeiterinnen-Bildungsverein gegründet wurde, nahm sie tätigen Anteil daran, indem sie ihre Abende – später selbst ihre Sonntag-Nachmittage – opferte, um diesen Frauen neue Gebiete des Wissens zu erschließen. Ohne selbst der sozialdemokratischen Partei anzugehören, machte sie sich doch diese Ideen zu eigen und war sich der Größe und Bedeutung des Kampfes der aufwärtsstrebenden Arbeiterklasse voll bewusst. Mit dem Demokraten Dr. Julius Ofner, sowie den Führern der Arbeiterbewegung verband sie herzliche Freundschaft. Die heftigen Anfeindungen, welche die gesinnungstreue Lehrerin, namentlich wegen ihrer Konfessionslosigkeit, von ihren vorgesetzten Behörden zu erdulden hatte, wurden im Reichsrate und in der Presse von dieser Gruppe energisch zurückgewiesen.“[12]

Wir erfahren also, dass erst dann ein Denkmal für Auguste Fickert im öffentlichen Raum durchsetzbar wurde, als der „Heimhof“ zu einem Familien-Hof umgedeutet und als solcher realisiert wurde. Im so genannten „Roten Wien“.

Denkmal für Auguste Fickert
im Türkenschanzpark, Wien

Denk mal!

Oft besuche ich das Denkmal Auguste Fickerts, das im Türkenschanzpark in Wien steht. Ich denke darüber nach, unter welchen gesellschaftlichen Rahmenbedingungen Pionierinnen und ihr öffentliches Wirken nicht enteignet werden und für die Nachwelt sichtbar erhalten bleiben.

Kürzlich dachte ich jedoch an diesem Ort und in gedanklicher Vorbereitung zu diesem Aufsatz an das Eröffnungsevent von WOMENT! am 8. März 2003 in Graz und an die damit verbundene Eröffnungsrede von Bettina Behr:

> „Mein Ziel war zum einen, das Wissen über die Grazer Frauengeschichte, das durch die Forschungen und Vermittlungen von Brigitte Dorfer und Ilse Wieser und ihren FrauenStadtSpaziergängen vorlag, an eine breitere Öffentlichkeit zu vermitteln.
>
> Zum anderen sind die mir ebenfalls wichtigen Ziele: Geschichte von Frauen in Graz sichtbar zu machen; Frauen, Frauen-, Mädchen-, Lesbengruppen und -orte in unsere Erinnerung zu rufen und sie einer breiten Öffentlichkeit bekannt zu machen; weibliche Vorbilder zu zeigen, die auf jeweils ihre Weise widerständig gegen überholte Rollenklischees lebten und auch leben, die Pionierinnen waren und auch sind, die ihre Träume realisierten und realisieren, um ihrer nicht nur zu gedenken, sondern sie auch zu würdigen.“[13]

Ich komme noch einmal auf den Camus'schen Gedanken vom „Salz der Freiheit" zurück. Alle Ideologien haben diesen Freiheitsbegriff im zwanzigsten Jahrhundert verabschiedet. Die Wiederholung aller damit verbundenen menschlichen Katastrophen ist nach wie vor möglich.

Dass dies nicht so bleibt, wird wesentlich an den Frauen selbst liegen. Und an ihrer Fähigkeit, im Leiden keinen Sinn zu erblicken, indem sie sich als „Frau" zum politischen und medialen Programm erheben lassen, um ihre Aktien zu sichern oder religiösen Fundamentalismus und esoterischen Zauber zu verbreiten. Es sind diese Frauen, die auf dem Leiden anderer (Frauen) ihr Selbst aufbauen, indem sie diesem Leiden der „Anderen" durch ihre (pragmatischen und moralischen Erzählungen) einen Sinn verleihen wollen. Sie finden sich in allen Gesellschaftsschichten und Erinnerungskulturen.

In der Wiederholung dieses Wissens und seiner Durcharbeitung mögen der Erinnerungsspur durch 23 Ortsmarkierungen mit ihren Namensträgerinnen und deren Geschichte in Graz noch viele weitere folgen und insbesondere jene, die sich mit den Namen Brigitte Dorfer, Ilse Wieser und Bettina Behr verbinden.

Anmerkungen

1 Camus 1968, S. 49.
2 Unterholzer/Wieser 1996.
3 1988 deklarierte die Grazer Künstlerinnengruppe Eva & Co Graz zum „Intergalaktischen Zentrum für Superfrauen". Die Gruppe und die gleichnamige Zeitschrift – die erste feministische Kultur- und

Kunstzeitschrift in Europa – bestanden von 1982 bis 1992. Die Erfinderinnen, Veronika Dreier und Eva Ursprung, stellten die SUPERFRAU als WOMENT!-Werbeträgerin für das Projekt zur Verfügung. Als Promotion-Artikel wurden Kugelschreiber und Feuerzeuge produziert.

4 Siehe oben Anm. 3.
5 Wieser 2003, S. 30.
6 Lerner 1995.
7 Vgl. dazu Mattl/Müller 2002.
8 Borges 2000.
9 Hnilica 2003, S. 124 f.
10 „Auguste Fickert: Frauenrechtlerin. 25.5.1855 (Wien) – 9.6.1910 (ebd.). 1889 protestierte die ausgebildete Volksschullehrerin mit zahlreichen Kolleginnen gegen die Aufhebung des Landtags- und Gemeindewahlrechts, das steuerpflichtigen Frauen in Niederösterreich, Böhmen und der Steiermark seit der Verfassung von 1861 gewährt wurde. 1893 gründete sie mit M. Lang den zum radikalen Flügel der österreichischen Frauenbewegung gehörenden ‚Allgemeinen Österreichischen Frauenverein‘, dessen Präsidentin sie wurde. F. engagierte sich für die Rechte erwerbstätiger Frauen und gründete 1895 die erste österreichische Rechtsschutzstelle für Frauen, die kein oder nur ein geringes Einkommen hatten. 1893–98 arbeitete sie als Redakteurin für das Beiblatt der Zeitschrift ‚Volksstimme‘, ‚Das Recht der Frau‘, und ab 1899 war sie Mitherausgeberin der Monatsschrift ‚Dokumente der Frauen‘“ (Text aus Ariadne – Frauen in Bewegung, Auguste Fickert, http://www.onb.ac.at/ariadne/vfb/bio_fickert.htm, zit. n. Ursula Köhler-Lutterbeck, Ursula und Monika Siedentopf, Lexikon der 1000 Frauen, Bonn 2000).
11 Olly Schwarz, geb. 10. März 1877 in Prag, gest. 1960 in Chicago. Frauenrechtlerin, Pädagogin, Gründerin der Wiener Handelsschule [sic!] für Mädchen und des „Athenaeums“, der Hochschule für Frauen, 1939 Emigration in die USA.
12 Text aus Ariadne – Frauen in Bewegung, Auguste Fickert, http://www.onb.ac.at/ariadne/vfb/bio_fickert.htm.
13 Behr 2003.

Literatur

Ariadne – Frauen in Bewegung, Auguste Fickert (http://www.onb.ac.at/ariadne/vfb/bio_fickert.htm).

Behr Bettina, Eröffnungsrede WOMENT! 2003 (http://woment.mur.at/, Verweis „Nachlese“).

Borges Jorge Luis, *Die Bibliothek von Babel. Erzählungen*, Stuttgart 2000.

Camus Albert, „Ansprache vom 10. Mai 1953 an der Arbeitsbörse von St-Etienne“, in: ders., *Verteidigung der Freiheit. Politische Essays*, Hamburg 1968, S. 49.

Hnilica Sonja, „Eine Frage der Generation?“, in: Kuhlmann Dörte, Hnilica Sonja, Jormakka Kari (Hg.), *building power. Architektur, Macht, Gender*, Wien 2003, S. 105–137.

Lerner Gerda, *Frauen finden ihre Vergangenheit. Grundlagen der Frauengeschichte*, Frankfurt/Main 1995.

Mattl Siegfried, Müller Albert, „Remix in History. Weitere Minima Moralia zur Debatte um Häuser der Toleranz und Zeitgeschichte“, in: *Österreichische Zeitschrift für Geschichtswissenschaften* 13 (2002) 1 [Gedächtnis-Erinnerung-Identitäten], S. 132–137.

Unterholzer Carmen, Wieser Ilse (Hg.): *Über den Dächern von Graz ist Liesl wahrhaftig. Eine Stadtgeschichte der Grazer Frauen*, Wien 1996.

Wieser Ilse, „Über die Lust, Geschichten entstehen zu lassen“, in: *Laufschritte* 1 (2003), S. 30–31 (online http://woment.mur.at/presse/2003_1.html).

Bettina Behr

Stolz auf Frauen – Ein Resümee

Eine einzelne Frau, die einer anderen gegenüber Dankbarkeit zeigt, weil diese ihr etwas gegeben hat, ist für die Befreiung des weiblichen Geschlechtes mehr wert als eine Gruppe oder eine ganze feministische Bewegung, in der diese Dankbarkeit fehlt.

Libreria delle donne di Milano[1]

Mit WOMENT! zeigten in den vergangenen Jahren nicht nur einzelne, sondern viele Frauen und auch zahlreiche Männer ihre Dankbarkeit gegenüber Pionierinnen, mutigen Frauen und Frauengruppen, die im Verlauf des Projektes in die Wahrnehmung der Öffentlichkeit einer Kulturhauptstadt rückten und auch über das Jahr 2003 hinaus in Graz sichtbar bleiben werden.

Durch die viel beachtete Zusammenarbeit von acht Grazer Frauenorganisationen – Einrichtungen aus dem Bildungs-, Sozial- und Gesundheitsbereich, Informations- und universitäre Institutionen, eine Künstlerinnengemeinschaft, eine steiermarkweite kirchliche Organisation –, koordiniert von einer selbstständig tätigen Kulturunternehmerin, gelang in der Folge eine bisher einzigartige Intervention in das kulturelle Leben einer Kulturhauptstadt Europas.

WOMAGE! am 15. Dezember 2003, v. l. n. r.: Eva Ursprung, Grete Schurz, Bettina Behr, Daniela Jauk, Veronika Dreier, Doris Jauk-Hinz. Entwurf „Flying Bettina": Veronika Dreier

Würdigungstafel für Bettina Behr, 2003

Dabei kann die Haltung, aus einer Position der Stärke mit Stolz und gegenseitiger Anerkennung die bisherigen und aktuellen Beiträge von Frauen in und für Graz für eine breite Öffentlichkeit sichtbar und nachhaltig zu würdigen, als die wichtigste Innovation von WOMENT! – sowohl aus feministischer wie auch aus kulturell-künstlerischer und interdisziplinärer Sicht – gesehen werden.

Für mich wichtige Haltungen sind außerdem, dass in dieser Welt Platz genug für alle ist[2], dass es gilt, eine Position möglichst frei von Berührungsängsten einzunehmen, und auch der Leitspruch: „Die Macht, die wir teilen, [ist] die Macht, die wir haben."[3]

Die Arbeitsgruppe der WOMENT!-Netz-Partnerinnen tagte insgesamt nur neunmal, tauschte dafür hunderte E-Mails aus und traf sich am 15. Dezember 2003 ein letztes Mal zu einer „WOMAGE!"[4], bei der mir unter anderem die inoffizielle „24." WOMENT!-Tafel überreicht wurde. Ein Abend, der allen Beteiligten als würdiger Projektabschluss in Erinnerung bleiben wird.

> „Sobald Frauen ihre Geschichte entdecken und ihre Position in der Vergangenheit und der Entwicklung der Menschheit erkennen können, verändert sich ihr Bewusstsein auf dramatische Weise. Diese Erfahrung lässt sie Grenzen überschreiten und wahrnehmen, was sie mit anderen Frauen gemeinsam haben und von jeher gemeinsam hatten. Das verändert ihr Selbstbewusstsein ebenso wie ihre Weltsicht."[5]

WOMENT! stellte bereits erforschte Grazer Frauengeschichte einem großen Publikum vor, vermittelte darüber hinaus neues Wissen und gab sich außerdem mit vorhandenen Rahmenbedingungen nicht zufrieden – in einigen Bereichen gelang es auch, sie zu sprengen. Die statistische Bilanz übertraf alle Erwartungen: Mit den insgesamt 120 WOMENT!-Veranstaltungen wurden rund 3.900 Menschen erreicht. Auf die WOMENT!-Website erfolgten 206.196 Zugriffe bis Ende Dezember 2003. In verschiedenen Medien (50 Printmedien, 40 Online-Medien) wurde mehr als 300 Mal über WOMENT! berichtet. Als Projektkoordinatorin gab ich 50 Interviews und präsentierte das Projekt 60 Mal. Die 30 Drucksorten bzw. Publikationen sowie die 10 Projekt-Produkte fanden zahlreiche AbnehmerInnen.[6] Wie viele Menschen die WOMENT!-Würdigungstafeln registriert haben und davon angeregt wurden, sich mit Frauengeschichte auseinander zu setzen, bleibt offen.

Tabubrüche

Die genannten Zahlen sind in Zusammenhang mit den Rahmenbedingungen zu lesen: WOMENT! war eines von über hundert Projekten des Grazer Kulturhauptstadt-Programms und finanziell mit einem in Relation vergleichsweise kleinen Budget ausgestattet. Die deklarierte feministische Position seiner BetreiberInnen wurde – zu Recht – als Tabubruch verstanden und führte mancherorts zu Irritationen. Zum Beispiel auf Seiten der Kulturhauptstadt-Verantwortlichen, die die Teilnahme von WOMENT! gerne mit dem Hinweis auf den „weitgefassten Kulturbegriff"[7] ihres Programms fast schon rechtfertigten. Einige wenige (Print-)Medien vernachlässigten angesichts der geäußerten Radikalität (radikal, lat. an die Wurzel gehend, Anm. B. B.) ihre Berichtspflicht oder erinnerten sich erst im Laufe des Jahres oder zu Projektende daran. Doch besser spät als gar nicht. Und einige politisch Tätige sprachen die meiste Zeit lieber vom *Frauenprojekt* und versicherten ihre Unterstützung, die sie allerdings oft erst nach abenteuerlichen und aufwändigen Argumentationen gewährten. Auch hier: Besser so als gar nicht.

> „Feminismus beschäftigt sich somit nicht nur mit dem Geschlechterverhältnis oder explizit mit den sogenannten Frauenfragen, sondern mit allen Momenten der Hierarchisierung, die durch die chauvinistische, patriarchische, sexistische und kapitalistische Weltordnung entstehen."[8]

Von einigen feministischen Seiten wurde ebenfalls Unverständnis geäußert: Die Tatsache, sich im Programm einer Großveranstaltung positionieren zu wollen und nicht in den scheinbar kuscheligeren Nischen inner- oder außeruniversitärer feministischer Aktivistinnen bleiben zu wollen, wurde richtigerweise ebenfalls als Tabubruch verstanden, also musste ich auch hier erklären. Die Idee, ohne Zensurierungswünsche die Berichterstattung über WOMENT! allen interessierten JournalistInnen durch konsequente Öffentlichkeitsarbeit zu ermöglichen, ohne so genannte Boulevardzeitungen wie die *Steirerkrone* von vornherein auszuschließen, ja sogar sie zu einer Medienkooperation einzuladen, wurde als gewagt bis nicht nachvollziehbar eingestuft.

Gewagt war das sicher. Sicher war ich mir – im Verbund mit meinen Partnerinnen – allerdings von Beginn an, dass das, was unsere Vorgängerinnen getan haben, und das, was wir als aktive Feministinnen tun, um einiges interessanter ist, als das, was Men-

FrauenStadtSpaziergang am 20. September 2003, v. l. n. r.: Ilse Wieser, Bettina Behr, Olga Neuwirth, Sabina Hörtner, Brigitte Dorfer vor der Würdigungstafel für Olga Neuwirth

schen sonst in der Schule zu lernen haben oder in den Medien zu hören beziehungsweise zu sehen bekommen. Und so war es auch: Die Rückmeldungen, die mich und uns erreichten, sind mehrheitlich positiv – und dankbar.

Nachhaltigkeit

Die Wirksamkeit von WOMENT! reicht über das Kulturhauptstadtjahr weit hinaus: Auch nach 2003 können die Konzepte zur Durchführung der interaktiven Straßentheateraufführungen von KörperKult(ur) angefordert und umgesetzt werden. Das Angebot der FrauenWEGE wird es in verkleinertem Ausmaß auch 2004 geben. Fortgeführt werden auch die FrauenStadtSpaziergänge.

Die Broschüre zu den 20+03 WOMENT!-ORTEn (deutsch- und englischsprachig) ist leider nur mehr in geringer Stückzahl erhältlich, dafür wird der im November 2003 erschienene WOMENT!-Fächer noch längere Zeit für InteressentInnen der 23 Orte zur Verfügung stehen.

Im restaurant.mayers – im Jahr 2003 auch das „Restaurant à la Prato" – wird weiterhin auch nach Pratos Rezepten gekocht. Ebenda – am Gebäude Sackstraße 29 – „schwebte" noch bis April 2004 die SUPERFRAU. Und dann? Grete Schurz – wie viele andere vielleicht auch von WOMENT! beflügelt – setzte sich dafür ein, der SUPERFRAU im Grazer Rathaus einen dauerhaften Platz zu sichern. Zu ihrem siebzigsten Geburtstag am 29. April 2004 sollte es so weit sein; tatsächlich ist die SUPERFRAU im Herbst 2004 noch immer nicht angebracht.

Mit dem Gemeinderatsbeschluss vom 13. November 2003 erhielt das Projekt WO-MENT! eine zusätzliche nachhaltige gesellschaftliche und urbane Dimension: Straßen, Gassen, Plätze usw. werden in Graz zukünftig bevorzugt nach Frauen benannt[9] – eine in Österreich und Europa bis dahin einzigartige Entscheidung. In der gleichen Gemeinderatssitzung wurde außerdem ein Park nach Martha Tausk (1881 – 1957) sowie eine Straße nach der Fotografin Inge Morath (1923 – 2002) – zwei der WOMENT!-Gewürdigten – benannt.

Die 23 Würdigungstafeln zur Geschichte der Grazer Frauen, die an Gebäuden in Graz angebracht wurden, bleiben bestehen. Im Sommer 2004 gelang es noch – nach intensiven Bemühungen, die so wie der Gemeinderatsbeschluss auch im Besonderen einigen WOMENT!-Unterstützerinnen[10] zu verdanken sind –, die 23 Würdigungstafeln in die Verantwortung der Stadt Graz offiziell zu übergeben. Dass damit ein Teil der städtischen Frauengeschichte nicht in den Agenden des Frauenreferates, sondern in der Verantwortung der Liegenschaftsverwaltung sowie des Kulturamtes seinen Platz gefunden hat, ist vermutlich ebenfalls einzigartig und eine weitere PionierIntat von Graz.

Warum in Graz?

Bei meinen Wegen durch Graz begegne ich den Würdigungstafeln immer wieder. Sie erinnern nicht nur mich daran, dass das Ziel von WOMENT! – Geschichte von Frauen in Graz sichtbar zu machen – erreicht werden konnte.

„Erst im 20. Jahrhundert erkämpften Frauen (fast) weltweit ihr Wahlrecht, Zugang zu Bildung und Erwerbstätigkeit oder das Recht, über ihren eigenen Körper zu bestimmen. Diese Rechte konnten nur durch das Verbinden von Frauen in Netzwerken und Frauenbewegungen – und mit der Unterstützung innovativer Männer – durchgesetzt werden",[11] schrieb ich im Sommer 2001 als Einleitung zum Konzept von WOMENT!. Und verwies anschließend auf Pionierinnenleistungen in Graz von Eva & Co und der ersten österreichischen Frauenbeauftragten Grete Schurz, auf die Frauen-StadtSpaziergänge von Brigitte Dorfer und Ilse Wieser und die vergleichsweise hohe Dichte von Frauenberatungs- und Frauenbildungseinrichtungen in Graz. Heute würde ich meine Worte von damals ergänzen: mit dem Mut von einzelnen Frauen, sich als Feministinnen zu deklarieren und zu exponieren.

Alice Schwarzer – und sie muss es wissen – formulierte es so: „Darum ist – unabhängig vom jeweiligen Bewusstsein – jede Frau, die aus der Reihe der weiblichen Tradition tritt, eine Rollenbrecherin und Wegbereiterin für alle Frauen."[12] Und mittlerweile gibt es um einige Wegbereiterinnen in Graz mehr als vor WOMENT! …

Das besondere Klima von Graz, einer Stadt, die nun schon auf einige Spezialitäten zur Geschlechterdemokratie verweisen kann, erklären zu wollen, erfordert aus meiner Sicht eine genauere Untersuchung – der ich mich, nach dem nun endlich in greifbare Nähe gerückten Projektende von WOMENT!, gerne widmen würde.

Für mich persönlich war Graz – nach den kalt-heißen Jahren meiner ursprünglichen Heimat Kärnten – nicht nur ein wettermäßig angenehmeres Ambiente. Im Gegensatz zu anderen Städten in Österreich hat Graz für mich eine Qualität, die zumindest zwei Eigenschaften vereint: Sie ist klein genug, um Gleichgesinnte leicht und unaufdringlich suchen und finden zu können. Und sie war bisher groß genug, um notwendige Anonymität genießen zu können.

Engaged visions

„Mit dem feministischen Standpunkt ist eine *engagierte Position* gemeint, die nicht einfach zu haben ist, sondern erkämpft werden muss. Ein Standpunkt ist also nicht als *unmittelbarer* Ausdruck der Erfahrung von Frauen zu verstehen, nichts, das wir uns qua Sozialisation gleichsam *automatisch* erwerben, sondern setzt *engaged vision* und kritische Reflexion voraus.“[13] Und weiter unten schreibt Mona Singer: „Wenn Wissenschaftsproduktion Interaktion, Eingreifen und Veränderung ist, dann heißt das nicht nur, dass die Welt, wie wir sie haben, anders aussehen könnte, sondern auch, dass die Verantwortung dafür zu übernehmen ist, wie sie aussieht (weil sie auch anders aussehen könnte).“[14]

Am Ende des Jahres 2003 dreiundzwanzig „Denkmäler“ für Frauen *und* Frauengruppen *sowie* -themen in dieser Stadt angebracht zu haben und damit sichtbare Zeichen im Stadtraum für das Wirken von Frauen etabliert zu haben, erschien mir schon zu Beginn des Projektes als lohnenswerte Vision. Dass ich und meine Partnerinnen damit insbesondere Historikern vor Augen hielten, wie *lückenhaft* und *herrschaftsorientiert* ihr bisheriger Zugang zu Geschichte war; dass wir den vor allem in Universitäten arbeitenden WissenschafterInnen zeigten, wie sehr sie sich mit Wissens-*Produktion* – und aus meiner Sicht viel zu wenig *Vermittlung* dieses Wissens beschäftigen; dass ich damit das „Permanenztabu“[15] einiger feministischer Theoretikerinnen übertrat; und schlussendlich noch die „Ewigkeit“ beanspruchte – was Frauen und Männer verschiedener Wirkungsfelder erstaunte bis erzürnte –, das wurde mir erst im Laufe der Projektumsetzung deutlich bewusst. Das und anderes mehr hat mir viel Kraft gekostet und gleichzeitig amüsiert mich einiges davon heute noch.

„Geschichte ist ein Prozess, eine Rekonstruktion der Vergangenheit aus heutiger Sicht“.[16] Es ist gelungen, WOMENT! ist umgesetzt, die Tafeln sind angebracht und bleiben bestehen. All das ist um einiges mehr als vorher war – und hier geht es nicht um ein Mehr dessen, was es vorher schon gab. Das Mehr von WOMENT! ist in anderen Feldern zu finden.

Auch 2004 werden von Mädchen (kleinen Frauen?) so genannte Stammbücher geführt. Vielleicht in der Hoffnung, dass – vorgeblich klügere – Menschen sagen, wie und wo es freudig sein könnte für sie in dieser Welt. Im Stammbuch meiner dreizehnjährigen Nichte Joana fand ich ihn wieder, diesen Spruch, den mir schon einmal meine ehemalige Kollegin Sigrid Fischer vom Frauenservice Graz ironisch rezitiert hatte:

„Sei wie das Veilchen im Moose, still sittsam und rein.
Nicht wie die stolze Rose, die immer bewundert will sein.“[17]

Ich frage mich, wie lange werden schwächende Aussagen wie diese noch verbreitet werden?

Und vor allem: Was kann ich dafür tun, damit ermutigende, stärkende und beflügelnde Sätze zukünftig dazu beitragen, kleine und große Menschen egal welchen Geschlechtes zu unterstützen, das zu tun, was ihnen ihr Glück in dieser Welt ermöglicht?

Sollten Sie also einen Spruch für Ihre Tochter, Nichte oder Enkelin oder auch für Ihren Sohn, Ihren Neffen oder Enkel suchen, vielleicht gefällt Ihnen dieser:

„Sei nicht wie das Veilchen im Moose: still sittsam und rein.
Sei wie die stolze Rose, die bewundert will sein."

Geschichte von Frauen in Graz ist sichtbar

Nach viel Arbeit und fast drei Jahren Dauerstress bleibt unter anderem die Erkenntnis, ein Projekt in dieser Dimension zukünftig mit einem ausreichend großen Team zu planen. Einige Veranstaltungen weniger hätten der Realisierung der Projektidee vermutlich nicht geschadet, doch die Lebensqualität einiger Projektbeteiligter erhöht … So weit der enge Blick auf Projektrealitäten.

Ich schreibe den Großteil dieses Textes am 4. Feber 2004 – in Österreich der vierte Jahrestag der „schwarzblauen Regierung", die in den vergangenen Jahren kaum eine Möglichkeit ausgelassen hat, *Sozialstaat zu demontieren*, und dabei ausgesprochen frauen- wie auch menschenfeindlich agiert.[18] Weltweit werden nach wie vor Menschenrechte verletzt und ignoriert und „die Logik und Struktur der Herrschaft der globalisierenden Ökonomie [drängt] heute mehr und mehr Menschen aus dem Dabeisein"[19].

WOMENT! und die 23 ORTE waren ein Versuch, der „Ignoranz gegenüber lokalen kulturellen Bedingungen und ihren sozialen Gefügen"[20] etwas entgegenzusetzen, und erfüllten in Graz eigentlich eine kommunale Aufgabe: Wir ehrten diejenigen, die bisher als nicht würdigungswert erachtet wurden; als Feministinnen begannen wir mit der Würdigung von Frauen. WOMENT! ist nun – wie die Kulturhauptstadt selbst – in seiner Vielfalt in diesem Rahmen und in dieser Form beendet.

Als Wunsch bleibt: Feministisches Wissen und Wissen über die Geschichte von Frauen sollte bereits in der Schule und in allen Bildungseinrichtungen vermittelt wer-

Entwurf zu einem Schild für Marisa Mell, April 2001. Gestaltung: Bettina Behr den. Und im Besonderen sollen die dafür zuständigen politisch Verantwortlichen den Blick auf Geschichte und darauf, wer zu ehren ist, erweitern, sowohl in Graz wie auch steiermarkweit und darüber hinaus, um der nach wie vor weltweiten kapitalistisch motivierten Entwürdigung menschlichen Lebens mit allen Kräften entgegenzusteuern.

Als Forderung bleibt: Gegenwärtig und zukünftig wird es darum gehen müssen, die Vielfalt menschlichen Lebens über Geschlechter-, Herkunfts- und sonstige Grenzen hinaus ins Blickfeld zu nehmen, zu ehren und zu würdigen.[21]

Anmerkungen

1 Libreria delle donne di Milano, „Mehr Frau als Mann", in: Jürgens Gisela, Dickmann Angelika, *frauenlehren*, Rüsselsheim 1999, zit. nach Markert 2002, S. 76.
2 Vgl. dazu zum Beispiel Kruse 2001.
3 Behr 2001, S. 280 ff.
4 Initiative: Ilse Wieser; Koordination und Organisation: Sabine Fauland; Ort: restaurant.mayers. Die 24. WOMENT!-Tafel war ein Geschenk des Frauenservice Graz; außerdem bekam ich vom DOKU GRAZ ein plakativ!-Poster mit 20+03 Bildern „Bettina Behr & woment!"; Sylvia Groth und Inter*ACT* performten zu dem, was WOMENT! auch hätte sein können; Ilse Wieser überreichte mir eine Originalausgabe der 29. Auflage des Kochbuches von Katharina Prato; Maria Irnberger schloss sich mit einem Kochbuch der Katholischen Frauenbewegung an. Die Graz 2003-Mitarbeiterinnen Kathi Hofmann-Sewera, Lisi Grand, Brigitte Schlick und Natascha Heinrich bedankten sich mit einem Blumen- und Barbara Hey mit einem „Obst"-Strauß. Veronika Dreier gestaltete ein Plakat und ein Etikett mit „Flying Bettina", das ein von Dani Jauk extra für diesen Anlass produziertes Feministisches Destillat (Pfirsich) – überreicht vom Kunstverein W.A.S. – zierte.
5 Lerner 2001, S. 297.
6 Behr 2004.
7 Graz 2003 – Aussendung zur Pressekonferenz von WOMENT!, 28. Feber 2003.
8 Gonitzki 2002, S. 20.
9 Unterstützerinnen waren im Besonderen: Stadträtin Tatjana Kaltenbeck-Michl (SPÖ), die Gemeinderätinnen Elke Edlinger (SPÖ), Lisa Rücker (Grüne) und Ulrike Taberhofer (KPÖ). Der Beschluss wurde letztlich mit überwältigender Mehrheit – die nur vier Gegenstimmen stammten von den VertreterInnen der FPÖ – gefasst.
10 Auch hier setzte sich besonders Gemeinderätin Lisa Rücker (Grüne) für den Verbleib der Tafeln ein. Unterstützung gab es von den StadträtInnen Wolfgang Riedler und Tatjana Kaltenbeck-Michl (SPÖ) sowie auch von Christian Buchmann (ÖVP) und deren Mitarbeitern Karlheinz Fritsch, Peter Grabensberger und Bernd Liebl.
11 Behr Bettina, Feinkonzept von „WOMENT!", September 2001.
12 Schwarzer 2003, S. 20.
13 Singer 2003, S. 80, Hervorhebungen im Original.
14 Ebd., S. 88.
15 Vgl. Minna Antova, *n.n. flüchtig, versus monument, standhaft?* Vortrag im Rahmen von Movements-Monuments, Abstract aus der Tagungsmappe: „[…] Andererseits werden von einem Teil der feministischen Theoretikerinnen permanente Projekte von Künstlerinnen grundsätzlich kritisiert und in Frage gestellt; sie vertreten die Ansicht, feministische Kunst müsse ausschließlich temporär sein (Permanenztabu)."
16 Behr et al. 2003, S. 2.
17 Aus dem Stammbuch von Joana Theuer.
18 Vgl. *Der Standard*, 4. Feber 2004, S. 2.
19 Katschnig-Fasch 2003, S. 7.
20 Ebd.
21 Behr 2003.

Quellen

Behr Bettina, *Feinkonzept von „WOMENT!"*, September 2001.
Behr Bettina, *WOMENT!-Abschlussbericht*, Graz, Jänner 2004. DOKU Graz – Archiv.
Der Standard, 4. Feber 2004, S. 2.
Graz 2003 – Aussendung zur Pressekonferenz von WOMENT!, Graz, 28. Feber 2003. Archiv Bettina Behr.
Movements-Monuments – Tagungsmappe, Graz, 15.–17. Mai 2003.

Literatur

Behr Bettina, *Eröffnungsrede WOMENT!* 2003 (http://woment.mur.at/, Verweis „Nachlese").
Dies., „Die Macht, die wir teilen, ist die Macht, die wir haben", in: *GdWZ – Zeitschrift Grundlagen der Weiterbildung* (2001) 4, S. 280–284.
Dies., in Zusammenarbeit mit den WOMENT!-Netz-Partnerinnen und Graz 2003 Kulturhauptstadt Europas, *Die zehn WOMENT!-Netz-Produktionen, März – Dezember 2003*, S. 2–3.
Gonitzki Beate, „Frauenmacht durch Selbstorganisation und Netzwerke", in: Zangen Britta, *Feministische Utopien, Zukunftsmodelle aus Frauensicht*, Overath 2002, S. 19–28.
Katschnig-Fasch Elisabeth (Hg.), *Das ganz alltägliche Elend*, Wien 2003, S. 7.
Kruse Tatjana, *Das Buch der Fülle*, München 2001.
Lerner Gerda, *Zukunft braucht Vergangenheit*, Königstein/Taunus 2001, S. 281–298.
Markert Dorothee, *Wachsen am Mehr anderer Frauen, Vorträge über Begehren, Dankbarkeit und Politik*, Darmstadt 2002.
Schwarzer Alice, *Alice Schwarzer porträtiert Vorbilder und Idole*, Köln, 2003, S. 9–20.
Singer Mona, „Feministische Epistemologie", in: Gehmacher Johanna, Mesner Maria (Hg.), *Frauen- und Geschlechtergeschichte*, Innsbruck–Wien–München–Bozen 2003, S. 73–90.

Ilse Amenitsch

Martin Behr

Constanze Binder

Manuela Brodtrager

Maria Cäsar

Gerda Haage

Annemarie Happe

Uma Höbel

K. Hofmann-Sewera

Daniela Jauk

Olivia M. Lechner

Wolfgang Lorenz

Elke Murlasits

Itta Olaj

Petra Prascsaics

Judith Schwentner

Ines Strasser

Erika Thümmel

Kunstverein W.A.S.

Herausgeberinnen und AutorInnen

Bettina Behr

Ilse Wieser

Brigitte Dorfer

Sabine Fauland

Magdalena Felice

E. Gierlinger-Czerny

Sylvia Groth

Doris Jauk-Hinz

T. Kaltenbeck-Michl

Michaela Kronthaler

U. Kubes-Hofmann

Eva Kuntschner

Michaela Reichart

Eva Rossmann

Colette M. Schmidt

Birgit Schörgi

Grete Schurz

Herausgeberinnen

Bettina Behr, geboren 1964 in Villach, Studium Bühnenbild in Graz (Mag.ª), Studium der Kunstgeschichte, Archäologie und Ethnologie in Graz und Wien. Diplom- und Universitätslehrgang „Feministisches Grundstudium", Rosa-Mayreder-College, Wien/Strobl. Systemische Coach. Berufserfahrungen in der Privatwirtschaft sowie bei Non-Profit-Organisationen mit den Arbeitsschwerpunkten Bildungs- und Öffentlichkeitsarbeit, Projektentwicklung und -umsetzung, Veröffentlichungen. Herausgeberin und (Co-)Autorin der WOMENT!-Publikationen. Von 2002 bis 2004 selbstständige Kulturunternehmerin. Seit 2004 Projektleiterin im Arbeitsfeld „Managing Diversity".

Ilse Wieser, geboren 1957, Studium der Geschichte und Ethnologie. Als Kulturvermittlerin für Erwachsene, Lehrlinge und Kinder beim „lebenden museum stmk" und dem Büro für Kulturvermittlung Wien tätig. Mitinitiatorin der FrauenStadtSpaziergänge. Herausgeberin des Grazer FrauenStadtplans und Mitherausgeberin des Grazer FrauenStadtgeschichtebuchs „Über den Dächern ist Liesl wahrhaftig" (1996). Seit 2001 Koordinatorin von Frauenförderungs- und Personalentwicklungsprogrammen an der Koordinationsstelle für Geschlechterstudien, Frauenforschung und Frauenförderung der Karl-Franzens-Universität Graz.

AutorInnen

Ilse Amenitsch, geboren 1963 in Villach, aufgewachsen in Möllbrücke, lebt in Graz. Studienaufenthalte in Paris, London und Mali. Studium der Ethnologie und Afrikanistik in Wien. Seit 1992 Redakteurin beim ORF Steiermark.

Martin Behr, geboren 1964, lebt und arbeitet in Graz. Studium der Kunstgeschichte (Mag.), Redakteur der „Salzburger Nachrichten", Mitglied der Künstlergruppe G.R.A.M.

Constanze Binder, Studentin der Umweltsystemwissenschaften mit Schwerpunkt Volkswirtschaftslehre, tanzt leidenschaftlich und kam im Zuge ihrer Mitarbeit bei der globalisierungskritischen Bewegung *Attac* mit Frauenthemen und -fragen näher in Berührung (feministAttac). Die Teilnahme am Projekt KörperKult(ur) im Rahmen von WOMENT! war eine schöne Möglichkeit, diese beiden Bereiche zu verbinden und sich in der Schauspielerei zu erproben.

Manuela Brodtrager, geboren 1971, studierte Pädagogik (Mag.ª) in Graz und Irland. Seit 1999 ist sie als Erwachsenenbildnerin und Dokumentarin im DOKU GRAZ Frauendokumentations-, Forschungs- und Bildungszentrum tätig. Sie ist Mitglied in der Freien Forschungsgruppe Biographieforschung und arbeitet zur Zeit an ihrer Dissertation zum Thema „Orientierung in der Ungewissheit. Über die Konstruktion und Rekonstruktion von Chronischem Erschöpfungssyndrom (CFS) in lebensgeschichtlichen Sinnzusammenhängen".

Maria Cäsar, geboren 1920 in Prevalje/Slowenien, wuchs in Judenburg auf. Alleinerzieherin zweier Söhne. Widerstandskämpferin gegen den Nationalsozialismus. Seit 1987 als Zeitzeugin tätig. Arbeitet zusammen mit der „Arge-Jugend gegen Gewalt, Rechtsextremismus und Ausländerfeindlichkeit". Sie ist Obfrau des Verbandes ehemaliger Opfer und Widerstandskämpfer gegen den Faschismus. Auszeichnung als „Bürgerin der Stadt Graz", Ehrenzeichen für die „Verdienste zur Befreiung Österreichs", goldenes Ehrenzeichen des Landes Steiermark für besondere Verdienste um das Land Steiermark, Menschenrechtspreis des Landes Steiermark.

Brigitte Dorfer, geboren 1964, Studium Geschichte und Germanistik in Graz (Mag.ª), 1992 bis 1995 Lektorin an der Universität Pisa, seit 1992 Lehrbeauftragte an der Universität Graz, unterrichtet am Vorstudienlehrgang der Grazer Universitäten, leitet LehrerInnenfortbildungen im In- und Ausland. Mitbegründerin der Grazer Frauen-StadtSpaziergänge, Initiatorin des „Martha-Tausk-Parks".

Sabine Fauland, geboren 1978 in Graz. Studium der Geschichte und der Deutschen Philologie an der Universität Graz. Diverse Tätigkeiten im Kulturbetrieb. Von Februar 2003 bis Februar 2004 Projektassistentin bei WOMENT!.

Magdalena Felice, geboren 1968 in Regensburg, lebt in Graz. Kunsthistorikerin (Mag.ª) und Kulturvermittlerin. Seit 1991 Mitarbeit in Museen und bei Ausstellungs- und Kulturprojekten. Seit 1994 im Leitungsteam von *seegang.büro für kulturelle interaktion*. 2000 als wissenschaftliche Beirätin der Ausstellung „Moderne in Dunkler Zeit – Widerstand, Verfolgung und Exil steirischer Künstlerinnen und Künstler 1933 – 1945" an der Neuen Galerie Graz. Lehr- und Bildungstätigkeit und Veröffentlichungen zu Kunstgeschichte und Kulturvermittlung.

Elisabeth Gierlinger-Czerny, geboren 1957, Studium der Theologie (Mag.ª Dr.in) in Graz, Ausbildung in Integrativer Gestalttherapie Graz–Wien–Salzburg, Psychotherapeutin und Supervisorin, Mitbegründerin verschiedener Initiativen im Sozial- wie Bildungsbereich, seit vielen Jahren interdisziplinäres Querdenken zwischen Theologie, Genderforschung und Kunst, Lehr- und Seminartätigkeit in diesen Bereichen, Lehrtätigkeit im Ausbildungszentrum für Soziale Berufe der Caritas in Graz.

Sylvia Groth, Medizinsoziologin (M.A.), Geschäftsführerin des Frauengesundheitszentrums Graz. Arbeitsschwerpunkte: Sexualität, Wechseljahre, kritische Konsumentinneninformation, Frauengesundheitsförderung. Leidenschaftliche Theaterspielerin.

Gerda Haage, Studium der Sozialpädagogik und Frauenforschung, Shiatsu Ausbildung. Als Mediatorin tätig und leidenschaftlich bei allem dabei, was Körper und Ausdruck betrifft.

Annemarie Happe, geboren 1967, Studium Kunstgeschichte und Geschichte. Organisation von Ausstellungen an der Neuen Galerie am Landesmuseum Joanneum. Ab 1992 journalistische Tätigkeit im Bereich Bildende Kunst und Theater in Graz. Seit 1998 Journalistin bei Austria Presse Agentur Graz, Bereich Wissenschaft und Bildung.

Uma Höbel, geboren 1958, von 1999 bis 2001 Co-Leitung und Sozialpädagogin im *Stadtteilcafé palaver*, Kunsttherapeutin, seit Jänner 2002 Bildungsreferentin im Verein Frauenservice.

Katharina Hofmann-Sewera, geboren 1969, Studium der Kunstgeschichte (Mag.ª), Praktika in New York (Metropolitan Museum); journalistische Tätigkeit in New York, Graz und Wien. Organisationsassistentin beim Cultural City Network in Graz; von Februar 1999 bis März 2004 persönliche Referentin des Intendanten Wolfgang Lorenz sowie verantwortlich für Internationale Beziehungen und das Kinderprogramm „Minicosmos 03" bei Graz 2003 – Kulturhauptstadt Europas.

Daniela Jauk, geboren 1974, Unabhängige Frauenbeauftragte der Stadt Graz 2001 bis 2004. Vorsitzende des Grazer Frauenrates. Soziologin (Mag.ª), Diplomsozialarbeiterin – politische und kreative Aktivistin – Mitgründerin der feministischen Kulturzeitschrift *dokumenta*. Sozialarbeit für und mit Frauen und Mädchen – Projektentwicklung und Projektmanagement – Veranstaltungsorganisation – feministische

Öffentlichkeitsarbeit – Sozialforschung (derzeit: gender governance im Bereich Verkehr und Mobilität).

Doris Jauk-Hinz, geboren 1954, Universität für angewandte Kunst, Wien; lebt und arbeitet in Graz. Inszenierte intermediale Installationen und Projekte im öffentlichen realen und virtuellen Raum. 1986 Mitbegründerin von „*grelle musik*" <–> *Intermedia: Science and the electronic arts* und der Projektreihe *Klang im Intermedium* (gemeinsam mit Werner Jauk); Mitglied von Eva & Co. Seit 1995 Vorstandsmitglied von W.A.S. (Womyn's Art Support); Ausstellungen und Projekte im In- und Ausland; Visuals GRUPPE 01; 1998 Lehrauftrag. Karl-Franzens-Universität Graz: Das Visuelle im Intermedium; 2001 Artist in Residence, UMAS / United Media Arts, Kanada.

Tatjana Kaltenbeck-Michl, geboren 1947, Beruf: Lehrerin, Schuldirektorin. Seit 1995 Stadträtin für Jugend und Familie, Frauen, Soziales (davor auch für Schule und Gesundheit) in Graz. Standpunkt: In der Politik kommt es nicht so sehr darauf an, in welcher Reihe wir sitzen, sondern auf wessen Seite wir stehen. Ich stehe auf der Seite all jener, die von gesellschaftlichen Ungerechtigkeiten betroffen sind. Vision: Die Hälfte der Macht bei den Frauen, die Hälfte der unbezahlten Arbeit bei den Männern.

Michaela (Sohn-)Kronthaler, geboren 1969. Studium der Katholischen Theologie und Religionspädagogik in Graz und Innsbruck (Mag.ª Dr.ⁱⁿ). Leiterin des Instituts für Kirchengeschichte und Kirchliche Zeitgeschichte an der Universität Graz (Univ.-Prof.ⁱⁿ). Als erste Theologin Österreichs für das Fach „Kirchengeschichte" habilitiert. Befasst sich in Forschung und Lehre schwerpunktmäßig mit der historisch-theologischen Frauenforschung.

Ursula Kubes-Hofmann, geboren 1953, Studium der Musiktherapie an der Hochschule für Musik und darstellende Kunst, Wien. Diverse gruppendynamische Qualifikationen. Studium der Medizin, Philosophie, Geschichte, Germanistik, Politologie und Rechtswissenschaften (Dr.ⁱⁿ phil.). Seit 1990 Universitätslektorin im In- und Ausland. Seit 1979 Dozentin in der Erwachsenenbildung. Gründerin und Redakteurin der Zeitschrift *[sic!] Forum für feministische Gangarten* (seit 1993). Wissenschaftliche Leiterin des Lehrgangs mit universitärem Charakter „Feministisches Grundstudium" und Geschäftsführerin des Rosa-Mayreder-College. Käthe-Leichter-Staatspreis 1998.

Der kunstverein W.A.S. (Womyn's Art Support), http://was.mur.at, ist ein zusammenschluss von künstlerinnen zur realisierung interkultureller und interdisziplinärer projekte und hat zum ziel, ein dichtes physisches und virtuelles netzwerk zu bilden und damit die position der künstlerinnen zu stärken. netzwerkartiges, kollektives zusammenarbeiten bildet die basis für die arbeits- und experimentierplattform und entspringt einem immateriellen, sich vom materialen werkcharakter abwendenden kunstbegriff. kunst ist prozesshaft, sie interveniert in alltagsbereiche und stellt beziehungen her, sie ist kommunikativ. neue orte für kunst – sogenannte aktionsherde – zu definieren, zu finden und zu besetzen ist dabei die absicht.

Eva Kuntschner, geboren 1977, Amerikanistin (Mag.[a]), lebt und schreibt seit 1996 in Graz. Ihre Texte, auf Englisch und Deutsch verfasst, beschäftigen sich hauptsächlich mit dem täglichen (Innen-)Leben, das für sie mindestens genauso spannend ist wie alles frei Erfundene. Gewinnerin des „Rhymes und Poetry"-Preises der Arbeiterkammer für den Rap „Was ich schon immer sagen wollte" und des „International Poet of Merit Award" der International Library of Poetry für das Gedicht „The Wait".

Olivia M. Lechner, geboren 1979 in Bad Aussee. Studium der Kunstgeschichte, Philosophie und Soziologie in Graz; 2001 bis 2002 Tutorin am Institut für Philosophie der Universität Graz. Derzeit arbeitet sie an ihrer Magistra-Arbeit zum Thema „Hexe – Heilige: Der weibliche Körper als Symbolträger und Machtinstrument in Mittelalter und Barock".

Wolfgang Lorenz, geboren 1944 in Graz, Studium der Publizistik und Kunstgeschichte an der Universität Wien. Von 1963 bis 1969 Mitarbeiter bei verschiedenen Zeitungen und Zeitschriften. Seit 1969 ist Wolfgang Lorenz in verschiedensten Bereichen für den ORF tätig: u. a. Landesintendant Steiermark, Leiter der Hauptabteilung „Kultur"; seit 1999 Leiter der Hauptabteilung „Planung und Koordination" innerhalb der Generalintendanz. Neben seiner Tätigkeit im ORF wurde Wolfgang Lorenz 1998 zum Intendanten von Graz 2003 – Kulturhauptstadt Europas bestellt.

Elke Murlasits, zuerst politisch, dann journalistisch und künstlerisch aktiv, unter anderem bei *der/dieStandard.at, malmoe, gemma, lotek64* und *ltnc*. Historikerin und Kulturwissenschafterin. Schwerpunkte: Migration, Repräsentation von Frauen(projekten) in den Medien, Popkultur und Raumforschung. Feministischer Zugang als Selbstverständnis. Lässt andere tanzen als *deejane fabulous faltenschoß*.

Itta Olaj, geboren 1968 in Wien. 1990 aus beruflichen Gründen nach Graz gekommen, bis 1995 als fest engagierte Regieassistentin und Abendspielleiterin am Opernhaus, später eigenständige Leitung von Wiederaufnahmen. Seit 1999 in der PR-Redaktion der *Kleinen Zeitung* in Graz. Nebenbei Hobbyköchin (Sünde?) und Ausdauersportlerin (Buße!).

Petra Prascsaics, geboren 1971 in Oberwart/Burgenland, 1990 Matura am BG+BRG Güssing, anschließend Studium der Politikwissenschaft und Völkerkunde an der Universität Wien, Abschluss 1997 (Mag.[a]). 1998 bis 2000 *Klipp Steiermarkmagazin*: Redaktion und Produktion; Jänner bis Juni 2001 Lehrredaktion bei der *Kleinen Zeitung*, seit Juli 2001 Journalistin bei der *Kleinen Zeitung*.

Michaela Reichart, geboren 1966 in Graz, Studium der Theaterwissenschaft und Kunstgeschichte, Abschluss 1993 (Mag.[a]). Von 1989 bis 1994 als Regieassistentin und Dramaturgin an verschiedenen österreichischen Theatern. Mitarbeit beim Musikfestival „styriarte" und im Stadtmuseum Graz. Seit 1994 Mitarbeiterin der *Steirerkrone*, seit 2002 Leitung der Kulturredaktion.

Eva Rossmann, geboren 1962 in Graz, (Dr.ⁱⁿ), lebt im niederösterreichischen Weinviertel. Zuerst Verfassungsjuristin im Bundeskanzleramt, dann Journalistin u. a. beim ORF, bei der *Neuen Zürcher Zeitung* und den *Oberösterreichischen Nachrichten*. Seit 1994 Autorin von Sachbüchern und Krimis und freie Journalistin. 1997 initiierte sie das österreichische Frauenvolksbegehren mit. 1998 koordinierte sie den Bundespräsidentschaftswahlkampf der unabhängigen Kandidatin Gertraud Knoll. Im Jahr 2000 wurde sie vom PR-Verband Österreichs zur „Kommunikatorin des Jahres" gewählt.

Colette Margarete Schmidt, geboren 1971 in Kanada. Germanistikstudium in Graz (tiefgefrorene Diplomarbeit soll demnächst aufgetaut werden), sieben Jahre aktives Mitglied von Amnesty International, Journalistin bei der Tageszeitung *Der Standard*, Autorin der Gruppe „Eigenbau" im Theater im Bahnhof. Lebt, schreibt und erzieht zwei Töchter in Graz. Kapitana des legendären „FC WOMENT!". Fürchtet sich vor Flugzeugen und Sesselliften, wünscht sich eine Welt, in der das Wort FeministIn sich ebenso erübrigt hat wie das Wort Menschenrecht.

Birgit Schörgi, geboren 1976. Diplomsozialarbeiterin. „SchauSpiel ist mehr als die Summe der Teile", „Eindrücke ausdrücken Auf die Straße damit!"

Grete Schurz, geboren 1934 in Graz. Sozialpsychologin (Dr.ⁱⁿ) und Publizistin. Initiatorin des Grazer Frauenhauses. Erste Grazer Frauenbeauftragte 1986 bis 1994. 1995 Mitglied der EU-Frauenlobby. Zahlreiche Veröffentlichungen. Josef-Krainer-Preis (für besondere soziale und kulturelle Leistungen), Großes Goldenes Ehrenzeichen des Landes Steiermark, Ernennung zur Bürgerin der Stadt Graz.

Judith Schwentner, Studium der Slawistik (Russisch) und Germanistik in Graz (Mag.ᵃ), Studienaufenthalte in Russland. Auslandslektorin an der Universität Lemberg/Ukraine. Redaktionelle Mitarbeit bei Camera Austria. Seit 1999 Redakteurin, seit 2004 Chefredakteurin der Grazer Straßenzeitung *Megaphon*. Kuratorin und Veranstalterin u. a. von „Bollywood" – Indische Filmnächte (2001, Forum Stadtpark), „SPB_aktuelle Kunst aus Petersburg" (im Rahmen von Graz 2003 Kulturhauptstadt Europas); Pressearbeit für den Homeless Worldcup 2003, Veröffentlichungen in zahlreichen Zeitschriften und Katalogen.

Ines Strasser, geboren 1976. Lust am Theaterspielen – weil Ausgleich zur Arbeit als diplomierte Sozialarbeiterin und – weil Möglichkeit zum Ausleben von sprachlicher und nonverbaler Kreativität. Stolz darauf, einen Beitrag zur Kulturhauptstadt geleistet zu haben.

Erika Thümmel, Studium der Restaurierung am *Opificio delle Pietre Dure* in Florenz, Diplom. Anschließend Aufenthalte in Wien, Süditalien und New York. Teilnahme an zahlreichen Ausstellungen im In- und Ausland. Lehrbeauftragte an der FH-Joanneum. Gestaltung zahlreicher Ausstellungen: Herbert Eichholzer – Architektur und Widerstand im Stadtmuseum Graz, Emporen und Türme der Basilika Mariazell, „Das

Staunen an der Welt" auf Schloss Aichberg, „Steirische Moderne in Dunkler Zeit"
in der Neuen Galerie Graz, „Berg der Erinnerungen" im Rahmen von Graz 2003. In
Arbeit: Ausstellung über Ingeborg Bachmann.

Bildnachweis

Titelseite: unter Verwendung der Superfrau © Dreier/Ursprung, 1988/2002

Seite 16–17: Titelblattmotiv des Falters der Grazer FrauenStadtSpaziergänge seit 1996. Archiv Frauenservice Graz

Seite 19: Abb. 1: Privatbesitz Lotte Kohler

Seite 24, 70, 71, 95, 187, 242: Foto: Elmar Gubisch

Seite 26: Foto: Clemens Perteneder. Archiv KPÖ Graz

Seite 35: Abb. 1–3: Superfrau: Dreier/Ursprung. Farbverlauf: Bettina Behr. Layout: Ko&Co Ursula Kothgasser

Seite 35: Abb. 1: Chor „Sosamma". Foto: Beatrix Ruckli; Abb. 2: Die Veranstalterinnen, v.l.n.r.: Andrea Plank, Kerstin Grabner und Bettina Behr mit Daniela Jauk. Foto: Elmar Gubisch; Abb. 3: Manfred Gaulhofer. Links im Bild: Gebärdensprachenübersetzerin: Ilona Seidel-Jerey. Foto: Beatrix Ruckli; Abb. 4: Sabine Fauland und DJane Luzi. Foto: Elmar Gubisch; Abb. 5: WOMENT!-Eröffnung, Programm. Faksimile. Gestaltung: Sabine Fauland; Abb. 6: Eva Rossmann. Foto: Beatrix Ruckli; Abb. 7: Die Rapperinnen von „Mixed Music Extra", Barbara Osei-Weiss und Eva Tutsch (rechts). Foto: Beatrix Ruckli; Abb. 8: Publikum. Foto: Elmar Gubisch

Seite 39, 66: Archiv Bettina Behr

Seite 45: „Projektblume", Gestaltung: Edda Strobl.

Seite 48, 110: Foto: Harry Schiffer

Seite 49: Foto: Bettina Behr. Fotomontage: Sabina Hörtner

Seite 50, 57, 68, 113, 114, 116, 129, 134, 164, 177, 178, 188, 250, 254, 263: Foto: Bettina Behr

Seite 52–53: 23 Würdigungstafeln/Entwürfe. Gestaltung: Sabina Hörtner. Texte: Eva Rossmann

Seite 55: Gestaltung: Ko&Co Ursula Kothgasser

Seite 56: Gestaltung: Sabine Fauland. Layout: Ko&Co Ursula Kothgasser

Seite 59: Foto: Uma Höbel. Archiv Frauenservice Graz

Seite 61: Neue Galerie Graz/Landesmuseum Joanneum

Seite 62: Fotos: Eisenhut-Archiv, Neue Galerie Graz/Landesmuseum Joanneum

Seite 63: Foto: Lisi Grand

Seite 67: Foto: Martin Behr

Seite 74–75: Gruppe des Grazer Damen-Bicycle-Club, v. l. n. r.: Elise Steininger (Vorsitzende), Vinci Wenderich, Louise Sorg (Fahrmeisterin), Mitzi Albl, Louise Albl. Aus: Radfahr-Chronik, München 26. März 1893, Titelblatt/Detail

Seite 77: Privatbesitz Maria Cäsar

Seite 80, 257: Foto: T. P.

Seite 83: Foto: I. v. Tucholka. Foto aus dem Buch *Harem* 1930.

Seite 85, 86: Archiv Elisabeth Rottleuthner

Seite 88, 147: Bild- und Tonarchiv/Landesmuseums Joanneum

Seite 89: Archiv Edition Strahalm

Seite 91: Archiv Werner Mörath

Seite 92: Aus dem Katalog: *Inge Morath. Das Leben als Photographin*, Kunsthalle Wien 1999, Seite 176. Foto: Andreas Mahr

Seite 93: Magnum Photos

Seite 99, 152: Foto: Ilse Wieser

Seite 103: Abb. 1: Aus: Prato Katharina, *Die süddeutsche Küche*, Graz 1900, S. 5–6. Archiv Bettina Behr; Abb. 2: Ebd., S. 58–59.

Seite 104: Abb. 1: Ebd., S. 50–51; Abb. 2: Ebd., S. 369; Abb. 3: Ebd., S. 361; Abb. 4: Stadtmuseum Graz

Seite 107, 111, 138, 157, 158, 220: Archiv DOKU GRAZ

Seite 115, 148: Verein für Geschichte der Arbeiterbewegung, Wien

Seite 118: Archiv Rainer Leitner

Seite 123: Bild: Eva & Co. Archiv Ilse Wieser

Seite 124, 260: Foto: Maria Schnabl. Archiv Frauenservice Graz

Seite 126: Aus: Steidele Raphael Johann, *Lehrbuch von der Hebammenkunst*, Wien 1779

Seite 132, 133: Archiv Frauenservice Graz

Seite 136: Foto: Brigitte Dorfer

Seite 142, 143: Archiv Gertrud Simon

Seite 144: Layout: Birgit Waltenberger

Seite 150: Bildarchiv der Österreichischen Nationalbibliothek

Seite 153: Archiv *Neue Zeit*

Seite 161: Archiv Verein Grazer Fraueninitiative

Seite 167: Archiv Brigitte Dorfer

Seite 171: WOMENT!-Postkarte vor der „Murinsel" in Graz. Foto: Elmar Gubisch

Seite 182: Rechte: Brigitte Dorfer, Ilse Wieser. Grafik: Veronika Dreier. Archiv Ilse Wieser

Seite 183: Archiv Ilse Wieser

Seite 185: WOMENT!-Farbverlauf. © Bettina Behr

Seite 191: Abb. 1: Intergalaktisches Zentrum, Notizblock. Entwurf: Veronika Dreier. Archiv Bettina Behr; Abb. 2: Frauenstadtplan – Titelblatt, 2. überarbeitete Auflage 1998. Recherche und Rechte: Ilse Wieser. Grafik: Veronika Dreier; Abb. 3: WOMENT!-Kugelschreiber. Entwurf: Veronika Dreier/Eva Ursprung. Foto: Bettina Behr; Abb. 4: Geplanter Anbringungsort der SUPERFRAU im Innenhof des Grazer Rathauses. Foto und Fotomontage: Bettina Behr; Abb. 5: SUPERFRAU-Dolce. Creation: Lilly Philipp. Foto: Elmar Gubisch; Abb. 6: SUPERFRAU-Tafel in der Mariahilferstraße, Jänner 2003. Foto: Martin Behr; Abb. 7: SUPEREIER. Foto: Elmar Gubisch

Seite 197: Foto: Oliver Wolf

Seite 201: Grafik: Ko&Co Ursula Kothgasser unter Verwendung eines Bildes von Minna Antova

Seite 206–210: Bilder im Text: Frauengesundheitszentrum, Graz. Fotos: Éva Rásky

Seite 212: Grafik: Ko&Co Ursula Kothgasser

Seite 221: Grafik: Karin Rosner, Eva Murauer. Archiv DOKU GRAZ

Seite 226–227: Fotocollage von den Veranstaltungen im Restaurant à la Prato unter Verwendung von Bildern von Martin Behr, Wolfgang Croce, Veronika Dreier, Sarah Godthart, Elmar Gubisch, mayers (Silvia Müller), Eva Ursprung, Tana Zacharovska („Microrasp."). Gestaltung: Veronika Dreier. Zu sehen sind: Veronika Dreier, Doris Jauk-Hinz, Eva Ursprung (Eröffnungsperformance); Maria Konrad, Sabine Krois (Mezzosopran); Annette Giesriegl (Stimmkünstlerin); Bettina Fabian (Feuer); Lilli Philipp (Sweet objects); Bettina Behr (Ansprache); Kopfwurst und Luftstrudel: Lesung von Margret Kreidl und Karin Ivancsics, Inszenierung: Sarah Godthart, Gesang: Astrid Pietruszka; Erika Thümmel (Künstlerin), Köchin: Soulfood; Performance-Referat: Ute Ritschel (Kulturanthropologin), Performance-Service: Irmi Horn (Regisseurin und Schauspielerin); Lisbeth Trallori (Soziologin), Petra Lehner (AK Wien/ Konsumentenpolitik), Colette Margarete Schmidt liest Kulinarisches aus verschiedensten Teilen der Galaxis, Inszenierung: Tana Zacharovska; Abschlussparty mit DJanes Parisinilevin (Violetta Parisini, Diana Levin); Besucherinnen und Besucher

Seite 235: Die SUPERFRAU am so genannten „Domenig Haus" in der Sackstraße 29/ Kaiser-Franz-Josef-Kai 18, August 2003 bis April 2004. FrauenStadtSpaziergang am 30. August 2003. Foto: Claudia Hartner. Archiv Frauenservice Graz

Seite 237: Privatbesitz Ligia Pfusterer

Seite 238: Privatbesitz Maria Slovakova

Seite 239: Privatbesitz Pauline Riesel-Soumaré

Seite 248: Bild: Eva & Co. Archiv Ilse Wieser

Seite 258: Idee: Sabine Fauland. Grafik: Ko&Co Ursula Kothgasser. Text: Uma Höbel. Foto: Bettina Behr

Seite 266–267: Privatbesitz Ilse Amenitsch; Martin Behr – Foto: Gerhard Roth; Privatbesitz Constanze Binder; Privatbesitz Manuela Brodtrager; Privatbesitz Maria Cäsar; Brigitte Dorfer – Foto: Lisi Grand; Privatbesitz Sabine Fauland; Privatbesitz Magdalena Felice; Privatbesitz Elisabeth Gierlinger-Czerny; Privatbesitz Sylvia Groth; Privatbesitz Gerda Haage; Privatbesitz Annemarie Happe; Privatbesitz Uma Höbel; Katharina Hofmann-Sewera – Foto: Elmar Gubisch; Privatbesitz Daniela Jauk; Privatbesitz Doris Jauk-Hinz; Tatjana Kaltenbeck-Michl – Foto der Stadt Graz; Privatbesitz Michaela Kronthaler; Ursula Kubes-Hofmann – Foto: Gisela Theisen; Kunstverein W.A.S. – Foto: Wolfgang Croce; Privatbesitz Eva Kuntschner; Privatbesitz Olivia M. Lechner; Wolfgang Lorenz – Foto: Graz 2003; Privatbesitz Elke Murlasits; Privatbesitz Itta Olaj; Privatbesitz Petra Prascsaics; Privatbesitz Michaela Reichart; Eva Rossmann – Foto: Ernest Hauer; Colette Margarete Schmidt – Foto: Martin Behr; Privatbesitz Birgit Schörgi; Grete Schurz – Foto: Bettina Behr; Privatbesitz Judith Schwentner; Privatbesitz Ines Strasser; Privatbesitz Erika Thümmel

Seite 267: Bettina Behr – Foto: Beatrix Ruckli; Ilse Wieser – Foto: Martin Behr

Innenklappe hinten: Stadtplan mit den 23 WOMENT!-ORTEn. © Schubert&Franzke. Layout: Ko&Co Ursula Kothgasser

Klappentext hinten: Foto: Maria Schnabl

Förderer und Sponsoren:

Zur Würdigung von

1	Maria Cäsar	Parkring 4
2	Djavidan Hanum	Wittekweg 7
3	Herta Frauneder-Rottleuthner	Rechbauerstraße 12/Vorplatz
4	Marisa Mell	Trondheimgasse 12
5	Inge Morath	Jakominiplatz 16/ Klosterwiesgasse 2 – Innenhof
6	Olga Neuwirth	Sparkassenplatz 3
7	Anna Susanna Prandtauerin	Sporgasse 12
8	Katharina Prato	Stempfergasse 7
9	Grete Schurz	Tummelplatz 9
10	Martha Tausk	Herrengasse 16/Landhaus
11	Christine Touaillon	Universitätsplatz 3/ Universität – Foyer
12	Eva & Co	Rottalgasse 4
13	Frauengesundheit	Albert-Schweitzer-Gasse 34
14	Frauenprojekte	Marienplatz 5
15	Frauenzentrum Bergmanngasse	Bergmanngasse 6/Hilgergasse 1
16	Grazer Damen-Bicycle-Club	Hilmteichstraße 70
17	Mädchenbildung in Graz	Sackstraße 18
18	Nicht bezahlte Arbeiten von Frauen	Schießstattgasse 4
19	Autonomes Frauenzentrum	Zimmerplatzgasse 15
20	Erster Internationaler Frauentag in Graz	Annenstraße 29
21	Für Opfer und Überlebende sexualisierter Gewalt	Albert-Schweitzer-Gasse 22
22	Kapelle Maria von Magdala	Wielandgasse 31
23	„Kirschenrummel"	Südtirolerplatz 11–13

Orte/Adressen